Peter Orban

Die Kraft, die in der Liebe wirkt

Peter Orban

Die Kraft, die in der Liebe wirkt

Verstrickungen in Partnerschaften und ihre Lösung

Kösel

© 2002 by Kösel-Verlag GmbH & Co., München
Printed in Germany. Alle Rechte vorbehalten
Druck und Bindung: Pustet, Regensburg
Umschlag: Kaselow Design, München
Umschlagmotiv: Mauritius/Phototake
ISBN 3-466-30583-7

*Gedruckt auf umweltfreundlich hergestelltem Werkdruckpapier
(säurefrei und chlorfrei gebleicht)*

Inhalt

Vorbemerkung

Gegenstand dieses Buches ist das Partnerschafts-Vermögen eines Menschen. Und in diesem Wort »Vermögen« steckt ein doppelter Sinn: Zum einen ist es ein Kapital, das man verausgaben, in einen Partner »investieren« kann. *Jeder* Mensch hat sehr viel von diesem »Reichtum«. Zum anderen ist dieses Kapital mitunter bereits lange eingesetzt und damit gebunden – bevor die erste Partnerschaft überhaupt beginnt. Ja, manchmal ist diese Fülle schon seit der Geburt – aus wichtigen Gründen – so gut wie verbraucht und in besondere Geschehnisse und an besondere Menschen verausgabt, sodass dieser »Schatz« im Heute kaum noch verwendet werden kann.

Und so will dieser Text den Schicksalen des Partnerschafts-Vermögens nachspüren: Er zeigt auf, welche verschlungenen Wege es in der Seele zurücklegen kann, auf welche Weise der Mensch es (aus Loyalität und Liebe und Treue) einsetzt und welche »Aktien« und »Anteilscheine« er damit erworben hat.

Nein, diese ganzen Begriffe muss der Leser nicht wörtlich nehmen. Es sind Bilder, die einem ganz anderen Zweck dienen sollen: Das Hauptanliegen dieses Buches besteht darin, zu zeigen, dass man dieses »Kapital«, das irgendwo gebunden ist, auch wieder freisetzen kann und es damit für die bereits bestehende oder für eine nächste Partnerschaft aufs Neue zur freien Verfügung hat.

Damit unterscheidet sich dieses Buch von vielen anderen »Partnerschaftsbüchern«. Die meisten dieser Bücher wollen ihren Lesern erzählen, was sie heute in der Partnerschaft tun können, damit es ihnen morgen gut geht. Das vorliegende Buch beschreibt demgegenüber, was man *heute* tun kann, um das *im Gestern Eingefrorene* wieder aufzutauen, damit man es

7

für das Morgen verwenden kann. Es ist dies ein kleiner, aber machtvoller Unterschied!

Es ist so wie mit dem Thema der Verantwortung. Man kann nicht (als Neujahrsvorsatz) beschließen, dass man ab dem 1. Januar die Verantwortung für sein Leben übernehmen wird! (Natürlich kann man es beschließen, aber es wird – wie jeder Leser weiß – Murks.) Verantwortung (genau wie Partnerschaft) hat zu tun mit einem Rückholungswerk. Verantwortung lernt man, indem man heute zu jenen Stellen – und Personen – in seinem Leben *zurückgeht*, denen gegenüber man die Verantwortung eben nicht übernommen hat (und somit verantwortungslos gehandelt hat). Erst wenn man die Verantwortung hier – nachträglich – übernimmt und trägt, mit allem, was dazugehört, wird man nach und nach auch für die Zukunft ein verantwortlicher und verantwortungsbewusster Mensch.

Der Weg zu einer erfüllten Partnerschaft geht also nicht nach vorn, sondern erst einmal zurück!

Wie sich dieser Weg gestalten kann, welche Tiefen und Untiefen es hier gibt, auf welche Weise diese Rückbesinnung durchgeführt werden kann, beschreibt der vorliegende Text.

Das Buch konfrontiert den Leser mit vielen Bildern über das, was in der Seele des Menschen und in der Seele der gemeinsamen Partnerschaft sich ereignen kann. Und der Leser sollte diese Bilder nicht so wörtlich nehmen (wie sie aufgeschrieben sind), denn dann stimmen sie für ihn nicht. Bilder sind immer Wegweiser, die mit ihrem Zeigefinger auf das Dahinterliegende deuten wollen. Und da jeder Leser einzigartig ist, deuten sie eben auch auf das Einzigartige in ihm, auf das also, was in der Praxis des Autors eben noch nicht vorkam. Wer diesen Zeigefinger zu wörtlich nimmt, kommt von *seinem* Weg ab! (Ganz ebenso verhält es sich mit den Illustrationen des Buches: Hier sieht der Leser im Außen oft Pärchen, die aussehen, als wären es Barbie und Ken – sie sind halt im Computer entstanden. Wer sich freilich davon nicht abschrecken lässt, kann in ihnen seinen eigenen seelischen Hintergrund aufscheinen sehen.)

Wie schon in meinem ersten Text zum Thema der familiären Verstrickungen *Die Kraft, die aus der Herkunft stammt* (Kösel 1997) gibt es auch beim vorliegenden Buch eine Dankesschuld, zu der ich mich gern bekenne. Wieder atmet dieser Text den Geist und das seelische Gewicht von Bert Hellinger. Er hat uns Therapeuten liebevoll, aber kristallklar so viele neue Sätze in unsere Poesiealben geschrieben, dass wir noch viele Jahre benötigen werden, sie für unsere Arbeit (und für unser Leben) mit Eigenem auszufüllen. Dafür danke ich ihm sehr.

Ohne meine Frau Heidemarie wäre meine Seele (und dieses Buch) entschieden ärmer. Etliche der Therapiegeschichten entstammen der therapeutischen Arbeit mit ihren Patienten und ich (und das Buch) habe(n) sehr davon profitiert. Manche meiner vorschnellen Behauptungen fielen ihrer Kritik zum Opfer. Dass der Leser sie hier nicht mehr findet, macht das Buch reicher. Dafür und für das viele, das sie mir täglich gibt, danke ich ihr von ganzem Herzen.

Sehr viel gelernt für meine praktische Arbeit habe ich in den Seminaren und in der Supervisionsgruppe von Gerhard Walper. Seine milde, aber sehr bestimmte Härte schätze ich sehr. Auch ihm gilt mein Dank.

Frankfurt, im Oktober 2001

Einleitung

Es herrschen in unseren Vorstellungen eigenartige Bilder über die großen Lebensthemen Liebe und Partnerschaft: Bilder darüber, wie unser Partner sein und wie es mir mit ihm gehen sollte, wie die Liebe und die Partnerschaft mein Leben ergreifen und verändern sollten und vieles mehr. Doch wie immer wunderbar diese Vorstellungen und Bilder auch aussehen mögen, sie haben nichts zu tun mit den Prozessen, die dann tatsächlich im Inneren von Liebe und Partnerschaft ablaufen und also wirksam sind. Und aus dem Spannungsbogen dessen, was sein sollte, und dem, was tatsächlich ist, entsteht die alltägliche Dynamik, entstehen die Höhen und Tiefen, die Lust und das Leid (in und an) der Partnerschaft.

Wir werden deshalb in diesem Buch – gleich am Anfang – eine Unterscheidung treffen zwischen den Gegebenheiten des *Vordergrundes* von Liebe und Partnerschaft und den Kräften des *Hintergrundes*, die oft (über lange Zeit) unsichtbar die eigentlichen Drahtzieher des Partnerschaftsgeschehens sind.

Im *Vordergrund* stehen erst einmal die Wünsche, Sehnsüchte und Hoffnungen, steht unser Bemühen, dass wir unser Bestes tun wollen, dass wir geben und nehmen wollen, dass wir bereit sind, Opfer zu bringen, und dass wir (nach drei misslungenen Partnerschaften) auch entschlossen sind, uns hier und da zu ändern. All diese Gegebenheiten des Vordergrundes sind uns mehr oder weniger bekannt und plausibel. Die Kräfte des *Hintergrundes* sind uns in den wenigsten Fälle bekannt, und auch wenn wir sie ahnen (oder gar theoretisch kennen), so sind sie doch nicht willentlich zu beeinflussen oder gar zu ändern. Sie wirken – ob es uns gefällt oder nicht. Und von diesen Kräften des Hintergrundes handelt das vorliegende Buch.

Ein Geschichte soll diesen Zusammenhang von Vordergrund und Hintergrund in einem ersten Anlauf illustrieren.

Ein Mann und eine Frau treffen sich.

Beide sind ungebunden, beide sind auf der Suche nach einem Partner. Beide sehen im jeweils anderen das gewisse Etwas und sie verlieben sich. »Er ist der Richtige«, sagt sie sich innerlich. »Sie ist die Richtige«, sagt er sich innerlich. Eine Paarbeziehung entsteht. Beide sehen den jeweils anderen, beide sehen sich, beide sehen den Vordergrund und wünschen sich die Dinge des Vordergrundes, die man sich als Paar eben wünscht. (Abb. 1)

Abb. 1

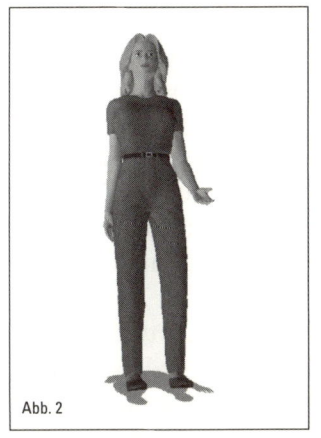
Abb. 2

Abb. 3

Nennen wir ihn »Karl« und sie »Susanne«. Karl sieht Susanne und Susanne gefällt ihm. Und Susanne sieht Karl und Karl gefällt ihr. Durch Karls Augen betrachtet sieht er das Bild des *Vordergrundes* von Susanne (Abb. 2) und alles an ihr findet seine Freude und sein Wohlgefallen. Nun, er ist verliebt.

Könnte er freilich einen Blick auf den Hintergrund werfen,

11

sagen wir einmal nur den Hintergrund der letzten 15 Jahre aus Susannes Leben, so würde er unsichtbare Schemen hinter und vor Susanne sehen (das, was wir die jüngere Vergangenheit eines Menschen nennen). Er würde links hinter ihr ihren früheren Verlobten Heinrich sehen und rechts hinter ihr den Ehemann Helmuth, mit dem sie nach der Verlobung eine fast zehnjährige Ehe hatte. Vor Susanne würde er noch ein kleines Kind stehen sehen: Es ist ein abgetriebenes Kind von Susanne und Heinrich. Jenes Kind, durch dessen Tod die Verlobung der beiden auseinander gegangen ist. (Abb. 3)

Karl würde also in diesem Bild mit den Augen des Hintergrundes nur die letzten 15 Jahre der Seelengeschichte von Susanne (die heute 38 Jahre alt ist) sehen und selbstverständlich steht für die ersten 23 Jahre des Lebens von Susanne noch eine große Zahl weiterer Personen hinter ihr.

Es stehen dort: weitere Beziehungspartner, ihre Geschwister, ihre Eltern, frühere Partner der Eltern, Geschwister der Eltern (also Onkel und Tanten), die Großeltern usw. (Wir bilden diese Ansammlung hier nicht ab, aber jeder kann sich ausmalen, wie viele Menschen hinter einem jeden von uns – unsichtbar – aufgereiht stehen und unsere Seele mit Leben erfüllen.)

Und natürlich steht hinter Karl ebenfalls eine ganze Anzahl von Partnerinnen (vielleicht auch abgetriebene Kinder), seine Geschwister, seine Eltern, Onkel, Tanten usw., die Susanne mit ihren Augen des Vordergrundes ganz genauso wenig sehen kann.

Der Leser mag einwenden, dass das ja wohl ein ganz normaler Vorgang sei, eine Binsenweisheit: Jeder von uns hat in seinem Leben viele Menschen, die ihn »geprägt« haben, die ihm eine Richtung gaben, die seine Seele mit Fülle und mit einer Fülle von Erfahrungen (so oder so) angereichert haben. Was also soll das Besondere an dieser Sichtweise des Hintergrundes sein?

Nun, das erste Besondere (das auch für uns Therapeuten relativ neu ist) besteht darin, dass jede Frau und jeder Mann, der (die) einen neuen Partner für eine Beziehung oder für eine

Ehe wählt, wissen muss, dass er (oder sie) den Hintergrund des anderen mitheiratet. Wenn wir nur bei unserer kleinen Geschichte bleiben: Karl heiratet nicht nur Susanne, er heiratet auch Heinrich, Helmuth und das abgetriebene Kind mit. Und natürlich die Geschwister, die Eltern, die Großeltern und alle, die sonst noch eine Rolle in der Seele von Susanne spielen, ebenfalls. Sie sind und bleiben unsichtbar anwesend, als wären sie in einem Film von Woody Allen, in dem die Ehefrau zu ihrem Mann sagt: »Warum habe ich immer das Gefühl, wenn wir beide im Bett liegen, dass deine Mutter neben uns liegt?« (Und der Zuschauer sieht mit den Augen des Hintergrundes tatsächlich drei Personen im Bett.)

Das zweite Besondere geht noch ein ganzes Stück tiefer (und ist schwerer nachzuvollziehen): Solange ich diesen »Unsichtbaren« (des Hintergrundes) in der Seele meiner Frau keinen angemessenen Platz in meiner Seele einräumen kann, solange ich sie nicht würdigen und achten kann, ist meine Partnerschaft in einem Tumult. Sie wird zu einem Kampfplatz einander widerstreitender Kräfte oder zu einem Eiertanz um viele Minen herum, die jeweils die Beziehung zu sprengen drohen. Es ist mein Verdacht, dass jede Partnerschaft und jede Ehe, die scheitert, genau an dieser Stelle in der Auseinandersetzung mit den »Unsichtbaren« ihre Bewährungsprobe nicht bestanden haben.

Würden Susanne und Karl in ihrer Beziehung scheitern, so bildeten die beiden zwei weitere Mitglieder im unsichtbaren Heer der Mitstreiter (Karl im Hintergrund von Susanne – Abb. 4 – und Susanne im Hintergrund von Karl) und mischten sich unerkannt in die Beziehung des nächsten Partners von Susanne und der nächsten Partnerin von Karl ein.

Warum Mitstreiter? Wieso sollte Karl (in der Seele von Susanne) sich in ihre nächsten Partnerschaften einnisten?

Bevor der Leser hier misstrauisch wird oder sich in die Fallstricke esoterischer Missverständnisse verwickelt: Sitzt im Hintergrund, in Susannes Seele also, tatsächlich Karl? Nein, wohl nicht?

Abb. 4

Der unsichtbare Karl, der jetzt rechts neben Heinrich und Helmuth – als ein Teil von Susannes Vergangenheit – sich befindet, ist nicht etwa ein astraler oder sonst wie ätherischer Doppelgänger des realen Karls (der ja im Außen – vielleicht bei einer neuen Freundin namens Jutta – weiterexistiert), sondern eine Art »innere Gefühlsperson« in der Seele von Susanne. Gebildet aus den Erfahrungen mit dem realen Karl und den Gefühlen, die Susanne nach wie vor (über Karl) in ihrer Seele trägt. Ich bezeichne diesen unsichtbaren Karl hier als einen »emotionalen Doppelgänger«.

Aber auch das könnte Anlass für viele Missverständnisse bieten – so als hätte Karl irgendetwas damit zu tun. Karl ist in der Seele von Susanne zu etwas geworden, das die Psychoanalyse eine »Repräsentanz« nennt, eine Objektrepräsentanz. Ein mit seelischen Energien besetztes Gebilde, das im Inneren seines Träger ein eigenes Leben führt, indem es – bei seinem Aufscheinen – Gefühle hervorruft.

Nehmen wir dafür ein Beispiel: Stellen wir uns vor, ein kleines Kind wird das erste Mal mit einem Hund konfrontiert. Der Hund ist nicht besonders gut gelaunt und bellt oder knurrt das Kind an. Das Kind gerät in eine panikartige Situation der Angst und so wird es diesen Hund als stark angsterzeugende Objektrepräsentanz in seiner Seele speichern und aufbewahren. Mit der Konsequenz, dass jeder neue Hund – aus der Realität – auch noch 30 Jahre später die alte Objektrepräsentanz (mitsamt den damaligen Gefühlen der Angst) hervorruft. Es kann sein, dass der spätere erwachsene Mensch in seinem Leben einen großen Bogen um jeden Hund machen muss – und auch seiner kleinen Tochter um keinen Preis der Welt einen Hund schenken wird. Aber es ist natürlich nicht der reale Hund aus der Kindheit, der hier in das Innere des Kindes eingewandert ist, sondern ein »Bild« des Hundes mitsamt den emotionalen Erfahrungen der Ursprungssituation.

Wir werden diesen Begriff der »Objektrepräsentanz« hier dennoch nicht verwenden, weil er für unsere Arbeit zu statisch ist. Er geht nämlich davon aus, dass das betreffende (frühere äußere) Objekt – und auch Menschen wie Karl werden hier Objekte – als gleich bleibende emotionale Erinnerungsschleife wie ein abspielbares Hologramm nur entweder durch einen Auslösereiz blind abgerufen wird oder aber als Ganzes gelöscht werden kann.

Das Wort vom »emotionalen Doppelgänger« hingegen will sagen, dass es sich hier um eine in der Seele wirksame *lebende Gestalt* (sei es ein Hund, sei es ein »Karl«) handelt, die der Interaktion, der Verhandlung und der Versöhnung fähig ist. Eine »Repräsentanz« lebte damals und ist heute zu einem leblosen seelischen Gebilde geworden, an dem sich alles Weitere nur entzünden kann; ein Doppelgänger jedoch kann (mit der geeigneten Technik) im Inneren der Seele aufgesucht werden, seine Geschichte erzählen und seine Emotionen zum Ausdruck bringen.

»Karl« ist – vor und nach der Trennung – im Inneren von Susanne kein Bild in irgendeiner Schublade, das negativ oder positiv besetzt ist, »Karl« ist in den unterirdischen Hallen ihrer Seele eine emotional lebendige Person, die Susanne beschäftigt hält und mit der sie Kontakt aufnehmen kann. Sie kann mit diesem »inneren Karl« ganz genauso in einen Austausch treten wie mit dem realen Karl.

Vor allem aber – und das ist für die Arbeit des Therapeuten entscheidend –: Man kann die unabgeschlossenen Geschäfte mit diesem Karl zu einem Abschluss bringen, ohne den realen Karl dazu bemühen zu müssen. Der emotionale Doppelgänger kann also von Susanne in einem Dialog, gar in einer Handlung, in ihrer eigenen Seele befriedet werden.

Natürlich sind auch Heinrich, Helmuth und das abgetriebene Kind in Susannes Seele derartige emotionale Doppelgänger

15

(ebenso wie Susannes Geschwister, Eltern, Großeltern usw.).
Für diese Doppelgänger gelten folgende Wesensmerkmale:

1. Sie haben eine eigene Kraft und Dynamik, die zu etwas hin-
   drängt.

2. Sie können Energien im Inneren gebunden halten und damit
   verhindern, dass diese Energien im Außen für etwas anderes verwendet werden.

3. Manchmal benötigen sie nach einiger Zeit zusätzliche Energien, um sich selbst (vor mir) verborgen zu halten und nicht
   unkontrolliert ins Bewusstsein aufzusteigen. (Der Erwachsene, der als Kind die Hunde-Angst erlebte, kann den angst-
   erzeugenden Hund nicht täglich im Bewusstsein brauchen.)

4. Sie nutzen sich nicht ab. Sie werden also über die Jahre nicht
   schwächer. Sie bleiben in der Seele frisch wie am ersten
   Tag. Sie entfernen sich nur tiefer ins Innere, sodass der
   Mensch des Vordergrundes glaubt, die Sache hätte sich erle-
   digt. Der Satz »Daran habe ich schon 30 Jahre nicht mehr
   gedacht, das ist längst vorbei!« gilt in der Seele nicht.

5. Emotionale Doppelgänger sterben nicht! Ein Kind, das vor
   20 Jahren abgetrieben worden ist (und daran ganz ohne
   Zweifel gestorben ist), bleibt als emotionaler Doppelgänger
   in der Seele – als Kind – lebendig. Es lebt hier weiter – sowohl bei der Mutter als auch beim Vater! Und es lebt dort
   bis ans Ende von Susannes Leben. Erst mit ihrem (und Heinrichs) Tod stirbt es dann auch. (Es gibt den Verdacht, dass
   es sogar dann noch in der Seele des Vaters weiterlebt, wenn
   dieser von der Schwangerschaft und Abtreibung seiner Partnerin noch nicht einmal wusste.)
   Auf diese Weise leben auch alle anderen Mitglieder des seelischen Systems eines Menschen weiter, selbst wenn sie im
   Außen schon viele Jahre tot sind.

6. Es leben sogar diejenigen als emotionale Doppelgänger in meiner Seele weiter, die zu meinem System gehören, die ich aber nie gekannt habe. Sei es, dass ich sie nie kennen lernen konnte (weil sie im Ausland lebten etc.), sei es, dass sie lange vor meiner Geburt gestorben sind.

7. Emotionale Doppelgänger können ebenfalls emotionale Doppelgänger haben.

Stellen wir uns vor, Susanne hat in ihrem Inneren ein Bild des Vaters, der (als sie acht Jahre war) die Familie verlassen hat. Sie hat also einen emotionalen Doppelgänger des Vaters, der 30 Jahre alt ist. Susanne hatte sich in Heinrich – 15 Jahre später – deshalb verliebt, ihn also ausgewählt, weil Heinrich im Außen mit dem Bild des jungen Vaters in einigen Punkten ähnlich war. Das heißt, das äußere Bild Heinrichs und das innere Bild des väterlichen Doppelgängers konnten in Susannes Seele zur Deckung gebracht werden. Jetzt versucht Susanne in Heinrich die damalige Trennung vom Vater ungeschehen zu machen beziehungsweise die Wunde in ihrer Seele zu heilen. Damit aber schaut Susanne im eigentlichen Sinne nicht Heinrich an, sondern sie schaut durch ihn hindurch auf den hinter Heinrich stehenden Doppelgänger des Vaters ihrer Kindheit.

Natürlich kann Heinrich diese Rolle nicht ausfüllen und so geht die Verlobung auseinander. Heinrich geht *im Außen*. Sein emotionaler Doppelgänger jedoch steht (im Inneren von Susanne) jetzt direkt vor dem emotionalen Doppelgänger des Vaters ihrer Kindheit. Damit wird Heinrich zum Doppelgänger des Doppelgängers.

8. Herausragende Menschen meines Lebens – besonders Vater und Mutter – können mehrere emotionale Doppelgänger haben.

So wie Susanne einen emotionalen Doppelgänger gebildet hat vom Vater, als sie acht Jahre alt war (und er die Familie verlassen hat), so hat sie einen zweiten emotionalen Doppelgänger vom Vater, so wie er heute ist. (Und vielleicht einen weiteren, wie er einmal sehr betrunken war und ihre Mutter, ihre Schwester und sie geschlagen hat.) Im Außen ist das jedes Mal derselbe Vater, aber im Inneren hat sie ihn in drei emotionale Doppelgänger zerlegt. Im späteren Leben kann sie dann durch Therapien oder Familienaufstellungen mit zweien dieser Doppelgänger ihren Frieden geschlossen haben, aber der dritte ist weiterhin aktiv und energiezehrend. Die Aussage Susannes, dass das »Verhältnis zum Vater schon lange geklärt sei«, muss also in diesem Zusammenhang noch einmal überprüft werden.

9. Zu den lebendigen Wesen, die in meiner Seele zu emotionalen Doppelgängern werden können, gehören in der Rangfolge ihrer zunehmenden Wirksamkeit:

   a) *manchmal* Tiere. Besonders Tiere meiner Kindheit, zu denen ich eine sehr tiefe emotionale Bindung hatte oder an deren Verschwinden und Sterben ich mich mitschuldig fühlte (Hunde, Katzen, Pferde usw.).

   b) *manchmal* langjährige Freunde (Freundinnen). Auch hier eher die Freundschaften, die bereits in der Kindheit begannen und die zu einem abrupten Ende führten, sei es durch Tod, sei es durch einen (für das Kind) schrecklichen Verrat.

   c) die Liebes- und Beziehungspartner des Lebens. Es zählt nicht unbedingt jeder One-Night-Stand dazu, aber die meisten Menschen, mit denen mich eine längere intime Partnerschaft verband, spielen hier eine Rolle. Jeder Partner also, der meine Seele erreicht hat.

   d) alle Kinder, die ich mit diesen Partnern habe oder hatte. Auch die abgetriebenen oder die tot geborenen Kinder bilden emotionale Doppelgänger.

   e) die eigenen Geschwister. Auch die Geschwister, die mein Vater und meine Mutter mit anderen Partnern haben (oder hatten), bilden in meiner Seele emotionale Doppelgänger. Sogar dann noch, wenn ich sie nie kennen gelernt habe oder sie lange vor meiner Geburt gestorben sind. Die Begriffe »Halbbruder« oder »Halbschwester« sind juristische Begriffe des Vordergrundes. Im Hintergrund gibt es nur Brüder oder Schwestern. Auch hier zählen die Totgeburten zu meinen Geschwistern, sehr selten jedoch die Abtreibungen meiner Eltern. Kinder, die mein Stiefvater oder meine Stiefmutter mit in die Ehe bringen (in deren Adern also nicht mein Blut kreist), bilden keine emotionalen Doppelgänger – in dem Sinne, wie ich ihn hier verwende.

f) die leiblichen Eltern. In etwas milderer Form auch die Adoptiveltern. Selten jedoch die Stiefeltern.

g) die früheren Partner der Eltern. Je tiefer diese Verbindungen waren und je problematischer ihr Ende sich gestaltet hat, desto intensiver wirken ihre emotionalen Doppelgänger. Die späteren Partner der Eltern haben demgegenüber nur sehr geringe Wirkungen.

h) die Geschwister der Eltern, also unsere Onkel und Tanten. Ihre emotionalen Doppelgänger wirken umso mehr, je schwerer das Schicksal dieser Geschwister war und je mehr sie aus der Seele des entsprechenden Elternteils ausgegrenzt sind. (Und je früher sie gestorben sind.) Keine emotionalen Doppelgänger bilden die Beziehungspartner dieser Geschwister der Eltern und auch nicht deren Kinder (also unsere Cousins und Cousinen).

i) die Großeltern. Manchmal auch die Geschwister der Großeltern, wenn sie früh ein besonders hartes Schicksal getroffen hat. Auch die Urgroßeltern bilden emotionale Doppelgänger, wenn Mord, Selbstmord, schwere Kriegsereignisse oder Kindbetttod in ihrer Familie vorgekommen sind.

j) Eine letzte Menschengruppe, die in meiner Seele emotionale Doppelgänger bilden kann, ist die Gruppe der Opfer und Täter. Menschen also, an deren Tod oder Unglück ein Mitglied meiner Familie oder Sippe sich schuldig gemacht hat oder denen er selbst zum Opfer gefallen ist. Besonders Opfer der Nazizeit, die von Mitgliedern meiner Familie denunziert, verraten oder persönlich getötet wurden, bilden in meiner Seele (also in der Seele der Nachkommen) sehr stark wirkende emotionale Doppelgänger. Auch diejenigen Opfer, an deren Unglück oder Tod meine Familie sich bereichert hat, zählen dazu, zum Beispiel, indem meine Familie für wenig Geld Haus oder Firma eines vertriebenen Juden übernommen hat. Diese auf den ersten Blick fremden Menschen zählen auch dann noch in meiner Seele dazu (und bilden Doppelgänger), wenn ihr Unglück oder Tod unbeabsichtigt erfolgte – durch einen Verkehrsunfall, durch Notwehr oder Unachtsamkeit.

Eine deutsche Krankenschwester gab einmal in Südamerika – aus Übermüdung und Versehen – einem dreijährigen Kind anstelle einer Schutzimpfung ein anderes Mittel, an dem dieses Kind starb. 30 Jahre später gab es – in einer Familienaufstellung – bei ihren eigenen Kindern erst dann Frieden, als dieses Kind (als eine Art Geschwister!) in ihre Reihe gestellt und sein Schicksal gewürdigt wurde.

Diese Gruppe der Opfer ist noch nicht genug ausgelotet und es gibt hier noch etliche blinde Flecken. Eine neue Arbeit beschreibt zum Beispiel, dass sogar der Scharfrichter, der einen der beiden Großeltern exekutiert hat, einen emotionalen Doppelgänger in der Seele der Nachkommen gebildet hat. (Siehe Manuel Aicher in: *Praxis der Systemaufstellungen*, Heft 2/2000, S. 44.)

10. Emotionale Doppelgänger können grundsätzlich drei Zustände, das heißt drei Befindlichkeitsformen im Inneren meiner Seele annehmen. Da sie lebendige Personen sind, die in den inneren seelischen Hallen meines Lebens sich aufhalten, haben sie einen bestimmten emotionalen Status. Diese drei Formen kann man folgendermaßen beschreiben und mit folgenden Bezeichnungen belegen:

Der befriedete Doppel-
gänger

Ein derartiger emotionaler Doppelgänger wird sich in meiner Seele sehr wohl fühlen – und ich mich mit ihm! Er ist nämlich geachtet, geschätzt und ihm wird eine Würdigung dergestalt entgegengebracht, dass allen (inneren und äußeren) Beteiligten klar ist, er gehört dazu. Dieser Doppelgänger hat seinen angemessenen Platz in meiner seelischen Hierarchie. Es geht ihm – in mir – gut. Niemand ist da, der ihm seinen Platz streitig macht, niemand hat ihn vergessen, niemand verachtet ihn.

Angenommen, Susanne aus unserem Beispiel hätte eine ältere Schwester, Monika, und das Verhältnis Susannes zu dieser Schwester ist immer freundlich und liebevoll gewesen. Susanne akzeptiert und achtet Monika als die Ältere, sie holte und holt gern ihren Rat ein. Weder fühlt sie sich ihr gegenüber überlegen noch unterlegen, sondern eben als die jüngere Schwester. In einer solchen Situation fühlt sich der emotionale Doppelgänger von Monika in Susannes Seele gut und in Frieden.

Dieser Doppelgänger wird sich nicht in Susannes Beziehungen zu Heinrich, Helmuth oder Karl einmischen. Mehr noch: Er wird in der Seele von Susanne seine guten Wünsche darauf richten, dass es bei der jüngeren Schwester endlich zu einer erfüllten Partnerschaft kommt. Es mag sogar sein, dass er sich Sorgen macht und tatsächlich ein wenig mitleidet, wenn wieder einmal eine Beziehung auseinander geht.

Wie dem auch sei (wir wissen nicht viel darüber, was er an Positivem anrichtet): Ein Doppelgänger in diesem Zustand und in dieser Befindlichkeit stellt kein Problem weder für die Partnerschaft noch für das Leben von Susanne dar.

Befriedete Doppelgänger müssen mir nicht bewusst sein, das heißt, ich muss von ihnen nicht unbedingt etwas wissen. Ja, ich muss sie noch nicht einmal kennen gelernt haben.

Den Hund meines Nachbarn, der sich mir (als ich drei Jahre alt war) freundlich genähert und der sich mein Schmusen und meine kleinen Streiche geduldig gefallen lassen hat und der damit ein Stimmungsvorläufer für alle weiteren Hunde meines Lebens bildete, habe ich im Prinzip längst vergessen. Aber auf dem von ihm bearbeiteten Boden wächst vielleicht meine Liebe zu meinem heutigen Hund Joschi. Ich weiß das nicht und ich muss das auch nicht wissen. Aber vielleicht ist meine Zuneigung zu Joschi auch entstanden auf der Grundlage der Hinwendung meiner Mutter zu dem Hund ihrer Kindheit, der ihr viele Stunden der Einsamkeit erleichtert hat und der 20 Jahre vor meiner Geburt gestorben ist.

Auch das Verhältnis Susannes zu ihrer Schwester kann zutiefst geprägt sein vom Verhältnis des Vaters zu seiner Schwester – ohne dass Susanne davon etwas ahnt.

Befriedete emotionale Doppelgänger sind also jene Gestalten in meiner Seele, die entweder von Anfang an einen guten Stand in mir hatten oder die ursprünglich zur nächsten, unten beschriebenen Kategorie (zu den ausgegrenzten Doppelgängern) gehörten und dann im Nachhinein von mir befriedet worden sind. (Wie ein derartiger Vorgang vonstatten geht, das beschreibt dieses Buch in seinen nächsten Kapiteln.)

Um befriedete Doppelgänger muss ich mich nicht kümmern. Sie leben ihr Leben in mir und arbeiten inwendig an meinem Wohlbefinden. Sie geben mir Kraft und Stärke, die in meinem Leben anfallenden Arbeiten und Aufgaben zu einem gutem Gelingen zu bringen.

Heinrich, Helmuth und das abgetriebene Kind gehören nicht zu den befriedeten Doppelgängern. Aber wir werden in diesem Text daran arbeiten, sie zu solchen zu machen.

Karl, den Susanne ja gerade eben kennen gelernt hat und in den sie noch sehr verliebt ist, gehört zur Zeit weder zu den befriedeten noch zu den ausgegrenzten Doppelgängern. Sein Doppelgänger nimmt gerade erst Konturen an. Es ist also noch zu früh, über ihn zu sprechen.

Der ausgegrenzte
Doppelgänger

Diese Gestalten im Inneren der Seele haben allesamt einen Makel. Sie sind, obwohl sie meine *Innenbewohner* sind und damit ein Teil von mir (mitunter ein sehr wichtiger Teil!), aus meinem Leben *ausgegrenzt*. Das Erste und Wichtigste, was man über diese Doppelgänger sagen muss: Wie immer ablehnend ich sie auch sehe, sie gehören dazu! Es sind Bewohner meines Inneren.

Es gibt diese ausgegrenzten Doppelgänger in zweierlei Gestalt:

Erstens: Es sind jene Menschen (selten Tiere), die ich unter Punkt 9 beschrieben habe, denen also allein durch ihre Herkunft ein Platz in meiner Seele zusteht und denen ich diesen Platz aus den verschiedensten Gründen streitig mache. Das geht von den milderen Formen, dass ich gegen sie lamentiere, protestiere, Vorbehalte gegen sie habe (oder sie anklage), weiter zum offenen Kampf, zur rigorosen Ablehnung, zur Leugnung (ihrer Zugehörigkeit) oder zum Kontaktabbruch, bis hin zu den schwersten Formen der Leugnung (ihres Daseins), sodass ihr Vorhandensein für meine Kinder oder Enkelkinder schon gar nicht mehr gewusst wird.

Zweitens: Es sind jene Menschen (nie Tiere), die ebenfalls unter Punkt 9 beschrieben worden sind, von deren Vorhandensein ich selbst aber gar nichts weiß. Sagen wir besser: nichts Genaues weiß. Meist ahne ich nämlich etwas.

Familiengeheimnisse hinterlassen ihre Spuren in Andeutungen, Gesichtsausdrücken (der Älteren) oder Dokumenten und Briefen der betroffenen älteren Familienmitglieder. Meist spüre ich schon sehr früh, dass es nicht im Sinne der Familie ist, an diese dunklen Flecken zu rühren.

So mag es (um unser Beispiel mit Susanne passend zu machen) eine frühere Verlobte ihres Vaters gegeben haben, über die in der Familie nicht gesprochen werden durfte, weil das Susannes Mutter zu sehr erregt hätte. Susanne weiß über diese Verlobte nichts.

Einmal, als sie 13 war, hatte sie tief im Schreibtisch des Vaters einen Liebesbrief an ihn gefunden, der unterschrieben war mit »Anne«. Es gibt also einen Hinweis. Susanne weiß nichts darüber, dass ihr Vater Anne verlassen hat, nachdem diese von ihm schwanger geworden ist, und dass Anne das Kind abgetrieben hat. Susanne weiß noch weniger darüber, dass sie mit ebendieser Anne, die in der Seele des Vaters keinen guten Platz hat, unbewusst verbunden ist. Denn da Anne in der Seele des Vaters als seine frühere Verlobte (siehe Punkt 9g) dazugehört, gehört sie – ohne dass Susanne von ihr weiß – auch in Susannes Seele dazu.

Sie weiß leider auch nichts davon, dass die Abtreibung von Heinrichs Kind eine direkte Wiederholung der Abtreibung von Annes (und ihres Vaters) Kind ist. Und dass sogar noch in ihrem Namen Susanne der Name dieser früheren Verlobten verborgen liegt. (Obwohl – würde Susanne einwenden – dieser Name einem Vorschlag ihrer Mutter entsprang. Was Susanne aber auch nicht weiß: Ihre Mutter kannte Anne, sie hat Anne den Verlobten weggenommen, ihn selbst geheiratet und als unbewusstes Eingeständnis dieser Schuld die Nebenbuhlerin im Namen der Tochter aufbewahrt!)

Wir sehen, unsere kleine Geschichte mit Susanne und ihren Männern nimmt eine sehr viel tiefgreifendere Form an, als unser harmloses Beispiel auf Seite 11 ff. das erahnen ließ.

Die ausgegrenzten emotionalen Doppelgänger haben eine undurchschaubare, das ganze Leben ergreifende Kraft und sie wirken umso intensiver, je tiefer (in der Zeit) sie zurückliegen, je schwerer ihre Schicksale waren und je weniger man von ihnen weiß.

Ich werde hier keine weiteren Beispiele anführen, denn das ganze restliche Buch handelt – mit wenigen Ausnahmen – von den Folgen, die die ausgegrenzten emotionalen Doppelgänger auf das Partnerschaftsleben haben.

Der auszugrenzende Doppelgänger

In sehr wenigen Fällen ist es notwendig und fast schon über-
lebenswichtig, dass emotionale Doppelgänger aus den frei
flottierenden Arealen der Seele tatsächlich aktiv ausgegrenzt
werden *müssen*. Es ist hier in der Tat eine aktive Handlung
erforderlich, die eine derartige Innenperson gleichsam in einen
inneren Hochsicherheitstrakt überführt und sie von den anderen emotionalen Doppelgängern isoliert.

Zwei Basisregeln sollte man dabei kennen:
Erstens: Es sind in der Regel *nicht* jene Außen- und also
auch Innenpersonen, von denen ich überzeugt bin, dass sie
weggeschickt werden müssten. Wann immer ich das Gefühl
habe, derjenige, der mir (oder meiner Mutter etc.) etwas angetan hat, müsse deshalb aus meiner Seele entfernt werden, so ist
das in den weitaus meisten Fällen nicht der Fall und somit
keine Lösung. Diejenigen also, die man »ziehen lassen will«,
sind nicht diejenigen, die gehen müssten. Sobald bei mir eine
starke Emotion in Richtung Ausgrenzung im Spiel ist, sollte
auf jeden Fall geprüft werden, ob es sich nicht um einen bereits ausgegrenzten Doppelgänger handelt, der befriedet und
also wieder eingemeindet werden müsste.

Zweitens: Man kann diesen auszugrenzenden emotionalen
Doppelgänger nur »gehen lassen«, nachdem auch ihm die nö-
tige Achtung entgegengebracht worden ist – meist eine Achtung für das schwere Schicksal, das er sich selbst aufgebürdet
hat. Mit einer negativen Attitüde der Verurteilung, Verachtung
oder Verdammnis meinerseits können diese Doppelgänger
nicht gehen, denn ich kann sie dann nicht loslassen. Ablehnung, Verachtung oder Hass binden diese Doppelgänger nun
noch fester an mich.

Bei dieser Personengruppe handelt es sich im Wesentlichen
um äußere Menschen und ihre inneren Stellvertreter (Doppelgänger), die sich am Hab und Gut, am Leib und an der Seele
anderer vergriffen und damit schuldig gemacht haben. Es han-

delt sich um Täter, die schwerwiegende Taten begangen haben (hauptsächlich Doppelgänger der Kategorie 9j).

Angenommen, mein Vater hätte sich im Zweiten Weltkrieg als Angehöriger einer Einsatzgruppe in der Ukraine an Judenerschießungen beteiligt, so hätte er sich mit dieser Tat (ohne es zu wissen) in seiner Seele zutiefst an seine Opfer gebunden. Diese Bindung ist wesentlich tiefer als die Bindung zu seiner Frau (also meiner Mutter) und zu seinem Sohn (also mich). Solange ich meinen Vater nicht aus dem Reigen der emotionalen Doppelgänger entlasse, laufe ich Gefahr, mich selbst entweder mit den Opfern oder mit den Tätern zu verbinden oder gar zu identifizieren. Um den Preis, dass ich entweder selbstmordgefährdet oder (für andere) gefährlich bin.

Die Schwierigkeit besteht nun darin, dass vielleicht mein Vater mir gegenüber nie gewalttätig oder sonst wie gefährlich gewesen ist. Mir kann zwar aufgefallen sein, dass er abwesend und für mich nie richtig erreichbar war (denn er lebte ja schon lange bei den Toten), aber ich sehe in meiner Seele keinen Grund, ihn gehen zu lassen. Ich muss ihm also Achtung dafür erweisen, was er alles für mich getan hat: für seinen Anteil daran, dass ich zur Welt kommen konnte (immerhin 50 Prozent), dass er an meinem Überleben mitgearbeitet hat usw. Er hat ja alles getan, damit ich meinen Weg gehen konnte. Das muss ich anerkennen und be-achten.

Erst mit dieser Achtung kann ich ihn dann ziehen lassen. (»Und jetzt lasse ich dich gehen.«) Dazu muss ich auch noch die Opfer anschauen und ihr schweres Schicksal sehen und würdigen. Und die schicksalhafte Verstrickung zwischen ihnen und meinem Vater muss ich ebenfalls sehen, achten und dann ganz allein bei ihnen lassen und mir und ihnen klar machen, dass ich damit nichts zu tun habe. Ich muss meinen Vater also dorthin gehen lassen, wohin er gehört, und ich muss es aushalten, dass er zu den Toten mehr gehört als zu mir. Das fällt unendlich schwer. Besonders dann, wenn er heute (als alter Mann) noch lebt. Aber er bleibt trotzdem mein Vater – auch wenn ich ihn gehen lassen muss.

Ich werde in diesem Buch nicht sehr intensiv auf die auszugrenzenden emotionalen Doppelgänger eingehen. Das Thema ist – wie schon gesagt – noch sehr wenig erforscht und es spielt in Bezug auf die Partnerschaft nicht eine so große Rolle. Aber gänzlich vernachlässigen werden wir es auch nicht (siehe Kapitel 4).

So viel soll als Vorbemerkung für dieses Konstrukt des emotionalen Doppelgängers in unserer Einleitung reichen. Dass diese Gebilde tatsächlich eine derartige Wirkungskraft haben, sollen die weiteren Kapitel des Buches leisten.

Es kann freilich sein, dass dem Leser vor lauter Punkten und Unterpunkten der Kopf schwirrt und dass er sich das alles gar nicht merken kann (oder will), und so möchte ich all das, was bisher in Worten gesagt worden ist, noch einmal in Bildern (der Seele) zusammenfassend erweitern. Natürlich können wir uns die Seele (gar als Grafik) nicht vorstellen und so bleiben unsere Bilder die Vorstellungen eines »Milchmädchens«, aber für ein *erstes* Verständnis über unser Thema können sie durchaus fruchtbar sein.

Da ich in meiner akademischen Jugend mit Sigmund Freud groß geworden bin, möchte ich – auch als ein Tribut an diesen großen Seelenführer – das Bild der Seele nach einem seiner Bilder formen. Für Freud sah die Seele (in einer bestimmten Betrachtungsweise) so aus (siehe Abb. 5):

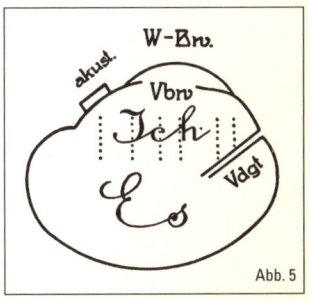

Abb. 5

(Aus: Sigmund Freud: *Das Ich und das Es, Gesammelte Werke,* S. Fischer 1969, Bd. 13, S. 252. Dabei stehen die Abkürzungen für: W-Bw = die bewussten Wahrnehmungen; Vbw = das Vorbewusste (das verborgene, aber nicht verdrängte Bewusste, das an Denkprozessen beteiligt ist, ohne gewusst zu sein); Vdgt = das Verdrängte (das in einer gezielten Handlung ins Unbewusste Verbannte, weil es im Bewusstsein zu viele Schmerzen oder Ängste freisetzt).

Ich werde dieses Bild für meine Diskussion ein wenig abwandeln. Durch die Systeme »W-Bw.« und »akust.« tritt die Seele der jeweiligen Außenwelt entgegen und das, was sie dort wahrnimmt, ist der »Vordergrund«.

In Anlehnung an das Bild von Freud stelle ich mir die Seele eines Menschen (in der einfachsten Form) so vor wie in Abb. 6, denn die größten Anteile in jeder Seele haben lebenslang die Doppelgänger beider Eltern.

Seele von Susanne

Mütterlicher Anteil an der Seele von Susanne

Väterlicher Anteil an der Seele von Susanne

Abb. 6

Auch Susanne sieht von hier aus die Welt, sie sah dort vor 15 Jahren Heinrich, vor 12 Jahren Helmuth und sie sieht heute Karl. (Ihr abgetriebenes Kind hat sie nie gesehen – und doch ist dieses Kind da!) Wenn wir jetzt also die letzten 15 Jahre aus Susannes Leben in die Betrachtung einbeziehen und unser Bild ein wenig vergrößern, so sieht es aus wie in Abb. 7.

Die Partner, die in Susannes Leben Einzug gehalten haben, sitzen gleich-

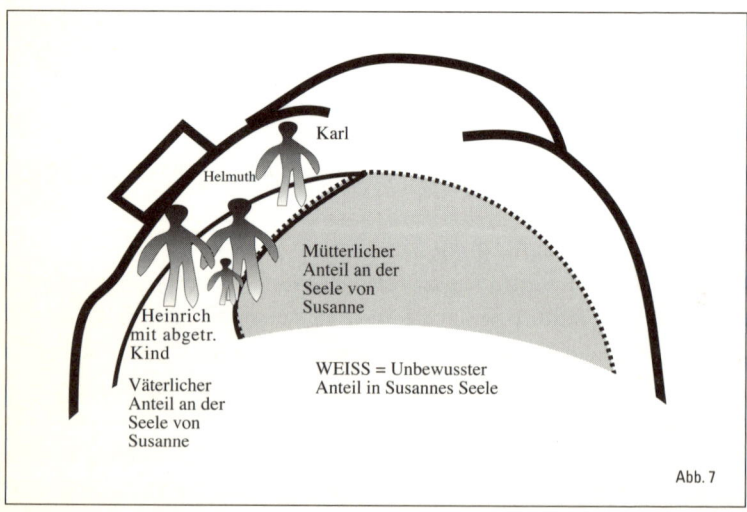

Karl

Helmuth

Mütterlicher Anteil an der Seele von Susanne

Heinrich mit abgetr. Kind

Väterlicher Anteil an der Seele von Susanne

WEISS = Unbewusster Anteil in Susannes Seele

Abb. 7

sam lose auf den elterlichen Anteilen auf und bilden – immer
– eine Verbindung zu diesen. Jetzt sind nämlich unsere emotionalen Doppelgänger ins Spiel getreten, und während in der
Abb. 6 nur die Doppelgänger von Vater und Mutter vorhanden
waren, sind in der Abb. 7 drei weitere Doppelgänger in den
Blick gerückt.

Heinrich und Karl stehen dabei eindeutig auf dem Boden
des Vaters, Helmuth mit einem Bein bei Susannes Vater,
mit dem anderen bei der Mutter. Das abgetriebene Kind hält
sich eindeutig beim Va-
ter auf, denn wir wissen
schon, dass es hier eine
sehr alte Verbindung gibt.
Diese Verbindung wird
dargestellt durch den Pfeil
in Abb. 8.

Was sich in dieser Skiz-
ze nur an der Größe der
Figur ablesen lässt, ist das
für alle Beteiligten nicht
gewusste (und das heißt
unbewusste) Geschehen,
dass Susanne selbst zu-
tiefst mit der Seelenfigur
von Anne (der früheren
Verlobten des Vaters) verbunden ist und deren
Schicksal in ihrem eigenen
Leben nachvollzieht, es in

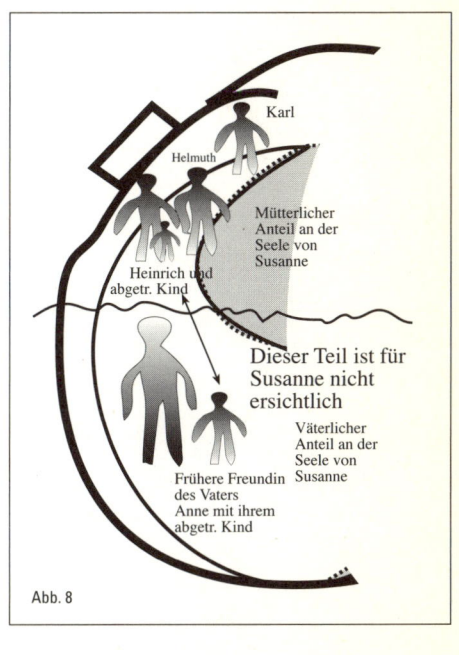

Abb. 8

einem gewissen Sinne sogar vertritt. Deshalb verläuft die Partnerschaft zwischen Susanne und Heinrich auch exakt nach
dem Vorbild der Beziehung zwischen Anne und ihrem Vater –
als das Kind (in beiden Fällen) abgetrieben war, war auch die
Verlobung beendet.

Und während Karl (Karl und Susanne sind immer noch verliebt) im Außen und im Innen noch zu den Menschen (und

Doppelgängern) gehört, über die noch nichts entschieden ist, sind Heinrich, Helmuth und das abgetriebene Kind in der Seele von Susanne bereits (mehr oder weniger) ausgegrenzte Doppelgänger, die auf eine Befriedung warten und so lange keine Ruhe geben, bis diese erfolgt ist. Heinrich und das abgetriebene Kind können dabei erst wirklich befriedet werden, wenn auch Anne, deren Kind und der diesbezügliche Anteil des Vaters (mitsamt dem Schuldanteil der Mutter) ebenfalls befriedet sind. (Anders als im Supermarkt bekommt man in der Seele das Ei nicht ohne die Henne!)

In unserem nächsten Bild (Abb. 9) wird die Perspektive noch ein wenig erweitert. Jetzt treten noch mehr emotionale Doppelgänger in den Blick:

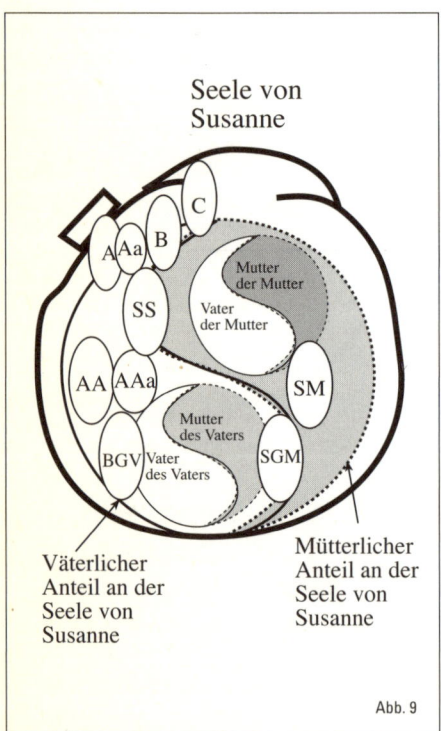

Seele von
Susanne

Väterlicher
Anteil an der
Seele von
Susanne

Mütterlicher
Anteil an der
Seele von
Susanne

Abb. 9

A   = Heinrich
Aa   = abgetriebenes Kind
B   = Helmuth
C   = Karl
SS   = Schwester von
           Susanne
AA   = Verlobte des Vaters
AAa = abgetriebenes Kind
           dieser Verlobten
SM   = Schwester der Mutter
BGV = Bruder des Vaters des
           Vaters (Onkel des
           Vaters)
SGM = Schwester der Mutter
           des Vaters (Tante des
           Vaters)
usw.

Es sind dies immer noch nicht alle Personen, die in Susannes Seele leben, aber die Grafik kann zeigen, wie viele Menschen (und deren emotionale Doppelgänger) in das Fundament eines jeden Hauses der Seele eingebettet und wirksam sind.

Anders gesagt: Im Inneren der Seele sind wir niemals allein! Diesen Satz darf man wörtlich nehmen: Alle, die dazugehören, sind (emotional) immer da und anwesend.

Wenn allerdings die meisten der Anwesenden (aus welchen Gründen auch immer) den Status »ausgegrenzt« haben, dann stehen sie für das emotionale Tagewerk nicht mehr in einem helfenden, heilenden oder kraftgebenden Sinne zur Verfügung. Dann entfalten sie eine Art emotionales Nachtwerk und derjenige, der diese Personen in seiner Seele birgt, hat nur noch damit zu tun, entweder sorgfältig ihre inneren Aufenthaltsorte zu meiden oder – wenn sich das nicht umgehen lässt – jedes Mal negativ auf seine *eigenen* Vorbehalte, Vorwürfe, Anklagen, Beschuldigungen und auf seinen Hass zu stoßen.

Dann freilich fühlt es sich an, als wäre ich – in meinem Inneren – zutiefst allein und mit der Ungerechtigkeit einer Welt konfrontiert, die in Wahrheit nur meine eigene Unzufriedenheit ist. Und wann immer ich un-zu-frieden bin, bin ich mit den Menschen im Inneren meiner Welt nicht im Frieden: Diese sind dann nicht »befriedet«. Wenn ich das weiß oder auch nur für möglich halte, dann sollte ich auch wissen, dass jetzt *von mir eine aktive Handlung gefordert* ist.

Die emotionalen Doppelgänger warten darauf, dass eine Befriedung stattfindet, und sie – so vermute ich – tun vieles, damit diese Arbeit geschehen kann, aber sie selbst haben nicht die Möglichkeit, aktiv an diesem »Heimholungswerk« zu arbeiten. Arbeiten muss *ich*!

Und so haben dieses Buch und sein Autor den Anspruch, Wege aufzuzeigen, wie man aus der seelischen Leere der emotionalen Doppelgänger der Kategorien »ausgegrenzt« und »auszugrenzend« jene Doppelgänger machen kann, die dann in der Abteilung »befriedet« meine Seele wieder mit Fülle versehen.

Und: Der Schwerpunkt dieses Geschehens liegt im Bereich der Partnerschaft.

Bevor wir mit dieser Arbeit beginnen, ein letzter Hinweis: Die Aufgaben, die vor uns liegen, können *nicht* mit den äußeren Personen des Lebens durchgeführt werden. Manchmal sind diese schon lange tot oder anderweitig nicht mehr erreichbar. Aber auch wenn sie im Außen greifbar wären, so erlebten sie ein derartiges Ansinnen oft als sehr befremdlich und wüssten meist gar nicht, worum es eigentlich geht.

Als eine Tochter (nach fünf Jahren der häuslichen Abwesenheit) wieder in ihr Elternhaus kam, mit der Absicht (des Vordergrundes), endlich Frieden mit den Eltern zu schließen, musste sie drei Wochen später von ihrer Schwester erfahren, dass die Eltern sich große Sorgen machten. Diese glaubten, die Tochter sei in die Fänge einer Sekte geraten, die ihren Mitgliedern zur Auflage macht, auch die Eltern zu Frieden und Liebe (und zur Sekte) zu bekehren. Zumal die Eltern sich gar keines Unfriedens bewusst waren.

Nein, die Arbeit muss ganz allein mit den inneren Stellvertretern (mit den emotionalen Doppelgängern) durchgeführt werden. Sie muss im Inneren stattfinden. Wie das vonstatten gehen kann, darüber in den nächsten Kapiteln mehr.

Und so werden wir jetzt einzelne Formen der Partnerschaft betrachten. Wir beginnen mit den leichteren Verstrickungen, die noch nicht so tief in die Strukturen der Seele eingegraben sind, und werden dann – im Fortschreiten der Kapitel – zu jenen Formen gelangen, die die tragenden Wände und die Fundamente der Seele befallen haben und die sehr viel tiefer in der Zeit wurzeln, sodass – im Hinblick auf eine Lösung – auch an sehr viel tieferen und älteren Schichten gearbeitet werden muss.

Die Insolvenz-
Partnerschaft

Das aus dem Lateinischen abgeleitete Wort »Insolvenz« bezeichnet im heutigen Leben die Zahlungsunfähigkeit eines Teilnehmers des Geschäftslebens. Er hat so viele Schulden angehäuft, dass er sie nicht mehr zurückzahlen kann, und jetzt verordnet der Gesetzgeber, dass der Betreffende keine weiteren Geschäfte mehr tätigen darf. Erst wenn er die alten Forderungen, die seine Gläubiger an ihn haben, restlos zurückerstattet hat, darf er wieder am normalen Geschäftsleben teilnehmen.

Dieses Bild lässt sich ohne Umschweife vom äußeren Geschäftsleben auf das innere Partnerschaftsleben übertragen und lautet dann: Ich habe in Bezug auf einen (oder viele) Partner in meinem Inneren so viele Schulden gemacht oder so viele nicht erfüllte Forderungen (gleichsam unbezahlte Rechnungen), dass die Seele selbst sich in einem inneren Zustand befindet, der eine neue Partnerschaft (als wäre es ein neu zu eröffnendes Geschäft) nicht mehr zulässt. Die Seele reagiert dann wie der Gesetzgeber und verbietet ein neues Einlassen.

Noch einmal: Entweder habe ich zu viele Schulden gemacht, habe also meinen Gläubigern geschadet oder sie enttäuscht, indem ich das, was sie mir gegeben haben, nicht vergolten habe, oder ich habe ihnen so viel geliefert und gegeben und sie haben es mir nicht vergolten – sie haben also Schulden bei mir – und ich bin von ihnen enttäuscht. In beiden Fällen muss ich ein Insolvenzverfahren anmelden und eine neue Partnerschaft ist ausgeschlossen.

Das sei unfair, mag der Leser einwenden. Den ersten Fall verschulde ich und dafür muss ich auch zahlen, aber wieso muss ich, wenn der andere nicht bezahlt, ebenfalls die Folgen tragen?

Nun, das Ganze verläuft in der Partnerschaft – wie im Geschäftsleben auch – entlang einer Linie von Soll und Haben. Stellen wir uns vor, im Geschäftsleben der Partnerschaft hätte jeder der beiden Partner ein Konto mit Einnahmen und Ausgaben (Guthaben und Schulden, Haben und Soll):

Partner A		Partner B	
Haben	*Soll*	*Haben*	*Soll*
10.000	0	3.000	0
1. Schritt nach einem halben Jahr			
0			– 10.000
0	0	3.000	– 10.000
2. Schritt			
0	– 3.000	0	– 10.000
Ergebnis			
	– 3.000		– 10.000

Im ersten halben Jahr der großen Verliebtheit gibt Partner A, der ein Partnerschafts-Vermögen von 10 000 Einheiten hat (es geht hier nicht um Geld, sondern um Partnerschaftseinheiten, was immer das ist), seine gesamten Einheiten an B. A hat jetzt nichts mehr auf seiner Haben-Seite, aber B hat jetzt 10 000 auf seiner Sollseite, er hat also Schulden. Zum »Ausgleich« gibt Partner B, der ebenfalls sehr verliebt ist, der aber nur über 3 000 Einheiten auf der Haben-Seite seines Partnerschafts-Vermögens verfügt, innerhalb desselben halben Jahres ebenfalls seine gesamten Einheiten rüber zu A. Am Ende des ersten halben Jahres der Verliebtheit haben beide gegeben und beide genommen, doch es klafft ein Unterschied, der beide in einen Partnerschafts-Konkurs treibt. B hat zu viel bekommen *und hat es genommen*, das heißt, er hat Schulden gemacht, die er nicht zurückzahlen kann. A jedoch ist ebenso insolvent, denn er klagt darüber, dass B ihm nicht genug zurückgeben kann. Die Schuld von A besteht darin, dass er B zu viel gegeben hat. Er hätte wissen müssen, dass er B überfordert und dass B es nicht ausgleichen kann. Und B hätte wissen müssen, dass er von A nicht so viel hätte nehmen dürfen.

So macht sich jeder der beiden in der Partnerschaft auf eine ganz eigene Weise daran mitschuldig, dass er entweder zu viel genommen oder zu viel gegeben hat. Natürlich steht A im Bewusstsein der Allgemeinheit (und auch in seinem eigenen) besser da, denn er kann sich darauf hinausreden, dass er ja nur aus vollem Herzen gegeben hat. Anders gesagt: Fairness in der Partnerschaft bemisst sich daran, dass keiner der beiden zu viel gibt und keiner zu viel nimmt.

In unserem Beispiel gehen die beiden daran auseinander, dass A (egal, ob als Mann oder als Frau) das Gefühl hat, B sei ihm noch etwas schuldig, und dass B (egal, ob als Mann oder als Frau) weiß, er hat so viele Schulden gemacht, dass er sie nie wird zurückzahlen können. Dabei ist es in der Regel so, dass der Partner, der weiß, er kann seine Schulden nicht zurückzahlen, also B, dem anderen, der ihm zu viel gegeben hat, böse wird, die Beziehung beendet und geht. Freilich: Er geht mit den Schulden!

A steht jetzt ohne Partner da, hält seine Schuldscheine in die Höhe, ist verbittert, beleidigt und allein gelassen (und meist im tiefen Jammer darüber, dass er alles gegeben hat und zur Belohnung auch noch verlassen worden ist). Ja, A muss ebenfalls Konkurs anmelden. Das ist umso schlimmer, weil er »sein Bestes gegeben hat« und sich keines Vergehens bewusst ist.

Beide befinden sich in einer insolventen (also einer ungelösten) Situation: Sowohl die Forderungen von A als auch die

Schulden von B bleiben in der Seele vorhanden und es besteht eine große Wahrscheinlichkeit, dass A jetzt versucht, seine Schuldscheine an eine neue Beziehung (nennen wir sie C) heranzutragen, um sie dort eingelöst zu bekommen, und dass B versucht, in einer neuen Beziehung (D) seine alten Schulden abzutragen. Damit aber sind die neuen Partner C und D restlos überfordert und beide neuen Beziehungen (A mit C und B mit D) gehen nach kurzer Zeit ebenfalls wieder auseinander, denn es mischt sich etwas Altes aus der Beziehung von A mit B in die neuen Beziehungen ein, was hier nicht gelöst werden kann. Und keiner der (jetzt) vier Beteiligten weiß, dass die beiden neuen Beziehungen letztlich an den Altlasten der vorherigen Beziehung zerbrochen sind.

Ist denn »Beziehung« tatsächlich eine derart buchhalterische Veranstaltung, als die sie hier erscheint?, mag der skeptische Leser einwenden. Ich kann das gar nicht in mir finden, mag er sagen. Ich »rechne« doch nicht in meiner Partnerschaft! (Sagen besonders die Frauen unter den Lesern.) Kann man denn Geben und Nehmen derart einander gegenüberstellen, und was soll das überhaupt für ein Partnerschafts-*Vermögen* sein, von dem in dem Rechenexempel die Rede ist?

Natürlich laufen diese Vorgänge nicht im Vordergrund ab und können auch nicht (schon gar nicht bei sich selbst) beobachtet werden. Das Partnerschafts-Vermögen ist eine Größe, die sich gänzlich im Hintergrund der Beziehung – gleichsam tief in der Seele – aufhält und dort »hinter dem Rücken der Beteiligten« ausgetauscht wird. Und weil es eine seelische Größe ist, kann man dieses Vermögen weder analysieren noch anderweitig bestimmen. Aber man kann an den auftauchenden Symptomen auf das Dahinterliegende schließen. Ich werde das jetzt eine Weile tun.

36

Das Partnerschafts-Vermögen

Einige Regeln stelle ich an den Anfang:

Regel 1: Jeder Mensch hat – immer von Anfang an – als Partnerschafts-Vermögen gleichsam 100 Prozent.

Sein Konto ist am Beginn vollständig gefüllt. Er kann dieses Vermögen ausgeben, er kann es zurückhalten, er kann es sparen (aufsparen, bis endlich der oder die »Richtige« kommt), kurz, er kann damit – unprosaisch gesprochen – Partnerschafts-Geschäfte tätigen. (Noch einmal: Diese Geschäfte laufen »unterirdisch« ab und sie unterliegen nicht der bewussten Kontrolle.) Die erste Regel besagt nur: Jeder hat ein volles Konto und ist für Partnerschaften gerüstet.

Allerdings sind die 100 Prozent des einen nicht zu vergleichen mit den 100 Prozent des anderen. Dabei geht es nicht um ein Mehr oder Weniger oder um ein Besser oder Schlechter, sondern nur darum, dass man mit einem Vermögen von 3 000 Einheiten anders umgehen muss als mit einem Vermögen von 10 000 Einheiten. Aber natürlich liegt hier bereits die Möglichkeit für einen Konflikt verborgen. Wie unser Buchhaltungs-Beispiel von Seite 34 f. zeigt, hat einer, der 10 000 Einheiten eines Vermögens (das sind seine 100 Prozent) besitzt, alle Einheiten an jemanden gegeben, der selbst nur über 3 000 Einheiten (das sind seine 100 Prozent) verfügt. Aus diesen Transaktionen entstand ein Konflikt oder, besser gesagt, ein Ungleichgewicht, das darin bestand, dass zwar beide alles gaben, was sie hatten, es aber trotzdem nicht ausgeglichen war. Aus dieser Regel ergaben sich zwangsläufig die uns schon bekannten Konsequenzen:

1. Ich darf vom anderen nur so viel nehmen, wie ich auch zurückgeben kann.
2. Ich darf dem anderen nur so viel geben, wie auch er mir zurückgeben kann.

3. Ich darf also nicht davon ausgehen, dass dem anderen so viel (oder so wenig) zum Geben zur Verfügung steht wie mir.

Regel 2: Das Partnerschafts-Vermögen hat (als wäre es ein Konto) in sich die Tendenz, gefüllt zu bleiben.

Das heißt, die Haben-Seite des Kontos (das ist das Partnerschafts-Vermögen) will im einen Fall seine 10 000 und im anderen seine 3 000 Einheiten erhalten. Die Ungleichgewichte und damit die Konflikte entstehen immer auf der Soll-Seite.

Eröffnen wir eine neue Rechnung: Angenommen, A gibt im Verlauf eines halben Jahres 2 000 Einheiten an B und B gibt in der gleichen Zeit ebenfalls 2 000 Einheiten zurück, so bildet sich auf beiden Soll-Seiten jeweils ein Minus von 2 000. Damit aber sind Geben und Nehmen angemessen und ausgeglichen und beide Soll-Zustände gehen damit automatisch auf 0 zurück. Jeder hat wieder sein volles Vermögen und das Spiel kann von neuem beginnen.

Bert Hellinger bemerkt an einer Stelle seines Werkes, dass »Glück in der Partnerschaft« sich daran bemesse, dass der eine dem anderen gibt (sagen wir 100 Einheiten) und der andere ihm daraufhin »ein bisschen mehr« zurückgibt (sagen wir 110 Einheiten). In einem nächsten Schritt gibt A jetzt an B 120 usw.

Regel 3: Das Geben und Nehmen des Partnerschafts-Vermögens funktioniert nicht nur in Richtung der »guten Gaben«, es gilt genauso für die »schlechten Gaben«, die ich dem Partner antue und also gebe, oder er mir.

Auch Streit, Aggressionen, Enttäuschungen und alle anderen negativen Gefühle werden vom Partnerschafts-Vermögen verteilt und gesteuert. Und auch hier verlangt das Geben und Nehmen nach einer Aussteuerung der Soll-Seiten der Konten. Tut der Partner mir etwas Böses an, so bin ich – damit ein Ausgleich stattfinden kann – verpflichtet, ihm ebenfalls etwas Böses anzutun. Aber beim Ausgleich im Bösen darf es (wieder mit Hellingers Worten) jeweils »ein bisschen weniger« sein, damit nicht ein Aufschaukelungsprozess in Richtung auf einen »Beziehungs-Weltkrieg« erfolgen muss.

Geben wir dafür ein Beispiel:

Eine verheiratete Lehrerin kommt in die Beratung und erzählt unter großem Kummer, dass sie ihren Mann (mit dem es ihr eigentlich gut geht) mit einem Schulkollegen betrogen hat. Sie hat sich von diesem Seitensprung eine Belebung ihrer – nach 20-jähriger Ehe – etwas langweilig gewordenen Sexualität versprochen. Sie hat es auch gleich ihrem Mann erzählt, weil sie keine Heimlichkeiten aufbauen wollte. Ihr Mann hat sehr verständnisvoll reagiert und die Beziehung zu dritt hält im Moment noch an. Jedoch seit drei Wochen kann sie weder mit ihrem Mann noch mit dem Geliebten schlafen. Es geht einfach nicht, ihre Sexualität verweigert ihr den Dienst.

Als ich ihr etwas über die Funktion des Gewissens und den fehlenden Ausgleich erläutere und sie frage, was geschehen müsste, damit es ihr besser ginge, antwortet sie: Ich glaube, es wäre das Beste, wenn er mich auch betrügen würde – damit es wieder gut sein kann. Aber, seufzt sie, das würde er niemals tun. Also wäre das keine Lösung. Obwohl es eigentlich nicht zu meinem Interventionskanon gehört, höre ich mich sagen: »Wahrscheinlich wäre es gut, wenn er Sie einmal kräftig verprügelte.« Daraufhin strahlt sie über das ganze Gesicht.

Wenn ich also jemandem wehtue, dann erwartet die Soll-Seite meines Partnerschafts-Kontos, dass auch mir wehgetan wird. Findet dieser »Ausgleich im Schlimmen« (Hellinger) nicht statt, so gibt es Schulden und das ganze Gebilde der Partnerschaft geht ebenfalls in Richtung Konkurs. Nein, ein Seitensprung ist noch kein Konkurs! Aber der fehlende Ausgleich setzt eine Dynamik in Gang, die in diese Richtung zielt.

Regel 4: Partnerschafts-Schulden und anschließende Insolvenz können sich daraus ergeben, dass
a) *eine* langjährige Beziehung oder Ehe in die Brüche geht, sei

es, dass einer den anderen verlässt, um in eine neue Beziehung zu gehen, um endlich frei zu sein, um sich selbst zu verwirklichen, oder gar, indem er stirbt.

Manchmal entstehen auch tiefe Schulden darin, dass ein Kind aus dieser Partnerschaft stirbt und die beiden diesen Verlust nicht gemeinsam tragen (und das heißt auch, ihn nicht gemeinsam betrauern), sondern an den Vorwürfen, wie man es hätte vermeiden können, auseinander gehen.

b) in meiner Seele eine *lange Reihe von Partnern* versammelt ist, deren Beziehungen beendet sind, die aber allesamt noch keinen guten Platz haben. Sei es, dass sie mir etwas nachtragen und ich ihnen den Ausgleich verwehrt habe, sei es, dass ich ihnen etwas nachtrage, sie also mir den Ausgleich versagt haben. Mitunter ist es eine Mischung aus beidem.

So stehen in der Seele eines Mannes manchmal zehn weibliche Partner, mit denen er eine Beziehung hatte und die keine Ruhe geben: Sieben davon sind verletzt, weil der männliche Partner es nicht ausgeglichen hat, drei davon haben ihn verletzt, weil sie den Ausgleich verweigert haben. Dieser Mann hat also jetzt, so wie Susanne auf dem Bild von Seite 14, in seiner Seele zehn – nur mit den Augen des Hintergrundes sichtbare – unsichtbare Gestalten, die noch keine Ruhe gefunden haben. Sieben davon sind ihm böse und dreien ist er böse.

Während es sich bei unserem Punkt a) um eine große Schuld in Bezug auf das Partnerschafts-Vermögen eines Partners handelt, finden wir bei Punkt b) viele kleinere Schulden, die sich freilich zu einer großen Schuld aufaddieren.

So weit unsere ersten Regeln.

Kehren wir nun zurück zum Partnerschafts-Vermögen. Wir wissen immer noch nicht, was es ist, aber wir wissen, was sich mit diesem Vermögen, wenn es eingesetzt oder ausgegeben wird, herstellt.

Ein Mensch, der sein Partnerschafts-Vermögen an den anderen Menschen heranträgt, erzeugt damit – in seiner Seele – einen *emotionalen Doppelgänger* und damit eine *Bindung* an diesen inneren (und äußeren) Menschen. Diese Bindung ist relativ unabhängig davon, ob der andere Mensch real etwas von mir wissen will oder nicht. Denn eine Bindung kann sich auch herstellen, wenn der andere Mensch von mir gar nichts weiß, mich gar nicht wahrnimmt oder mich innerlich ablehnt. Ich kann trotzdem seinen emotionalen Doppelgänger – wie ich glaube – tief und innigst lieben.

So kann eine Sekretärin viele Jahre lang in ihrem Inneren ihren Chef anbeten und kann bereit sein, ihm alles zu geben, aber er bemerkt es nicht oder macht sich hinter ihrem Rücken lustig über sie. Sie investiert sehr viele Einheiten ihres Partnerschafts-Vermögens in seinen emotionalen Doppelgänger und bekommt nichts zurück. Doch je nachdem, wie intensiv diese Bindung ist (die ja nur in ihrem Inneren existiert) und wie viele Partnerschafts-Einheiten sie angelegt hat, desto weniger Energien hat sie zur Verfügung für einen neuen (von außen kommenden) Partner, der sich auf das Spiel von Geben und Nehmen tatsächlich einlassen würde.

Das Partnerschafts-Vermögen ist also eine Kraft, die aus Investitionen lebt und für Investitionen verwendet wird.

Im Anfang einer Beziehung begegnet mir ein äußerer Mensch, der, als wäre er ein Unternehmen, zum Beispiel eine Aktiengesellschaft, mich veranlasst (noch einmal: ohne dass er dafür etwas tun muss), Aktien seines Unternehmens zu zeichnen, also in dieses »Unternehmen« zu investieren. Nein, diese Aktien gibt es natürlich nicht. An ihre Stelle tritt der emotionale Doppelgänger, der, je nachdem, wie viele Aktien dieses Unternehmen ich »zeichne« (und damit besetzt halte), in meinem Inneren größer und wichtiger und verbindlicher wird.

(Auch wenn der Leser sich daran stören mag: Es ist in der Tat wie bei einem Aktionär an der Börse: Je mehr Aktien eines Unternehmens er zeichnet, je mehr er also in das »Partnerschafts-Unternehmen« investiert, desto wichtiger wird das

Wohl und Wehe des Unternehmens für das Wohlbefinden des Aktionärs.)

Natürlich erwarte ich von dem Partner, in dessen Unternehmen (in dessen Leben) ich mein Partnerschafts-Vermögen einbringe, dass er in gleicher Weise auch in mich (in mein Unternehmen) sein Partnerschafts-Vermögen einbringt. Mindestens in gleicher Weise!

Allerdings hat die Sache einen Haken. Während ich in meinem Inneren genau spüren kann, wie viele Teile meines Vermögens ich eingesetzt habe, wie wichtig mir also der andere ist, kann ich das vom anderen nie genau wissen. Ich bin hier auf Mutmaßungen und auf meine Wahrnehmungen angewiesen. Aber die können mich trügen und auch die Worte des anderen – über die Größe seine Investitionen in mich – können ganz ebenso trügerisch oder vergänglich sein. (Man kennt sich ja schon ein wenig aus in diesem Spiel mit den hohen Einsätzen. Schließlich verliebt man sich nicht zum ersten Mal!)

Aber auch wenn man sich irren kann: Man erwirbt Anteile und man erwartet, dass auch der andere die eigenen Anteile ins Depot seines Herzens übernimmt.

Eine wichtige Variable in diesem Spiel um das Partnerschafts-Vermögen ist die *Zeit.* Jeder seriöse Aktienhändler an der Börse weiß, dass Investitionen in Unternehmen zwar kurzfristig große Gewinne abwerfen können, dass aber das Zocken an der Börse über kurz oder lang mehr Verluste als Gewinne mit sich bringt, und er rät seinen Kunden zu stabilen Werten, hinter denen etwas steht, und er empfiehlt vor allem, diese Werte auch über die Zeit zu halten. Denn erst dabei kann man wahrlich gewinnen. Seriöse Anlagen entfalten sich – wie eine gute Partnerschaft auch – erst in der Zeit. Der emotionale Doppelgänger braucht, um wirklich lebendig zu werden, eine mit mir gemeinsame Geschichte. Erst in ihr gewinnt er seine Farbigkeit, seine Dimensionalität, sein Leben und die Bindung in meiner Seele. Und so ist jedes Partnerschafts-Vermögen von der Substanz her angelegt auf Seriosität, auf Stabilität und auf Dauer.

Zum Thema der Seriosität eine kleine Geschichte:

Eine Frau vereinbart mit mir einen Telefontermin. Sie möchte erfragen, ob es Sinn macht, mit ihrem augenblicklichen Liebespartner ein gemeinsames Geschäft zu eröffnen.

Im Laufe des Gespräches stellt sich Folgendes heraus: Die Frau ist eine Hostess, sie stand ursprünglich selbst für Liebesdienste zur Verfügung und vermittelt jetzt noch drei weitere Hostessen. Der Partner war ehemals einer ihrer Kunden, in den sie sich verliebt hat. Anfangs schien die Verliebtheit auch ihn ergriffen zu haben und so hat sie sich entschlossen, nicht mehr selbst zu den Kunden zu gehen, sondern nur noch die anderen drei Hostessen zu vermitteln. In den ersten vier Monaten der Beziehung lebte der Partner vollständig bei ihr (weil er als Ausländer noch keine eigene Bleibe hatte). Seit drei Monaten hat er selbst eine Wohnung in einer großen Villa, in der er als Hausmeister arbeitet. Sie darf ihn dort nicht besuchen und auch er kommt nur noch selten zu ihr – »weil er so viel zu tun hat«.

Auf meine Nachfrage, wie oft sie sich denn gesehen haben in diesen drei Monaten, antwortet sie: Nur dreimal. Und jedes dieser drei Male verlief nach demselben Muster: Nachdem er ihr seine große Liebe beteuert und nachdem er mit ihr geschlafen hatte, lieh er sich anschließend – jedes Mal – eine größere Summe Geldes von ihr. Mal um seine neue Wohnung zu möblieren, mal um sich neue Kleidung zu kaufen (denn er müsse seine neue Chefin auch chauffieren), und das letzte Mal, um seiner kranken Mutter in Ungarn eine Operation zu finanzieren (was aber, wie die Frau später erfuhr, nicht erfolgte).

Mit anderen Worten: Sie möchte jetzt, da sie spürt, dass er kein großes Interesse an ihr hat, ihn mithilfe eines »gemeinsamen Geschäftes« (in das wiederum sie sehr viel investieren muss, da er ja kein Geld hat) doch noch an sich binden.

Natürlich muss ich ihr deutlich machen, dass sie ihr Partnerschafts-Vermögen in eine Schwindel-Firma investiert hat und dass sie gerade dabei ist, »gutes Geld ihrem schlechten Geld hinterherzuwerfen«.

Ich habe natürlich absichtlich eine Geschichte gewählt, die vom Leser ziemlich weit entfernt sein dürfte, gleichwohl gilt für jede Partnerschaft: Die Seriosität, mit der ich selbst und der Partner jeweils das Partnerschafts-Vermögen anlegen, will geprüft sein. Ist es mir und ist es dem Partner bei der jeweiligen Anlage auch ernst?

Besonders für Männer gilt oft, dass sie (ohne es zu merken) nur in bestimmte Anteile des Unternehmens (des anderen) ihre Energien und ihre Anlagen einbringen. Dass sie also nicht in das ganze Unternehmen, sprich den ganzen Menschen, investieren, sondern in seinen Status, seine adelige Herkunft, seinen Körperbau, seinen Reichtum oder was dergleichen äußere Attribute mehr sind.

Wann immer zum Beispiel das Thema der »Einheirat« im Raum steht, sei es von männlicher, sei es von weiblicher Seite, laufen wir schnell Gefahr, dass nicht der ganze Mensch gemeint ist, sondern dass wir tatsächlich ein »Unternehmen« heiraten und der emotionale Doppelgänger mit anderen Attributen so sehr überfrachtet wird, dass hinter einer äußeren Hülle gar nichts mehr von ihm gesehen werden kann.

Schauen wir uns diesen Zusammenhang, dass eigentlich nicht der andere gemeint ist, bei unserem Beispiel mit der Hostess (und ihrem Liebhaber) als Bild an:

In unser ersten Abbildung (Abb. 10) sehen wir wieder nur mit den Augen des Vordergrundes. Ein Paar steht nebeneinander.

In der zweiten Abbildung (Abb. 11), mit den Augen des Hintergrundes betrachtet, sehen wir bei der Frau einen wesentlich größeren emotionalen Doppelgänger, der mit mehr Partnerschafts-Ver-

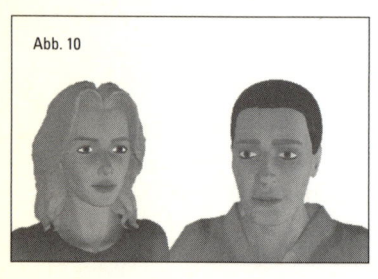

Abb. 10

mögen aufgeladen ist als bei ihm. Sein emotionaler Doppelgänger ist nackt und hat einen Geldschein unter dem Arm. Womit sehr deutlich seine Interessen an ihr dargestellt sind. Er

44

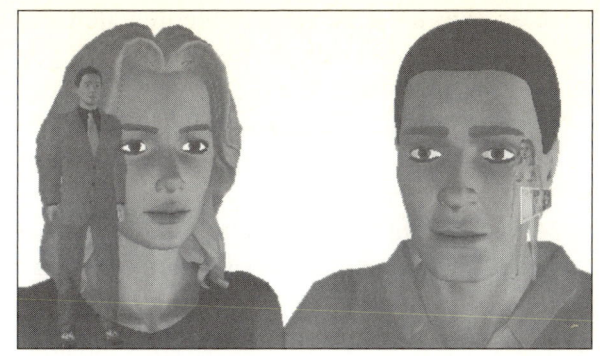

Abb. 11

sieht nicht die ganze Frau, sondern nur ihre Sinnlichkeit und ihr Geld.

Wir wissen nichts aus seiner Vorgeschichte (und nichts aus ihrer), müssen uns also mit dem begnügen, was das Telefongespräch ergeben hat. Entscheidend ist, zu sehen, dass eine Beziehung zwischen den beiden deshalb keine Chance hat, weil die Partnerschafts-Vermögen jeweils anders eingesetzt werden und jeweils etwas anderes meinen.

Hier darf man sich nur an den Fakten orientieren: dass sie ihn wesentlich mehr will als er sie und dass sie etwas ganz anderes will als er. Vielleicht hat er (wie sie argwöhnt) sein Partnerschafts-Vermögen längst in seine neue Chefin investiert (weshalb ihn die Freundin auch nicht besuchen darf) und möglicherweise würde er ohne das Geld, das sie ihm jeweils »leiht«, gar nicht mehr zu ihr kommen.

Insolvent ist diese Partnerschaft auch insofern, als er die einseitigen Gaben (diesmal tatsächlich »Vermögens«-Gaben), also die Schulden – es handelt sich jedes Mal um fünfstellige Beträge –, nicht wird ausgleichen können und das, wie es scheint, auch gar nicht beabsichtigt. Und sie hat sich in dieser Hinsicht vorzuwerfen, dass sie ihm viel zu viel gegeben hat, sodass ihm gar nichts anderes übrig bleibt, als sich von ihr zu trennen.

45

Schauen wir uns ein weiteres Beispiel für eine insolvente Partnerschaft an:

Eine deutsche Frau, nennen wir sie Marianne, lernt im Alter von 18 Jahren einen 25 Jahre älteren Holländer – George – kennen und es ist für beide eine ernste Sache. Sie heiraten und sie zieht zu ihm nach Holland. Sie haben bald eine Tochter und es geht ihnen 20 Jahre lang sehr gut. Dann wird George krank und stirbt relativ rasch. Mit 39 Jahren ist sie Witwe und sehr vermögend. Sie lebt mit der Tochter viele Jahre weiter im gemeinsamen Haus und sie ist heute – 18 Jahre später – immer noch eine sehr attraktive Frau. Aber die letzten 18 Jahre blieb sie allein. Die Tochter ist mittlerweile verheiratet und hat eigene Kinder. Marianne hatte einige kurze Beziehungen, denn im Vordergrund wünscht sie sich einen neuen Partner – und spricht auch oft darüber. Aber jeder, der sie kennt, spürt ganz deutlich: In ihrer Seele lebt sie weiter mit George. In ihr ist er nicht gestorben. In ihr leben die beiden in der Ehe weiter. Die Bindung ist so stark und so tief, dass sie zwar im Vordergrund gern einen neuen Partner hätte, dass sie es aber im Hintergrund als einen Verrat Georges gegenüber empfinden würde, wenn es mit einem neuen Partner ernst würde.

Was kann man tun? Die Frage stellt sich anders: Warum sollte man etwas tun? Ein neuer Partner hätte nur dann eine Chance, wenn sie es George gestatten würde, auch in ihr tot sein zu dürfen. Und wenn sie in ihrem Inneren von George die Erlaubnis für eine neue Beziehung erhalten würde. Aber *sie* müsste es wollen!

Sie hat ihr gesamtes Partnerschafts-Vermögen auf George gesetzt und es ist ihr sehr gut damit gegangen. Warum also sollte sie damit aufhören?

Als Therapeut muss man hier sehr genau hinschauen, um die Realitäten zu sehen. Man muss lernen, auf die Stimmen des Hintergrundes zu achten, denn nur sie sprechen mit einer deutlichen Sprache. Auch wenn der Vordergrund zum Therapeuten geht und ihm folgende Aufträge erteilt: »Hilf mir, einen neuen

Partner zu finden!«, »Hilf mir, die Widerstände abzubauen, die dagegenstehen und die mich immer wieder aus Partnerschaften davonlaufen lassen!«. Manchmal muss man sehen, dass es der Seele in der Ehe mit George sehr gut geht, und man muss dann (als Therapeut) zurücktreten.

Auch unsere nächste Geschichte verläuft nach einem ganz ähnlichen Muster:

Eine Frau ist seit über 30 Jahren mit einem Mann verheiratet, der seit 25 Jahren immer wieder wechselnde Geliebte hat. Mit einer hat er sogar ein Kind. Vor 20 Jahren war es der Frau dann zu viel und sie hat sich von ihm getrennt – vom Bett, aber nicht vom Tisch! Das heißt, sie leben weiterhin in einem (großen) Haus zusammen – dem Haus ihrer Ehe –, und oft ist es so, dass sie zusammen frühstücken und dann sogar die jeweilige Geliebte von ihm dazukommt und seit etwa 15 Jahren auch der jeweilige Partner der Ehefrau.

Und sie führen weiterhin eine Art Ehe, obwohl beide behaupten, seit 20 Jahren getrennt zu sein. Beide sind sich darin einig, dass sie sich nicht scheiden lassen können, es sind zu viele Häuser und ihre gemeinsame große Arztpraxis (in der Ehe erarbeitet) im Spiel, und keiner will es darauf ankommen lassen, das alles untereinander aufzuteilen. Vor zehn Jahren haben sie sich eine riesige Villa gebaut, er die eine Hälfte, sie die andere Hälfte – freilich mit Verbindungstüren. Der gemeinsamen Mahlzeiten wegen.

Sie fragt sich und manchmal auch ihre Freunde und Therapeuten, wieso kein Mann mehr bei ihr bleiben mag. Alle Liebhaber gehen früher oder später, obwohl sie eine attraktive und vermögende Frau ist. Keiner scheint sich sonderlich wohl zu fühlen, mit dem Ehemann der Partnerin am gemeinsamen Frühstückstisch zu sitzen.

Ihm geht es relativ gut. Er fragt nie, warum keine Geliebte bleiben will, denn alle wollen bleiben. Alle wollen ihn heiraten, aber er ist froh, dass er noch verheiratet ist, und so schützt er seine (auf dem Papier existierende) Ehe vor, um eben eine Heirat zu vermeiden. Es ist ganz deutlich, dass er nichts gegen die Partner seiner Ehefrau hat, ja dass er sich sogar wünscht, sie würde mit einem anderen glücklich. Und auch sie hat nichts gegen seine diversen Partnerinnen, obwohl sie sich mitunter fragt: »Was will er denn mit der?« Nein, auch sie ist seinen Partnerinnen gegenüber tolerant. Da er weit über 60 ist, betrachtet sie es mitunter mit einem milden und wissenden Lächeln, wenn wieder einmal eine weit jüngere Frau am Frühstückstisch sitzt. Sie verwaltet die gemeinsame Praxis und so werden die beiden wohl zusammen alt werden in ihrer Ehe, die doch seit über 20 Jahren keine mehr ist – und die sich gleichwohl als sehr stabil erweist. Sie träumt weiterhin von einem anderen und denkt doch nicht ernsthaft daran, sich von ihrem Ehemann zu trennen.

Auch hier leben zwei Menschen im Hintergrund eine tiefe und zufriedene Ehe, wenn auch jeder der beiden sich gern anderweitig bindet (oder binden möchte) und im Vordergrund andere Partner in sein Leben lässt. Das Partnerschafts-Vermögen der beiden geht jeweils auf den Ehepartner und für andere Partner bleibt zu wenig übrig. Keinem der äußeren Partner, die an einen der beiden sich binden wollen, reicht das aus, was die beiden noch an Investitionen zur Verfügung haben, und so gehen sie nach einiger Zeit wieder. Niemand gibt sich ernsthaft mit Krumen zufrieden.

Und doch ist auch diese Partnerschaft – bei beiden – insolvent: Sie können nicht mehr zueinander kommen, es sind zu viele nicht ausgeglichene Schulden vorhanden, und sie können nicht zu einem anderen Partner finden, weil die alte Partnerschaft nicht gelöst ist.

Bevor ich zu einem weiteren Beispiel für eine insolvente Partnerschaft komme, ist ein kleiner theoretischer Exkurs notwendig. Er beschäftigt sich mit der Frage: Wie sind die Daten, die im Folgenden beschrieben werden, zustande gekommen? Wie darf sich der Leser das Verfahren vorstellen, mit dem die im Folgenden beschriebenen Daten des Hintergrundes einer Partnerschaft gewonnen worden sind? Die Menschen, über die hier berichtet wird, die Patienten oder Klienten, kannten ja vorher selbst nur den Vordergrund und sie sprachen am Anfang auch nur über diesen Vordergrund.

Wie also kommt der Autor zum Material des Hintergrundes, dessen Kenntnis allein eine lösende Arbeit ermöglichen kann? Welches Verfahren ist angewendet worden, den Hintergrund lebendig zu machen?

Exkurs: Familien-Stellen als Einzeltherapie

Das Familien-Stellen *in der Gruppe* hat in den letzten Jahren sehr viele neue Sichtfenster auf die Landschaften im Hintergrund der Seele eröffnet und es hat unserem Blick auf dieses unergründliche Gelände sehr viel mehr Tiefe gegeben, als er das vorher hatte. Es ist sicher noch nicht so weit, dass diese neue Dimensionalität in ein theoretisches Konstrukt einzuordnen wäre: Die Erfahrungen sind noch zu frisch und das Phänomenologische des Ansatzes verhält sich spröde gegen Einordnungsversuche oder theoretische Einverleibungen.

Wenn ich dennoch im Folgenden einen einzeltherapeutischen Ansatz vorstelle und ihm einen quasitheoretischen Anstrich verleihe, so geschieht das aus arbeitspraktischen Gründen und nicht, um eine Theorie zu pinseln. Es geht auch nicht darum, das Familien-Stellen in der Gruppe zu ersetzen (diese Form bleibt – auch für mich – weiterhin unverzichtbar), aber ich bin Psychotherapeut und meine Arbeit geht seit über 20 Jahren auf den intensiven dialogischen Kontakt mit der Seele des einzelnen anderen Menschen. Mein Bild von Therapie ist und bleibt: Zwei Seelen setzen sich – für eine gewisse Zeit – zueinander und beide Seelen gewinnen in diesem Prozess ein Stück mehr Weite und Mitte. Insofern möchte ich dem *Familien-Stellen in der Gruppe* einen zweiten, gleichberechtigten und gleich intensiven Prozess der *Arbeit mit Einzelpatienten* an die Seite stellen, der sich inzwischen seit über sechs Jahren bewährt und fortentwickelt hat. Es versteht sich von selbst, dass dieser Prozess ohne die geistige Führerschaft von Bert Hellinger (auch wenn er es nicht gern hört) nicht hätte entstehen können, und meine Verneigung vor seiner Arbeit gewinnt mit jedem Tag meiner Arbeit mehr Tiefe.

Mein theoretisches Bild

Das im Folgenden skizzierte Gemälde bildet meine Arbeitsgrundlage und oft gebe ich dieses Bild am Beginn der ersten therapeutischen Sitzung auch meinem Patienten vor. Er muss es nicht glauben, aber er sollte einfach für den Moment annehmen, dass es so wäre. Ich sage also meinem Patienten etwa Folgendes:

Für meine Arbeit stelle ich mir die Seele vor, als wäre sie ein Haus. Aber nicht ein Haus, das draußen in der Welt nach oben – in den Himmel – ragt, sondern ein Haus, das nach unten oder nach innen gebaut ist. Die Etagen dieses Hauses führen also nicht nach oben, sondern nach unten.

Und wie jedes Haus, so betritt man auch das Haus der Seele zu ebener Erde. Sodann gelangt man an eine Treppe und diese Treppe führt nach unten. Tief nach unten. Zu den Etagen der Seele. Und wie bei jedem normalen Haus auch, gibt es Treppenabsätze und von diesen Treppenabsätzen aus führen Eingangstüren zu der (oder den) Wohnung(en) auf dieser Etage. Und auf diesen Etagen leben Menschen. Menschen, die in deinem Leben eine wichtige Rolle spielen oder früher einmal gespielt haben.

(In der Diktion des bisher Ausgeführten halten sich hier die bereits beschriebenen emotionalen Doppelgänger auf.)

So leben auf der ersten Etage – im Inneren deiner Seele – alle Menschen, die deine Freunde oder deine Bekannten sind oder waren. Deine Schulfreude oder -freundinnen, deine Arbeitskolleginnen oder -kollegen, ja vielleicht der Milchmann an der Ecke. Alle Menschen deines Lebens, mit denen dich etwas verbunden hat oder weiterhin verbindet. Für alle Menschen auf dieser Etage gilt: Sie waren oder sind dir mehr oder weniger nahe, aber du hattest oder hast mit ihnen keine sexuellen Erfahrungen und keine sexuelle Nähe hergestellt. Die Menschen, mit denen du sexuellen Kontakt hattest, wohnen erst auf der nächstunteren Etage.

1. Etage

(Auf diese *Etage der Freunde* gehe ich mit meinen Patienten nicht sehr oft. Aber es gibt Fälle – bei besonders schmerz-
haften Erfahrungen mit Freunden [Verrat etc.] oder früh verstorbene Tieren –, da muss ich mit meinem Patienten einige
Zeit auf dieser Etage verbringen.)

Wenn wir den Treppenabsatz der ersten Etage überqueren
und weiter nach unten gehen, so nähert sich nach einiger Zeit
ein neuer Treppenabsatz: die zweite Etage im großen Haus der
Seele.

Auf dieser Etage leben alle Beziehungspartner meines Le-
bens. Alle Menschen, die ich sexuell in mein Inneres einge-
laden und eingelassen habe. Es gibt hier eine Eingangstür und
dahinter einen langen Flur und von dem Flur führen Türen in
das Innere. Und hinter jeder Tür lebt ein Mensch, mit dem ich
mich einmal intim verbunden habe. Und es ist egal, ob es nur
für eine Nacht war oder für 45 Ehejahre. Allein dadurch, dass
er mich und ich ihn sexuell eingelassen habe, hat dieser
Mensch ein Wohnrecht auf meiner zweiten Etage verdient.
Manche der Räume hinter den Türen sind freilich nur sehr
klein – die Beziehung war vielleicht nicht so tief –, manche
jedoch sind sehr groß. Aber jeder, der dort lebt, wird hier
weiterleben – bis ans Ende meiner Tage.

Manche Menschen haben auf diesem langen Flur gar kei-
nen Raum. Sie haben noch nie jemanden eingelassen. Manche
Menschen haben hier nur einen Raum. Sie waren 40 Jahre mit
demselben Menschen verheiratet. Und manche Menschen ha-
ben hier 50 oder mehr Türen und Räume. Du weißt und du
kannst es sehen, wie viele Türen auf deiner Etage der Partner-
schaften sich befinden. Und manche dieser Räume werden wir
– gemeinsam – betreten müssen.

Aber nicht nur die Partner deines Lebens leben hier – in die-
sen Räumen – weiter (auch wenn du im Außen die Verbindung
zu ihnen längst verloren hast oder gar nicht weißt, ob es sie
überhaupt noch gibt). Auch alle Kinder, die mit diesen Part-
nern gezeugt worden sind, alle lebenden und alle toten, haben
hier ihre Wohnstatt und sie leben hier – in deiner Seele – wei-

52

ter. Im Draußen mögen sie schon tot sein, vielleicht sind sie schon bei der Geburt gestorben. *Im Inneren deiner Seele leben sie weiter. Ja, auch die abgetriebenen Kinder leben in den Räumen jener Partner, mit denen sie gezeugt worden sind, weiter (wenn auch mitunter etwas versteckt).*

(Es ist dies die Etage des Gegenwartssystems, für die man mitunter mehrere Sitzungen aufwenden muss, je nach Schwere der Verwicklung mit diesen Partnern. Und natürlich muss man gerade bei Insolvenz-Partnerschaften diese Räume intensiv aufsuchen.)

Haben der Patient und ich diese Etage mitsamt ihren Räumen ausreichend durchwandert und – soweit es (allein) auf dieser Etage möglich war – den Partnerschaften einen guten Stand gegeben,

so verlassen wir dieses Stockwerk wieder und steigen noch tiefer hinab in Richtung auf die dritte Etage in diesem großen Haus der Seele.

Hier (Treppenabsatz, Eingangstür – wie gehabt) *befinden wir uns auf der Etage der Geschwister. In diesen Räumen leben alle Geschwister, in deren Adern mein Blut kreist – und dabei ist es unerheblich, ob es sich um Vollgeschwister oder Halbgeschwister handelt. Diese Bezeichnung gilt ohnehin nur oben, also außerhalb der Seele* (also im Vordergrund). *Hier im Inneren sind Geschwister Geschwister. Ob sie einen anderen Vater oder eine andere Mutter haben, zählt hier unten nicht. Hier leben sie alle, die lebenden und die toten, sogar die, die tot geboren worden sind. Und in seltenen Ausnahmen sogar der eine oder andere meiner Geschwister, der abgetrieben worden ist.*

Haben der Patient und ich diese Etage mitsamt ihren Räumen ausreichend durchwandert und – soweit es (allein) auf dieser Etage möglich ist – den Brüdern oder Schwestern einen guten Stand gegeben,

so verlassen wir dieses Stockwerk wieder und steigen noch tiefer hinab in Richtung auf die vierte Etage in diesem großen Haus der Seele.

53

Es ist dies die Etage der Eltern. Hier gibt es wieder einen Treppenabsatz. Aber im Gegensatz zu den vorherigen Etagen befindet sich auf diesem Stockwerk nicht eine Eingangstür, die zu den Räumen im Inneren führt, sondern – wie bei manchen Etagenhäusern auch – zwei Eingänge, der eine links, der andere rechts. Die eine Eingangstür geleitet dich zur Seite der Räume des Vaters, die andere zur Seite der Räume der Mutter. Und während du hier unten auf dem Treppenabsatz der vierten Etage stehst, weißt du – ohne darüber nachdenken zu müssen –, welche der Eingangstüren zur Seite des Vaters und welche zur Seite der Mutter gehört.

Angenommen, wir haben vor der Sitzung beschlossen, zur Seite der Mutter zu gehen,

so betreten wir jetzt durch die Eingangstür deren Flur. Hier sind ebenfalls etliche Räume, in denen die Mutter in verschiedenen Altersstufen lebt. In manchen Räumen lebt sie gar zu einer Zeit, in der du noch gar nicht geboren warst – vielleicht sogar mit ihrem ersten Ehemann, der damals im Krieg gestorben ist.

Am Ende des Korridors an der Stirnseite – also nicht rechts oder links des Flures – befindet sich ihr Sterbezimmer

(natürlich nur, wenn sie zum Zeitpunkt der Sitzung bereits verstorben ist und der Patient sich Vorwürfe macht, dass er nicht ausreichend Abschied genommen oder sie beim Sterben allein gelassen hat).

Ebenfalls auf der Etage der Mutter leben ihre Geschwister (also deine Onkel und Tanten), ihre Eltern und Großeltern (also deine Großeltern und Urgroßeltern) und alle Liebes- oder Ehepartner, die deine Mutter vor deiner Geburt hatte.

(Die dritte und vierte Etage dieses Seelenbildes bildet das Herkunftssystem ab, für dessen Erkundung man ebenfalls mehrere Sitzungen aufwenden muss, je nach Schwere der Verwicklung.)

So weit unser Bild.

Der Leser mag sich schon geraume Zeit fragen: Was hat ein derartiges Bild zu tun mit einer Quasi-Theorie? Nun, ob wir mit der Psychoanalyse in einem System *bw – vbw – ubw* (oder *Es – Ich – Über-Ich*), mit der Primärtherapie in einer *third-line – second-line –* oder *first-line*, mit der Transaktionsanalyse in seinem System *Erwachsenen-Ich – Eltern-Ich – Kind-Ich* arbeiten oder in unserem Bild der *vier Etagen*: Jedes dieser (ebenfalls) quasitheoretischen Systeme hat die gleiche Berechtigung und beschreibt Störungen und Verstrickungen in einem zunehmenden Grad der Schwere. Für mich ist es dabei nicht so wichtig, ob die Seele tatsächlich vier Etagen hat (oder vielleicht noch eine fünfte, in der die Themen »Schicksal« oder »Tod« zu Hause sind) oder gar noch sieben weitere, von denen wir nur ahnen können, für mich entscheidend ist die Brauchbarkeit eines theoretischen Systems daran, ob es mir und meinen Patienten hilft zu wissen, wo wir gerade arbeiten und was hier jeweils zu tun ist.

Vorarbeiten zur Therapie

Die erste Sitzung besteht – dem vorherigen Bild entsprechend – in einer gründlichen (oft zweistündigen) Anamnese, in der die Fakten, und nur die Fakten, eines Lebens erhoben werden.

Es ist hier nicht erforderlich, diese nackten Daten noch einmal gründlich zu erläutern (Wer gehört dazu? Wie lange dauerte die Ehe? Wie ist es auseinander gegangen? Wie alt warst du, als dein Bruder starb? Usw.), denn diese Fragen sind aus den Familienaufstellungen hinlänglich bekannt. Es ist freilich wichtig, diese Daten sehr genau aufzuschreiben, damit man sie in den Anamnesebogen eintragen kann. Natürlich hört der Therapeut mit seinem »dritten Ohr« darauf, welche der Außenpersonen im Leben und in der Seele des Patienten keinen »guten Stand« haben (über wen er sich erhoben hat, wen er gering achtet oder wer gar total missachtet wird).

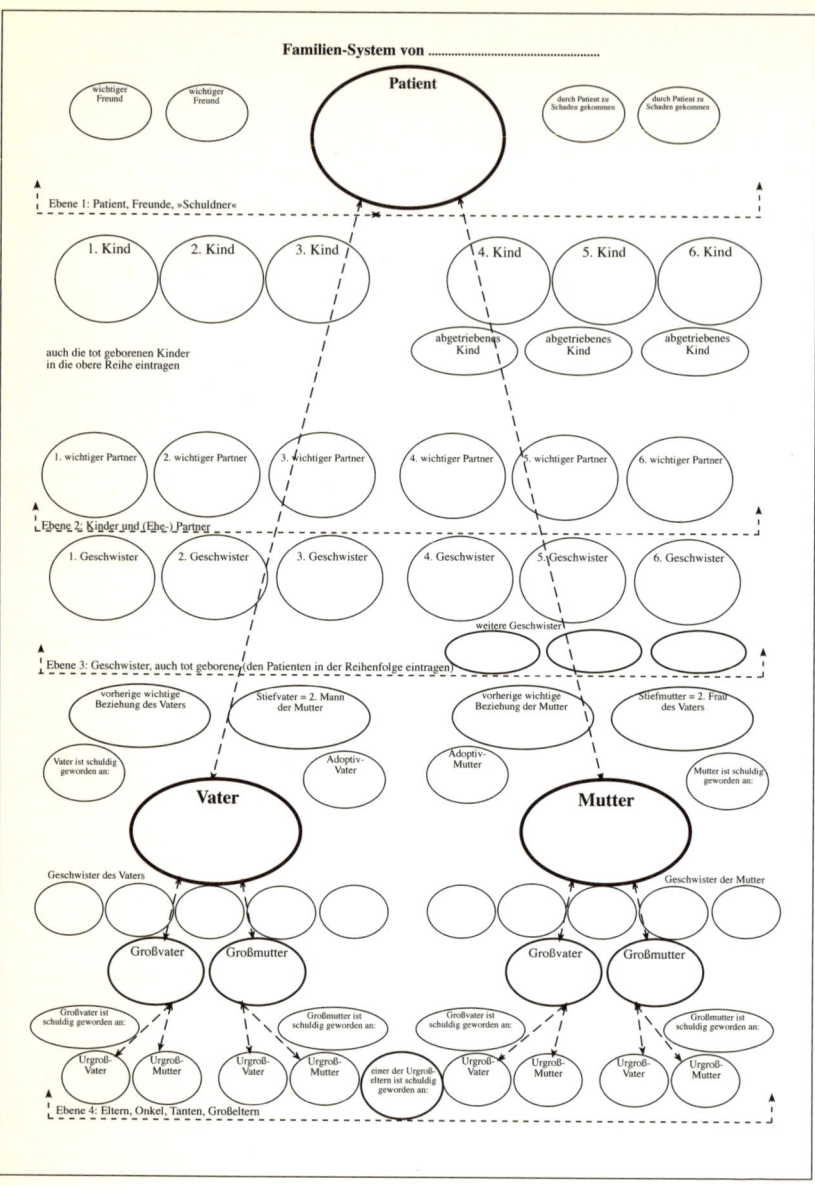

Familien-System von ....

Patient

wichtiger Freund · wichtiger Freund · durch Patient zu Schaden gekommen · durch Patient zu Schaden gekommen

Ebene 1: Patient, Freunde, »Schuldner«

1. Kind · 2. Kind · 3. Kind · 4. Kind · 5. Kind · 6. Kind

auch die tot geborenen Kinder in die obere Reihe eintragen

abgetriebenes Kind · abgetriebenes Kind · abgetriebenes Kind

1. wichtiger Partner · 2. wichtiger Partner · 3. wichtiger Partner · 4. wichtiger Partner · 5. wichtiger Partner · 6. wichtiger Partner

Ebene 2: Kinder und (Ehe-) Partner

1. Geschwister · 2. Geschwister · 3. Geschwister · 4. Geschwister · 5. Geschwister · 6. Geschwister

weitere Geschwister

Ebene 3: Geschwister, auch tot geborene (den Patienten in der Reihenfolge eintragen)

vorherige wichtige Beziehung des Vaters · Stiefvater = 2. Mann der Mutter · vorherige wichtige Beziehung der Mutter · Stiefmutter = 2. Frau des Vaters

Vater ist schuldig geworden an: · Adoptiv-Vater · Adoptiv-Mutter · Mutter ist schuldig geworden an:

Vater · **Mutter**

Geschwister des Vaters · Geschwister der Mutter

Großvater · Großmutter · Großvater · Großmutter

Großvater ist schuldig geworden an: · Großmutter ist schuldig geworden an: · Großvater ist schuldig geworden an: · Großmutter ist schuldig geworden an:

Urgroß-Vater · Urgroß-Mutter · Urgroß-Vater · Urgroß-Mutter · einer der Urgroß-eltern ist schuldig geworden an: · Urgroß-Vater · Urgroß-Mutter · Urgroß-Vater · Urgroß-Mutter

Ebene 4: Eltern, Onkel, Tanten, Großeltern

56

Später trage ich die Daten in einen A4-Anamnesebogen ein, sodass ich während der Therapiesitzungen alle wichtigen Fakten und Namen auf einen Blick parat habe. Jene Personen, die aus der Anamnese den Status der »Ausgegrenzten« oder der »Nicht-Gewürdigten« (emotionalen Doppelgänger) haben, umkreise ich mit einem Rotstift, sodass sie mir auch nach vier Wochen noch ins Auge springen.

Die eigentliche therapeutische Arbeit

Das Setting dieser Arbeit ist (äußerlich betrachtet) ähnlich dem psychoanalytischen: Der Patient liegt, der Therapeut sitzt schräg hinter ihm auf der linken Seite, sodass er einen guten Blick auf das Mienenspiel seines liegenden Gegenübers hat. Der Raum ist leicht abgedunkelt, im Hintergrund spielt leise Musik (ohne herausragende Klangfiguren).

Der Therapeut gibt dem Patienten in der ersten Sitzung das Bild, wie er sich die Seele vorstellt (»Haus der Seele«, siehe oben), und sagt dann: *Wir werden im Verlauf dieser und der nächsten Sitzungen zusammen das Treppenhaus im Inneren dieses Seelenhauses hinabsteigen und uns dort all jene Personen anschauen, die in der Anamnese aufgetaucht sind. Die einen mehr, die anderen weniger, je nachdem, wie gut ihr Platz in deinem Inneren ist. Heute beginnen wir mit deiner Ehefrau, von der du seit drei Jahren geschieden bist. Wir wollen uns anschauen, wie es ihr geht. Wie sie sich in deinem Inneren fühlt.*

Und mit einer sehr viel langsameren Stimme (so wie man einem Kind ein Märchen vorliest) fährt der Therapeut fort:

Aber als Erstes möchte ich, dass du deine Augen schließt und mithilfe deines Atems, mithilfe deines sanften Atems, dich an das obere Ende dieses alten, tief nach unten führenden Treppenhauses begibst. (Und sollte dieses Treppenhaus nicht von selbst erscheinen, so stellst du es dir so lebhaft wie mög-

lich vor!) Nachdem der Therapeut eine leichte Trancemusik eingelegt hat, gehe er jetzt mit dem Patienten zusammen *die lange Treppe entlang nach unten. Stufe um Stufe – tiefer und tiefer –* (bis wir nach etwa zwei oder drei Minuten) *auf die zweiten Etage* (Etage der Partnerschaften) *gelangen. Diese*

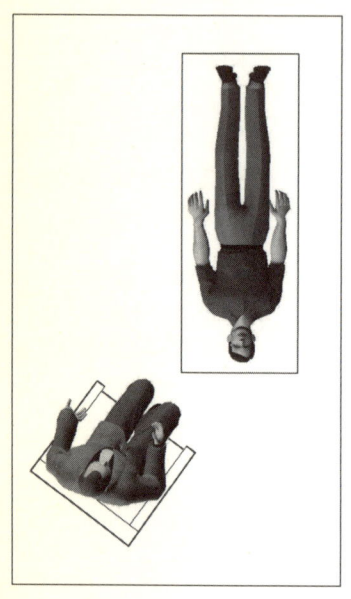

Etage betrittst du jetzt durch eine Eingangstür. Hinter der Eingangstür liegt ein langer Korridor. Und auf diesem Flur befinden sich – rechts und links – Türen. Du gehst den Flur entlang, bis du zu einer Tür kommst, die nur angelehnt ist. Und du weißt, hinter dieser Tür lebt Eva, deine dritte Ehefrau (Namen sind auf dem Anamnesebogen vermerkt!), *von der du dich vor drei Jahren hast scheiden lassen.* (Oder: ... *die sich von dir vor drei Jahren hat scheiden lassen.*) *Die Tür ist bereits einen Spalt geöffnet und ich möchte, dass du jetzt eintrittst und dich in dem Raum deiner Ehefrau in aller Ruhe umschaust. Was ist das für ein Raum?*

In den weitaus meisten Fällen kann der Patient den Raum sofort beschreiben: ... *dunkel, als wäre es eine Höhle ... sieht so aus wie im Inneren einer Kirche ... alles ist so fließend hier, als wäre es gar nicht von dieser Welt ...* usw., während das Auftauchen der Gestalt des Ehepartners meist einige Zeit mehr in Anspruch nimmt.

In besonders hartnäckigen Fällen *(... nein, hier ist wirklich keiner ... ich sehe hier niemanden)* antwortet der Therapeut: *Nun, das ist ihr Raum, hier lebt sie und ich weiß, dass sie da ist. Aber manchmal braucht es eine gewisse Zeit, bis sie den Mut hat, sich zu zeigen.* (Wichtig für ihr Erscheinen ist nicht nur die Einstellung des Patienten, sondern dass der Therapeut *weiß*, sie lebt hier – wo sollte sie sonst leben?)

Wenn sie sich dann zeigt, so arbeiten wir in ganz ähnlicher Weise, als stünden sich die beiden in einer Familienaufstellung mit ihren Stellvertretern real gegenüber.

Auch wenn es auf den ersten Blick verblüffen mag: Der Unterschied ist nicht besonders groß. Aber wir können diesen inneren Stellvertreter der Ehefrau nicht befragen, mag der Leser einwenden. Doch, das können wir. Und zwar auf zwei verschiedene Weisen.

Zum einen, indem wir den Patienten befragen: *Wie schaut sie dich an? Was glaubst du, wie es ihr geht? Schau dir an, ob sie etwas zu dir sagen möchte.* Und wir gehen dann dem sich entwickelnden Thema nach, denn in der Regel entsteht bereits hier eine sehr tief greifende Dynamik.

Zum anderen aber, indem wir – nach einer bestimmten Weile – diese Dynamik noch einmal überprüfen: *Ich möchte, dass du jetzt etwas tust, was dir auf den ersten Blick sehr schwer erscheint. Aber du wirst merken, dass es eigentlich sehr einfach ist. Ich möchte, dass du dich jetzt mit wenigen Atemzügen in deine Frau hineinatmest. Sodass du jetzt gleich durch die Augen von Eva schaust ... und dann siehst du, wie dein Mann Adam vor dir steht. Du atmest dich jetzt hinein in deine Frau ... Wie schaut dein Mann Adam* (also der Patient selbst) *dich an? Was empfindest du ihm gegenüber?*

Jetzt ist der Patient »geswitcht«. In einer, wie wir es nennen, »Retro-Intervention«. Er selbst wird zum »Stellvertreter« für seine eigene Ehefrau und kann Auskunft geben. Der Therapeut verstärkt dieses Spiel noch, indem er die Frau fragt: *Was möchtest du ihm sagen?*

Auch hier mag der Leser noch skeptisch sein: Woher weiß man, dass das, was der Patient durch den Mund seiner Ehefrau über sich selbst sagt, nicht zu schonend oder zu sehr geschönt ist? Nun, abgesehen davon, dass wir das auch bei einem realen Stellvertreter in einer Familienstellung nicht ganz ausschließen können, zeigt sich in der Praxis, dass jener Finger, den die Ehefrau auf die Wunden der Beziehung legt, alles andere als harmlos ist. Oft kommen Gegebenheiten von ihr durch *seinen*

Mund zur Sprache, die den Ehemann auf den ersten Blick in einem sehr unangenehmen Licht stehen lassen. Oft wird etwas sehr Wundes angesprochen (selten aufgerissen!), von dem er längst vergessen hatte, dass es es einmal gab.

Mit diesen beiden Innenpersonen lässt sich jetzt – ganz genauso – arbeiten, als wären es zwei äußere Stellvertreter (oder Patient und Stellvertreter) in einer normalen Familienaufstellung. Auch die Praxis der Aussöhnung erfolgt nach dem bewährten Regelwerk des Familien-Stellens. Wichtig ist dabei, dass sowohl der Patient als auch der Stellvertreter (wenn der Patient mit ihm identifiziert ist) die lösenden Sätze – den jeweils anderen anschauend – *laut* ins Antlitz sagen. Sodass der Therapeut die Kraft dieser Sätze abzuschätzen vermag. Mitunter sagt der Patient: »Ich habe es ihr schon gesagt«, und meint dabei: innerlich. Diese Wirkung aber ist gering! Und so sagt der Therapeut: »Sag es ihr noch einmal laut! Und schau sie an dabei!«

Dieser Dialog des Patienten mit dem emotionalen Doppelgänger der Personen seiner Lebenswelt ist nicht auf zwei Personen begrenzt. Der Therapeut kann in diesen Innenraum, in dem er sich mit dem Patienten und (in diesem Fall) mit dessen Ehefrau aufhält, beliebige weitere Innenpersonen – die zu diesem Thema der Versöhnung beitragen können (oder müssen!) – hineinrufen. Zum Beispiel das lebende Kind der beiden (oder das abgetriebene) oder eine dritte Person (Geliebter, Geliebte), die an dem Auseinandergehen der beiden beteiligt war. Mitunter muss auch noch ein (oder mehrere) vorheriger Beziehungspartner einer der beiden herbeigerufen werden (wenn die vorherige Beziehung noch nicht ausreichend gelöst war), um zu verstehen, warum die Beziehung bereits am Anfang kaum eine Chance hatte.

Jeder Familienaufsteller kennt hier die vielfältigen Möglichkeiten und hat sie, um es prüfen zu können, mit Namen und Daten auf seinem Anamnesebogen. Manchmal holt er eine Person (im Inneren des Patienten) herbei, um einen Verdacht zu überprüfen. Bestätigt sich dieser nicht, so zeigt es der innere

Repräsentant ganz ebenso schnell, wie es ein äußerer Stellvertreter täte.

Herbeiholen oder -rufen heißt hier: *Und während du jetzt ganz entspannt weiteratmest, öffnet sich die Tür und eine weitere Person betritt den Raum; es ist Monika, jene Frau, mit der du zusammen warst, bevor du deine Ehefrau Eva kennen gelernt hast.* (Kleine Pause.) *Schau dir jetzt an, wie es Monika geht, wenn sie dich und ihre Nachfolgerin Eva hier zusammen sieht!*

Betrachten wir als Beispiel, wie ein 35-jähriger Patient (nennen wir ihn Martin – die hier verwendeten Namen sind wie in den anderen Beispielen geändert) eine derartige Szene auf der zweiten Etage der Seele erlebt hat. Ich zitiere aus dem Protokoll, das der Patient einen Tag später angefertigt hat:

Es ging wieder auf die Etage der Beziehungen, und zwar in den Raum, den wir beim letzten Mal ausließen. Es war Gabriele, die ich diesmal zu besuchen hatte. (Gabriele war die erste Freundin seines Lebens, mit der er intim war. Er war 15 und sie 14 Jahre alt. Er hatte sie – noch während der Beziehung – mit einem anderen Mädchen betrogen). *Als ich die Tür öffnete, stand sie mit ihrem* (heutigen) *Mann und Sohn im Raum. Es war ein sehr schöner, heller, modern eingerichteter Saal. Als Gabriele mich bemerkte, sagte sie zu ihrem Mann, er solle mit dem Sohn gehen und sie mit mir allein lassen. Das klang so, als ob wir beide ein Hühnchen miteinander zu rupfen hätten. Der Raum veränderte sich. Er war nicht mehr so modern, aber immer noch angenehm. Die Stimmung war sehr oberflächlich und sie sagte, das Ganze sei schon so lange her und sie würde mir nichts mehr nachtragen, was ich auch heute so empfinde, wenn ich sie unterwegs irgendwo treffe.*

(Bis hierhin schien alles in Ordnung zu sein. Aber der Therapeut darf hier natürlich nicht stehen bleiben. Er weiß ja aus der Anamnese, dass Martin sie betrogen hat. Und so holt er jene Frau herbei, mit der das vor 20 Jahren geschah.) *Als Anke hereinkam, schlug die Stimmung sofort um, Gabriele schaute*

61

auf einmal ganz traurig. Voller Freude sah mich Anke an und wollte mich gleich umarmen, ich wollte das – glaube ich – auch. Ich musste mich dann in Anke hineinatmen, das klappte auch sehr schnell. Es funktionierte fast wie das Umlegen eines Schalters. Aus den Augen von Anke betrachtet, sah Gabriele sehr traurig aus. Ich bemerkte ein Band zwischen Gabriele und Martin und auch meines hin zu Martin. Man konnte es nicht sehen, aber es war da. Es fiel mir auf, dass das Band zwischen den beiden (Gabriele und Martin) *viel dicker war als meines zu Martin. Mit dieser Erkenntnis war mein* (Ankes) *Drang zu Martin hin verschwunden. Ich wusste nun, dass ich gehen muss.*

Mit den nächsten Atemzügen (Retro-Intervention zu Gabriele) *sah ich durch die Augen von Gabriele. Es war erstaunlich, wie sich das Bewusstsein veränderte. (Mein Bewusstsein in den Schuhen des anderen.) Als Gabriele sah ich, wie verliebt Anke den Martin ansah, und ich wurde wütend. Ich merkte, dass Anke hier nichts zu suchen hatte, und konnte auch nicht verstehen, was Martin mit ihr wollte. Als Anke sich verbeugte und mit gesenktem Kopf aus dem Raum trat, ging es mir besser und so etwas wie Erleichterung stieg in mir auf. Meine Wut war weg. Nach den Worten zu Martin* (lösende Sätze, die der Patient hier nicht beschreibt) *konnte ich ihn ziehen lassen.*

(Jetzt wieder als Martin:) *Die* (lösenden) *Sätze, die ich sprach, die Gesten, lösten doch eine Spannung auf, die ich zu Anfang nicht bemerkte. Der Blick von Gabriele, als ich den Raum verließ, war sanfter und ich glaube, auch ein bisschen erleichtert.*

Obwohl ich dachte, sie sei mir nicht mehr nachtragend, war da doch etwas, was sie lange beschäftigte. Was mir auffiel bei all diesen Begegnungen (mit den emotionalen Doppelgängern)*, ist die Erleichterung beim Gegenüber und nicht nur bei mir.*

Es war dies die dritte Sitzung zu seinen früheren Partnerinnen. Aber da wir wissen, dass jede Partnerschaft eine Vorgeschichte hat und in der Sitzung noch Zeit war, ging ich mit dem

Patienten zu seinem Vater, von dem ich aus der Anamnese wusste, dass Martin ihn nie hat annehmen können (er also immer bei seiner Mutter stand).

Zurück zu dem Flur, hin zur Treppe, zwei Etagen tiefer. Beim Gang nach unten überkam mich leichte Nervosität. Irgendetwas war im Anmarsch, ich wusste, eine wichtige Begegnung steht an, aber nicht welche. Angekommen auf der Etage, gabelte sich der Gang in einen rechten und einen linken. Ich wusste sofort, der linke Gang war die Etage meines Vaters. (...) Magnetisch zog mich dieser Flur an und ich betrat den Raum, in dem sich mein Vater befand.

Es war dieser Kellerraum, in den sich mein Vater früher immer (von der Familie) *zurückzog und arbeitete. Ich war ein kleiner Junge, vielleicht fünf oder sechs Jahre alt. Nach der Aufforderung von Peter ging ich zum Vater hin. Aber es war so, wie es immer war. Er hatte keine Zeit, sah mich nicht an und stieß mich mit dieser Gestik beiseite, wieder in den Hintergrund. Irgendwie war ich das ja gewohnt und es machte mir gar nicht so viel aus.*

Dann wieder die Atemtechnik (Retro-Intervention). *Ich musste gar nicht viel tun, es zog mich förmlich in den Körper meines Vaters. Was dann geschah, kann ich nur schwer in Worten ausdrücken. Nach Aufforderung von Peter sah ich* (als Vater) *meinen Sohn Martin an und wurde so unendlich traurig. In diesem Maße hatte ich so eine Traurigkeit noch nicht erlebt. Ich musste weinen und fühlte mich als Vater so unendlich allein* (Patient weinte sehr heftig). *Es war wirklich sehr schlimm. Ich merkte, dass mich keiner versteht und dass die Festung von meinem Sohn Martin nicht einzunehmen war.*

Als dann mein Vater, der Sepp (Josef) (also der Großvater von Martin) *in den Raum trat, wich meine Traurigkeit und seine Strenge blitzte mir entgegen.* (Natürlich »treten« diese Personen nicht einfach in den Raum, sondern der Therapeut ruft sie herbei!) *Ich hörte nur noch seine Worte: Arbeite, arbeite, arbeite. Er stand mir jetzt gegenüber, sein Gesicht war streng und verhärtet. Ich fühlte mich ziemlich klein und schwach meinem Vater gegenüber. Und ich glaube, so muss sich Martin auch mir gegenüber fühlen.*

Nach Aufforderung von Peter kam dann Elfie herein, die mit zwölf Jahren verstorbene Schwester meines Vaters. (Martin ist immer noch in der Retro-Intervention mit dem Vater, deshalb: Elfie ist nicht Martins Tante, sondern seine Großtante, die Tante des Vaters!) *Ich werde diesen Blick von ihr nicht vergessen. Er war so liebevoll und freundlich und genau das Gefühl stieg jetzt in mir empor. Ich spürte eine tiefe Liebe und Verbundenheit zu ihr. Ja, fast so wie eine Geliebte. Sie war wunderschön. Nach dem Erscheinen von Elfie wich jegliche Härte aus dem Gesicht meines Vaters. Er verstand gar nicht, was plötzlich seine Schwester hier machte, aber es tat ihm sichtlich wohl. Die Situation entspannte sich und irgendwie schwebte ein Hauch von Frieden über uns. Nach den lösenden Worten meines Vaters und mir nahm er* (der Großvater) *meinen Kopf* (den Kopf von Martins Vater) *an seine Brust. Es war zwar ein angenehmes, aber auch ein neues, fremdes Gefühl. Sepp hatte jetzt, was er so lange vermisst hatte, seine Schwester.*

Inzwischen war ich wieder, durch ein paar Atemzüge, bei mir. Und es war sehr schön anzuschauen, wie mein Großvater meinen Vater in den Armen hielt. Auch Elfie stand daneben und hielt beide fest. Eine Familie hatte sich gefunden.

Als sich mein Vater dann von seinem Vater löste und zu mir kam, fiel mir sofort sein Gesichtsausdruck auf, der jetzt sehr viel weicher war. Ich kam mir ein bisschen dumm vor, weil ich ihn die ganzen Jahre verurteilt hatte. Denn er hatte doch auch keinen Vater.

Als er bei mir ankam, beugte er sich nieder, hob mich hoch und nahm mich an seine Brust. (Der Patient war ja immer noch ein Kind.) *Es war wie Nachhausekommen, ganz neu, ein bisschen fremd, aber sehr wohltuend. Nach ein paar Augenblicken* (und einigen lösenden Sätzen) *verabschiedete ich mich und ging wieder in den Flur und nach oben. Es war für mich sehr beeindruckend, sich mit den Personen zu identifizieren und deren Rolle und Gefühle zu übernehmen.*

Für den Leser ist es wichtig zu wissen: Der Patient kam in die Therapiesitzungen, weil er nach vier längeren (und zwei kürzeren) Partnerschaften mit seiner jetzigen Freundin ein zweijähriges Kind hat und weder zu dem Kind noch zu der Partnerin eine tiefere Beziehung aufbauen kann und an eine Trennung denkt.

In den ersten beiden Sitzungen arbeiteten wir mit dem Gegenwartssystem (heutige Freundin und Kind sowie die drei längeren Partnerschaften), in der – hier protokollierten – dritten Sitzung mit den ersten beiden Jugendlieben und dem Vater und in den darauf folgenden beiden Sitzungen mit der Mutter und (noch einmal zusammenfassend) mit Vater und Mutter. Insgesamt also fünf Sitzungen plus Anamnese. Ich habe dieses Beispiel nicht gewählt, um die Dynamik eines Systems aufzuzeigen (jeder Familiensteller kennt sie), sondern um die Arbeitsweise der »Einzelsitzung« am Verhalten der (inneren) Stellvertreter zu dokumentieren.

Mitunter kann ein Thema, dessen Wurzeln sich nicht durch das gesamte System hindurchziehen, auch in einer oder zwei Sitzungen bearbeitet werden. Besonders bei einer aktuellen Störung, einem Konflikt oder einer Verletzung muss noch nicht einmal eine liegende Position eingenommen werden. Hier arbeite ich oft direkt am Beratungstisch:

Lehne dich bequem nach hinten und schließe deine Augen. Und jetzt richtest du deine Aufmerksamkeit ganz auf deinen Atem. Du atmest nicht schneller oder langsamer, sondern ganz normal. Nur mit dem Unterschied, dass deine Aufmerksamkeit ganz zu deinem Atem geht. Und während du jetzt weiteratmest, ganz entspannt und ganz normal, öffnest du deine inneren Augen und dabei siehst du – in einer Entfernung von vielleicht 20 oder 30 Metern – deine Schwester Angelika (oder um wen immer es bei diesem Konflikt geht). *Sie ist auf diese Entfernung noch ziemlich klein und vielleicht kannst du sie noch nicht richtig erkennen, aber mit jedem – ganz bewussten – Atemzug kommt sie ein wenig näher. Immer näher.* (Kleine Pause.) *Und bald kannst du ihre Körperhaltung und ihr Antlitz sehen. Im-*

mer näher atmest du dich. Schau dir jetzt an, wie sie dasteht.
Wie schaut sie? Wie geht es ihr? Kann sie dich anschauen?
Usw.

Und dann geht es weiter wie oben beschrieben.

Zum Abschluss: Natürlich, die Arbeit in der Gruppe geht entschieden schneller. In einer Vier-Tage-Veranstaltung können mitunter mehr als 20 Patienten ihre Familie stellen und bekommen wichtige Lösungsimpulse, die noch lange weiterarbeiten. Demgegenüber sind vier bis sechs Einzelsitzungen (das ist der Normalfall) zeitintensiver und auch teurer. Andererseits gibt es viele Menschen, die sich nicht vorstellen können, in der Gruppe ihre Seele bloßzulegen, und die zu einer Einzelarbeit eher bereit sind. Der Patient hat außerdem den Vorteil, dass er sich nach der Anamnese (das ist immer der erste Termin, den ich vereinbare) auch noch anders entscheiden kann und ich ihm das auch sage. Die Chemie von Patient und Therapeut muss stimmen.

Ein letzter Gesichtspunkt ist der, dass eine Arbeit, die über mehrere Sitzungen geht, sehr viel mehr Aspekte eines (äußeren und inneren) Stellvertreters zu umfassen (und näher zu bringen) vermag als die vergleichbar kurze Zeit einer Aufstellung, in der der Patient in der Regel nicht länger als eine Dreiviertelstunde im Fokus steht.

Damit möchte ich nicht die eine gegen die andere Form ausspielen. Wie schon gesagt, sind mir beide Formen der Erfahrungen gleich lieb und teuer. Die in diesem Exkurs beschriebene Form erreicht jedoch eine andere Klientel und hat sich seit einigen Jahren auch bei vielen mit uns arbeitenden Therapeuten sehr bewährt.

Nebenbei: Manche der Formen dieser Arbeit lassen sich sogar formalisieren und als Seelenreisen – auf Kassetten oder CDs – in die Welt schicken. Vgl. dazu mein Buch *Die Kraft, die aus der Herkunft stammt,* zu dem es sechs CDs und vier Kassetten mit insgesamt zwanzig Seelenreisen zum Themenkreis der »Lösungen innerhalb des Familiensystems« gibt. (Kösel-Verlag; siehe auch die letzte Seite dieses Buches sowie Internetseite des Autors: www.symbolon.de)

■ ■ ■

Zurück zu unserem Thema der Insolvenz-Partnerschaft.

Eine Frau (wir wollen sie Christiane nennen) meldet sich zur Therapie an. Während der Anamnese frage ich sie als Erstes, was denn bei den Sitzungen für sie herauskommen soll. Nun, sie sei heute 53 Jahre alt, sie lebe seit sechs Jahren allein und während dieser Zeit sei kein Mann mehr an ihr interessiert gewesen. Da sie selbst Therapeutin ist, weiß sie, dass dieser Zustand auch mit ihr zu tun hat, und sie würde gern schauen, was eine ernst zu nehmende Partnerschaft bei ihr verhindere.

Sie ist eine durchaus elegante Frau, selbstkritisch und »geradeheraus« (auf die Probleme zugehend), sodass ich sofort das Gefühl habe, wir müssten als Erstes einen Blick auf die vergangenen Partnerschaften werfen. Dabei stellt sich heraus (was ihr sehr peinlich ist), dass im Verlauf ihres bisherigen Partnerschaftslebens – vom 17. bis zum 47. Lebensjahr – 14 Beziehungen in ihrem Leben vorhanden waren, deren Dauer zwischen zwei Monaten und fünf Jahren betrug. Anders gesagt: 14 Männer sitzen als emotionale Doppelgänger in ihrer Seele, und um die Thematik noch ein wenig zu verschärfen, hatte sie mit zweien dieser Männer jeweils ein abgetriebenes Kind. Lassen wir Christiane selbst zu Worte kommen:

Es hatte auf jeden Fall etwas mit meinen unangenehmen Gefühlen zu tun, als ich alle Männer aufzählen sollte, mit denen ich was zu tun hatte. 14 an der Zahl, ich kann es nicht fassen. Ich schäme mich. Warum? Sind sie ein Ausdruck meiner Unfähigkeit, Beziehungen zu leben, oder etwas anderes? Der Therapeut sagt, ich habe sie alle zum Frosch gemacht (so viele Frösche pflastern meinen Weg), und er versteht sich als Anwalt dieser *verstoßenen Herzen ...!!! Dabei habe ich mich – bis auf einige Ausnahmen – als die Verstoßene, als das arme Opferlamm gefühlt, das immer wieder vor die Tür gesetzt wurde. Wer ist Anwalt meines Herzens? Es wird sich*

zeigen, wie die Wahrheit aussieht. Und jetzt soll ich sie alle noch einmal aufführen, meine lieben Frösche:
(Die Bemerkungen hinter den Namen sind von mir, P.O.)

1) *Gerhardt* (kurze Beziehung – er wollte sie heiraten)
2) *Karl* (Beziehung dauerte zwei Jahre)
3) *Jean* (kurze Beziehung – er war ihr Chef)
4) *Juan* (kurze Beziehung – er war verheiratet)
5) *Winfried* (eine Abtreibung – vom Gefühl her ein Junge)
6) *Walter* (Beziehung dauerte zwei Jahre)
7) *Claus* (Beziehung dauerte 18 Monate)
8) *Ludwig* (Beziehung dauerte fünf Jahre)
9) *Ernst* (Urlaubsbeziehung, er war nicht frei)
10) *X* (der Name des Mannes war ihr entfallen, auch sein Kind hat sie abgetrieben – vom Gefühl her war es ein Mädchen)
11) *Paul* (Beziehung dauerte zwei Jahre)
12) *Tom* (Beziehung dauerte drei Jahre)
13) *Baldur* (Beziehung dauerte ein halbes Jahr)
14) *Reinhold* (Beziehung dauerte ein Jahr)

So viele Männer und trotzdem ist so viel Einsamkeit geblieben, so viel Verlorenheit ...

Der letzte Satz (und auch die Bemerkungen zu den jeweiligen Beziehungspartnern in der Anamnese) deuten darauf hin, dass so gut wie alle Männer von Christiane in die Kategorie der »Ausgegrenzten« einzuordnen sind, und das wird dann in der Seele als Leere, Einsamkeit und Verlorenheit erlebt. (Ein Gefühl, das Marianne, deren Mann nach 20-jähriger Ehe starb – siehe Seite 46 –, nicht kennt. Marianne ist heute noch von ihrer Ehe erfüllt. Und niemals einsam.)

Und so gehen wir in den Sitzungen zu jedem dieser früheren Partner, schauen uns an, wie es den betreffenden emotionalen Doppelgängern in der Seele von Christiane jeweils geht und ob sich ihr Status von »ausgegrenzt« in »befriedet« verändern lässt. Betrachten wir dazu eines ihrer Protokolle (nach einer Sitzung zum sechsten Partner, Walter):

Sie sind alle Teile meiner Seele, sie sind alle Teile von mir; schwer anzunehmen. Vom Verstand Ja, aber meine Gefühle haben Nein gesagt zu Ludwig, zu Paul und insbesondere zu Walter, gerade zu diesen schwachen Männern, die mir jetzt so viel Angst widerspiegeln.

Walter – du warst der großmäuligste von allen, aber der auch am weitesten von seiner Seele entfernt war und sicher immer noch ist. Ich habe hinter dein Gesicht gesehen und deine maßlose Angst gespürt, dein Schreien, das nie herauskam, deine angstgeweiteten Augen, die Augen eines Kindes. Deine richtigen Augen konnte ich nicht sehen, sie haben selten fokussieren können und mich nie wirklich angeschaut. Was mich (in der Sitzung, als sie mit ihm identifiziert war) tief berührt hat, war, dein verwundetes, krankes Herz zu spüren (Walter hatte drei Herzinfarkte), wie es ist, dazusitzen (in dem Sessel deiner kranken Mutter in der Wohnung deiner Eltern) und gefangen zu sein in dem kranken Körper, der alles austragen muss. Ich habe meine Härte und meinen Schmerz gespürt in meiner Brust, mein Leiden in meinem Körper. Es tat gut, dich in Liebe zu berühren und die Angst davor zu verlieren, dein Leiden und auch mein Leiden anzuschauen. Ich habe am Schluss unserer Beziehung ganz viel Ekel vor dir gehabt, weil du dich so hemmungslos ausgetobt hattest, mit Alkohol und was da noch mehr war. Ich wollte jahrelang nichts von dir hören und dich auch nicht sehen. Jetzt kann ich dich wieder reinlassen in mein Herz, wo du endlich deinen Platz bekommst in Liebe und in Mitgefühl. Ich spüre die Verbindung von deinem kranken Herzen zu meinem kranken Herzen, von deiner Angst zu meiner Angst. (...)

Ich umarme dich und wünsche dir in deinem heutigen Leiden einen Funken aus deiner Seele, der dein Herz erreicht und wärmt. Ich danke dir, du hast mir noch einmal etwas sehr Wichtiges klar gemacht: wie es ist, mit einem Herzen zu leben und es doch nicht zur Kenntnis nehmen zu können als eine Quelle von Wärme usw. Du hast mir auch noch einmal sehr deutlich gespiegelt, wie man das Leben voll stopfen kann mit lauter geistigen und sonstigen Aktivitäten, aber innerlich bleibt der Schmerz, die Angst, die Leere. Ich wusste nicht, dass du so viel in mir auslösen würdest. Du bist wahrscheinlich – nein, sicher – derjenige, der mir in dieser Thema-

tik am nahesten steht. Ich werde dich besuchen, vielleicht kann ich meine Hand wirklich auf dein Herz legen, aber das wirst du nicht zulassen, ich weiß es. Egal. Meine Seele – mein Seelenraum: Ich bekomme langsam eine Ahnung davon, wie er aussieht. (Protokoll nach der dritten Sitzung)

Jetzt das Protokoll nach der nächsten Sitzung: *Meine Angst heißt Walter; Walter mit den drei Herzinfarkten, die alle auf einmal kamen wie eine Explosion. Wenn ich nicht meine Therapiewelt gehabt hätte, ich wäre, glaube ich, auch da gelandet. Aber so weit weg davon bin ich auch nicht, trotz aller Seelenarbeit ...*

Reinhold, ein weiterer Herzinfarkt-Kandidat in meinem Leben – wie auffällig. Zuerst dachte ich (vor der Sitzung), *da sind nicht mehr viele Gefühle, nur irgendwo im Kopf der Wunsch, ich hätte dir gern noch einmal eins in deine Fresse gehauen für deine Feigheit, für deine Lebenslügen und für meine Verletzungen. Und dann kam doch so viel, so viel an Schmerz und verletzten Gefühlen.* (Reinhold war ihre letzte Beziehung.) *Vor nicht allzu langer Zeit dachte ich, ich kann gar nicht mehr heulen, es ist alles raus, ich bin leer, zu, dumpf und hart. Und jetzt brechen immer wieder die Türen auf, wo noch so viel dahinter ist, und das Gestaute bricht raus. Und immer wieder Kopfschütteln – ich hätte das nicht gedacht, nicht so –, aber es ist gut, ich spüre, dass der Druck auf meinem Herzen weniger wird.*

Reinhold, es hat so wehgetan, dich nicht halten zu können, dich wegschicken zu müssen, deinen Rückzug zu merken. Es war grauenvoll, die Angst zu spüren, die langsam hochkroch, und jeden Haltegriff zu verlieren. Ich habe mich gefühlt, als ob ich in einem fremden, feindlichen Land zurückbleiben müsste. Ich habe auf seiner Seite gespürt, wie viel Distanz da war zu mir, so wie ich sie auch gegenüber den Männern empfunden habe, die sich an mich klammern wollten. Ich habe gespürt, wie ich wieder nach Sicherheit und Geborgenheit greifen wollte (wie damals bei Tom), die doch nicht für mich bestimmt waren, sondern für eine andere. Ich habe den Stein auf seinem Herzen gespürt, die Angst vor Schmerz und Leid in ihm.

Reinhold, ich gebe dir meine Tränen, die du nie weinen konn-

test, und entlasse den Groll aus meinem Herzen, der mit dir ver-
bunden war. Auch du hast einen Platz in meinem Herzen und es
möge Friede zwischen uns sein. Ja, ich gebe dir deinen Frieden.

So viele Männer in meinem Herzen und doch hatte ich oft das
Gefühl, es ist leer (...) Die Runde der »schwachen« Männer in mei-
ner Wohngemeinschaft (es ist ihre »innere« Wohngemeinschaft gemeint, zu der sie ein Bild gemalt hatte), *sie symbolisieren 15 Jahre*
meines Lebens, ich wollte es nicht hören. Als ich mich mit ihnen an
einen Tisch setzen sollte (das war meine Aufforderung, P.O.), *mit*
allen: Paul, Ludwig, Walter, Karl, Gerhardt, da hatte ich zuerst ein
Bild im Kopf, das ich vor ein paar Tagen hier in einem Café gese-
hen hatte: Es war eine Gruppierung wie auf dem Bild von dem Letz-
ten Abendmahl. Marilyn Monroe sitzt in der Mitte und rechts und
links von ihr alle bekannten Schauspieler. Und ich dachte: Himmel,
was für eine Hybris und Arroganz in dem Bild gegenüber den Män-
nern zum Ausdruck kommt, etwas, was ich von früher gut kenne.
Ich bin nicht besser als ihr, ich kenne eure Angst und Unselbststän-
digkeit sehr genau und weiß heute *darum; das haben mich die an-*
deren Männer gelehrt, die mich haben stehen lassen. Ich setze mich
gern mit euch an den runden Tisch in der WG, obwohl es mir nicht
leicht fällt. Ich gebe euch jetzt den gebührenden Platz in meinem
Herzen und in meinem Leben. Lasst uns nun die Hände reichen.

Karl, es tut mir Leid, dass ich dich auf so kalte Art und Weise
weggeschickt habe, dass ich dich sicher sehr verletzt habe. Ich habe
dich gesehen, wie du deinen Kopf auf meinen Schoß gelegt und
mich ganz liebevoll umfasst hattest. Ich habe Mitgefühl für dich
empfunden – diesmal. Damals fühlte ich mich festgehalten von dir
– du lehntest dich an meine, ich glaube, rechte Seite und zu der an-
deren Seite wollte ich nur raus und beugte mich weg von dir. Heute
danke ich dir für deine Absicht, mit mir ein Leben aufbauen zu wol-
len. Ein Geschenk – es stimmt. Ich kann es heute würdigen ...

Eine ganz schwere Hypothek in Richtung auf jede neue Partnerschaft wird gebildet von abgetriebenen Kindern. Dabei geht
es nicht nur um diese Kinder an sich, sondern auch um die
dahinter stehenden Partnerschaften, in denen diese Kinder ge-

zeugt wurden. Anders gesagt: Ich kann mich aus der alten Beziehung erst endgültig lösen und sie zu einer »befriedeten« Partnerschaft machen, wenn auch das gemeinsame (abgetriebene) Kind von uns beiden seinen anerkannten Platz und damit in meiner Seele seine Ruhe und seinen Frieden gefunden hat. Diese Thematik gilt für Frauen wie Männer gleichermaßen. Dabei muss noch einmal wiederholt werden: Es ist unerheblich, wie viele Jahre oder Jahrzehnte seit dem Ereignis der Abtreibung vergangen sind. Der emotionale Doppelgänger des abgetriebenen Kindes – obwohl er sich mitunter tief ins Innere zurückgezogen hat – bleibt so frisch und neu und emotional aufgeladen wie am Tag der Abtreibung.

Natürlich musste ich auch mit Christiane zu diesen beiden Orten gehen. Hier ihre Protokolle:

Winfried und Heinz-Helmuth: Winfried, ich habe dich besucht in deinem kleinen, engen Zimmer, das in dem Keller einer Ruine lag; so weit weg habe ich dich verbannt. Und das Kind, das wir gemeinsam gezeugt haben. Aus Versehen und aus Dummheit, soweit man das überhaupt so sagen kann (...), dieses Kind habe ich wieder gefunden eine Etage tiefer in einem Speicher, irgendwo in einem Haus. Meine Gefühle sagten mir, es ist ein Junge, und der Name Heinz-Helmuth war dann einfach da – ein altmodischer Name, wie aus vergangener Zeit.

Du (das Kind) *kamst aus irgendeiner Ecke angekrabbelt, warst vielleicht ein halbes Jahr alt und ich konnte dich endlich in meine Arme nehmen, nach 30 Jahren. Es tut mir Leid, dass ich dich so weit aus meinem Bewusstsein und meinem Leben verbannt hatte. Es tut mir sehr Leid (...). Ich kann dir endlich einen Platz in meinem Herzen geben und in meinem Leben. Sei willkommen. Ich habe deinen kleinen Körper an meinem Körper gespürt und es gab einen Moment, als ich mit dir im Arm dort auf dem Speicher im Schaukelstuhl saß, da war ich für einen Moment ganz deine Mutter, deine Mutter, die sich freut, dich zu wiegen und dich im Arm zu halten. Es war so viel Wärme da. Heinz-Helmuth, ich nehme dich ganz in mein Herz hinein. Ich sehe dein kleines Kindergesicht, wie es zu mir*

rausschaut, und möchte es streicheln. Es tut gut, um dich zu wei-
nen, ich taufe dich mit meinen Tränen und sage dir Dank dafür,
dass du zu mir kommen wolltest. Ich habe damals nichts von mei-
ner Seele und noch weniger von der Seele eines ungeborenen Kin-
des gewusst. Ich war so unerfahren und dumm und hatte so viel
Angst. Bleibe bei mir, liebe Seele, und begleite mich für eine Weile
in meinem weiteren Leben und meinem Alltag. (...)

Dir, Winfried, gebe ich deinen Sohn – den ich dir 30 Jahre lang
vorenthalten habe. Es tut mir Leid, dass es so war zwischen uns und
mit uns. Segne deinen Sohn, er ist auch dein Sohn.

Lieber Heinz-Helmuth – ich schicke dir all meine Liebe, die ich
momentan in meinem Herzen spüre, mögen deine Verletzungen hei-
len. Es tut so weh, all diese Versäumnisse und Dummheiten zu spü-
ren. Aber jetzt wird Frieden in mein Herz einziehen. Die Spuren in
meinem Leben bekommen ein Gesicht.

Und dann die zweite Abtreibung:

Ach, mir geht es gut, ich habe meine Kinder heraufgeholt – die Kin-
der meines Lebens. Ich fühle Frieden, ich hatte nicht gedacht, dass
sie solch ein gewichtiges Thema in meinem Leben sind und dass die
Themen Schuld und Sühne so viel mit ihnen zu tun haben.

Draußen ist ein wunderschöner Sommerabend, die Vögel singen
und trotzdem fängt es plötzlich ganz doll an zu regnen. Es fehlt nur
noch der Regenbogen, der letzten Freitag da war, ganz intensiv in
den Farben und doppelt. Ich hatte lange keinen mehr gesehen. Und
jetzt donnert es, obwohl es eine ganz weiche Abendstimmung ist.
So viele Widersprüche. Wie der Tag heute und das ganze verrückte
Leben zurzeit, eine Achterbahnfahrt, von der Dunkelheit zum Licht
und von der Angst zur Freude und wieder runter in die Schatten-
welten (die Patientin machte an 14 Tagen 14 Sitzungen – jeden Tag
eine).

Sabine – du bist ein Lichtquell in meinem Leben, ich habe dich
wieder gefunden und werde dich nicht mehr loslassen. Und wenn
ich wieder verloren gehen sollte, dann halte mich fest, du bist eine
starke Seele, das habe ich gespürt. Und es begann alles mit diesem

Mann, dessen Namen ich immer noch nicht zurückholen konnte. Ich habe ihn einfach »Jochen« getauft, ein Kommilitone von der Uni. Ich war einsam und verletzt von der traurigen Geschichte mit Karl, davor die Trennung von Ludwig und Jochen wollte etwas von mir, das habe ich gespürt, er war auch eine einsame Seele und wir haben uns im Bett und beim Sex »gewärmt«, aneinander gekuschelt und versucht, etwas Aufregendes zu erleben. Ach, ich habe wieder mein verlorenes Herz und meine Einsamkeit gespürt und meine Unachtsamkeit mit den Wegen des Lebens. Ich war 38 oder 39 Jahre alt und doch so hilflos mit meinen Sehnsüchten und Bedürfnissen. Irgendwie musste es weitergehen auf der Straße des Lebens, die so wenig Geborgenheit und Liebe zur Verfügung stellte und die ich dann nur mit Leistungen bewältigen wollte und konnte. Als ich den Samen von J. in meiner Gebärmutter spürte, sah ich ganz viele Lichtpunkte dort. Und dann die Abtreibung, es tat mir weh, das (in der Sitzung) *zu sehen. Ich habe es nicht leichten Herzens machen können, ich weiß, ich habe tagelang vorher und tagelang hinterher geheult. Aber ich wusste nicht wohin mit dieser entsetzlichen Angst, und damals habe ich nicht die Kraft gespürt (die ich heute spüre), es allein machen zu können – ein Kind großziehen zu können.*

Sabine, verzeih mir – ich habe deinen Körper getötet und deine Seele zurückgeschickt, aber ich weiß, ich habe dich nie nicht *haben wollen. Eigentlich weiß ich heute, dass ich dich hätte behalten wollen. Nach der Abtreibung habe ich gespürt, dass ein Lichtsternchen in meinem Bauch dringeblieben ist, und ich wusste, dass du nicht ganz weg warst. Ich habe dich heute gesehen als ein kleines Mädchen, etwa fünf Jahre alt, das sehr lebendig und voller Lebenskraft war. Ich hatte das Gefühl, zwischendurch, dass du mich an deine Hand nimmst und mich hältst und dass ganz viel Freude und Kraft von dir ausgehen. Ich nehme dich in mein Herz und gebe dir einen sicheren Platz dort und verspreche dir, das Bündnis zwischen uns so schnell nicht zu lösen. Ich fühle eine starke Verbindung zu dir, Sabine, und werde versuchen, es zu intensivieren.*

Ich stelle dir deinen älteren Bruder Heinz-Helmuth vor, der ebenfalls einen Platz in meinem Herzen hat, und ich bitte dich auch, deinen Vater zu achten; ich glaube, er hätte dich gewollt. (Die Patientin war nur kurze Zeit mit »Jochen« zusammen; erst nachdem sie sich von ihm getrennt hatte, erfuhr sie von der Schwangerschaft. Sie hat es ihm nie gesagt.) *Ich habe mich gesehen mit meinen zwei Kindern, Heinz-Helmuth links in meinem Arm, ganz klein, sehr bedürftig und schwach, und an meiner rechten Hand Sabine, strahlend, voller Vitalität und Licht. Ich reiche dir die Hand, Sabine, und lasse sie so schnell nicht mehr los. Ihr lehrt mich beide die Achtsamkeit des Herzens und dass die Folgen des Lebens mitbedacht werden müssen.*

Ich habe dann meine Mutter gesehen mit ihren drei Kindern im Krieg, ich stehe rechts, Michael steht links und Birgit liegt auf ihrem Schoß und ich habe Hochachtung und Respekt für sie gefühlt.

Wisst ihr eigentlich, wie lieb ich euch hab – bis zum Mond und wieder zurück, bis zur Sonne und wieder zurück –, ihr Kinder meines Herzens.

Weil das Thema der Abtreibung einen derart wichtigen Stellenwert sowohl bei insolventen Partnerschaften als auch bei jeder anderen Partnerschaft einnimmt, möchte ich hier eine Möglichkeit für eine Lösung anbieten. Im Folgenden ist eine Fantasiereise, gleichsam eine Art Seelenreise, abgedruckt, mit deren Hilfe die Leserin (und der Leser!) in das Innere ihrer (seiner) eigenen Seele reisen kann: zu ihren (und seinen) abgetriebenen Kindern. Wer in seinem Leben keine abgetriebenen Kinder hat, kann die folgenden Seiten überspringen – oder sie lesen als ein Hilfsmittel, wie er der Freundin oder dem Freund bei ihren (seinen) diesbezüglichen inneren abgetriebenen Kindern ein kleines Stück weiterhelfen kann.

Seelenreise:
Das abgetriebene Kind

Bevor du diesen Text liest: Es gibt drei Möglichkeiten, dich von ihm berühren zu lassen:

Die erste und schwächste besteht darin, dass du diesen Text liest und zwischendrin an den entsprechenden Stellen die Augen schließt, um die Bilder, die das Geschriebene vorgibt, in deinem Inneren zu sehen. Und dann die Sätze, die in Anführungszeichen stehen, auch laut sprichst.

Die zweite und eindringlichste besteht darin, dass du einen Menschen deines Vertrauens bittest, die Seelenreise dir laut vorzulesen (mit einer sanften Musik im Hintergrund und dem stumm gestellten Telefon liegst du dabei bequem auf dem Bett oder Sofa) und an den entsprechenden Stellen so lange Pausen zu machen, dass du ebenfalls die Sätze laut sprechen kannst.

Die dritte und teuerste besteht darin, dass du die vom Autor besprochene CD oder Kassette (mit Musik und den entsprechenden Pausen) bei der Firma symbolon bestellst und du die Reise dann – ebenfalls im Liegen – allein machst. (Adresse am Ende des Buches.)

Entscheiden musst du.

Diese Reise ist in erster Linie für Frauen gedacht, die ein abgetriebenes Kind in ihrem Leben und damit auf ihrer Seele haben. Sie ist in zweiter Linie auch für die Väter dieser abgetriebenen Kinder, denn auch in ihrer Seele ist dieses Kind ausgegrenzt und bildet eine Leerstelle – die wieder gefüllt werden muss!

Sollten in deinem Leben und deiner Seele mehrere Kinder abgetrieben worden sein, so ist es wichtig, dass du diese Reise zu jedem dieser Kinder gesondert durchführst. Es hilft dir da-

bei, wenn du dir die Lebensumstände von damals und den Partner, mit dem du das Kind gezeugt hast, noch einmal *vor dieser
Reise* deutlich vor Augen führst. In der Reise ist oft die Rede
von deinem »Partner« (mit dem du das Kind gezeugt hast).
Sprachlich ist das eine männliche Form. In der Reise wird
»Partner« jedoch sowohl für den männlichen wie für den weiblichen Teil gebraucht.

Teil 1

Jedes Kind, das gezeugt wird,
ist erst einmal eine Manifestation von Kraft
– von Lebenskraft.
Zwei große Kraftfelder, das mütterliche und das väterliche,
treffen in einem Akt der Liebe aufeinander,
vereinigen sich, wachsen zusammen
und bringen etwas Drittes hervor.
Etwas Drittes, das jetzt eigenständig wird und heranwächst.
Natürlich müssen die »Zeugenden«
von diesem Geschehen nichts wissen
und sie finden sich meistens auch nicht deshalb zusammen.
Sie wollten vielleicht nur Wärme oder Nähe
oder Spaß oder Lust oder Ego-Bestätigung oder was auch
    immer.
Von dem heranwachsenen Dritten aus betrachtet,
ist es in der Tat unerheblich, aus welchem Grund
die Vereinigung geschah.
Für das Dritte zählt nur die »Kraft des Lebens«,
die es geschenkt bekommt, die jetzt in ihm wächst
und die in sich den Impuls trägt zu bleiben.
Ja, es ist sozusagen der erste Wunsch, der *erste Wille*
des heranwachsenden Menschenwesens,
in dieser Zugehörigkeit zum Leben bleiben zu dürfen.

Hat jedoch dieses Wesen,
das den Willen zum Leben in sich trägt,
auch das Recht zu bleiben?
Ja, nach den Regeln des Strafgesetzbuches
hat es dieses Recht.
Nur leider gelten dessen Gesetze
im Inneren der Seele nicht.
Nach den Regeln der Seele existiert
ein solches Recht nicht!
Nach den Regeln der Seele
ist ein Überleben dieses Wesens
ein Akt der Gnade
und wird von anderer Stelle entschieden.
Nicht vom Kind, nicht von der Mutter,
nicht vom Vater.
Wir finden ja immer wieder jene Fälle,
wo alle Beteiligten das Erscheinen dieses Wesens
mit großen Hoffnungen und großer Freude erwarten,
und trotzdem verstirbt das Kind schon ganz früh.
Und die Behauptung (meist aus esoterischen Kreisen),
das Kind hätte sich entschieden, nicht zu kommen,
ist der Versuch, ein Pflaster
auf ein Meer von Traurigkeit zu kleben.
Nein, das heranwachsende Kind
hat dieses Lebens-Recht nicht,
es hat nur den Willen zu leben.
Aber das Schicksal, in seiner undurchschaubaren Gestalt,
hat jederzeit das Recht, dem Kind sein Leben zu nehmen
– und es sterben zu lassen.

Aber es ist ja nicht immer das Schicksal,
das dieses Recht ausübt.
In den weitaus meisten Fällen entscheidet
nämlich nicht das Schicksal,
sondern der Mensch – die Eltern des Kindes – selbst.
Die Mutter oder der Vater entscheidet sich

für eine Abtreibung
und wird damit zum Schicksal für das Kind.
Für das Kind!
Also, vom Kinde aus betrachtet,
werden die Eltern zu Schicksalsträgern.
Aber wehe, die Eltern betrachten es ebenso!
Wie oft hörte ich Frauen,
die ihr Kind abgetrieben haben, sagen:
»Das Kind hat sich mich als Mutter ausgesucht
– karmisch sozusagen –, weil es wusste,
es muss die Erfahrung einer Abtreibung durchlaufen!«

Hier wälzt eine Mutter
– nach drei Esoterikkursen –
ihre eigene Verantwortung
auf das abgetriebene Kind
und auf das Schicksal ab.
Sie war ja nur Erfüllungs-Gehilfe.
Nicht ich war es, der abgetrieben hat,
sondern das Schicksal wollte es so.
Das Fatale an diesem Argument besteht darin:
Sie, die Mutter, wird damit auch nicht froh!
Ihr Verstand hat ein (quasi-)rationales Pflaster,
aber ihr Herz blutet weiter und leidet.

Haben die Eltern ein Recht,
das Kind abzutreiben?
Stimmt der Satz aus der Frauenbewegung:
»Mein Bauch gehört mir«?

Die Antwort lautet – verblüffenderweise:
Ja, die Eltern haben das Recht!
Es ist ihre Kraft, die dort heranwächst.
Und sie können sich entscheiden,
diese Kraft wachsen
und ans Licht kommen zu lassen

– oder die Kräfte, die sie entfesselt haben,
wieder zum Verlöschen zu bringen.
Sie haben dieses Recht!

Das Problem besteht nur darin:
Die meisten Eltern wissen nicht,
welche Konsequenzen eine Ausübung dieses Rechtes
auf ihr eigenes Inneres mit sich bringt.
Die Eltern wissen nicht,
welchen Preis sie zu zahlen haben
für die Anwendung dieses Rechtes.

Aber sie sollten von dem Preis wissen!

Eltern sehen nur die eine Seite.
Nämlich *ihre* Gründe,
warum dieses Kind nicht geboren werden sollte.
Und Gründe gibt es genug:
Noch ein Kind ist zu teuer,
die Wohnung ist zu klein,
die Karriere kommt zu kurz,
der Vater ist nicht der Richtige (bei Frauen),
die Mutter ist nicht die Richtige (bei Männern),
oder die Frau weiß gar nicht, wer der Vater ist.
Bis hin zu dem beliebtesten Argument
aller Abtreibungsbefürworter:
»Der Vater hat die Mutter vergewaltigt,
soll ein solches Kind etwa ausgetragen werden?«.

Wie gesagt, Gründe für eine Abtreibung
gibt es tausend auf ein Lot.

Was aber sind die Konsequenzen,
was aber ist der Preis,
den ich für jede Abtreibung zahlen muss
– und von dem ich erst einmal nicht weiß?

Der Preis besteht in jedem Fall darin,
dass im Inneren meiner Seele
– in einer tiefen und dunklen Kammer meines Inneren –
ein ungeborenes Kind *lebt!*
In mir lebt ein verstoßener,
abgetöteter Teil von mir – ein ausgestoßenes Kind.
Ein Kind, das ich mich geweigert habe,
ans Licht zu tragen – es auszutragen.
Jetzt lebt es in mir weiter!
Und wie dieses Kind sich fühlt,
das ich nicht haben wollte,
und wie meine Seele sich fühlt,
die ein getötetes Kind in ihren Räumen beherbergt,
ein Kind, das keine Bestätigung, keine Aufmerksamkeit,
das keine Nähe und keine Wärme bekommt,
das kann sich jeder ausmalen.
(Auch wenn es natürlich keiner tut!)
Und dieses abgetriebene Kind
lebt nicht nur in der Seele der Mutter.
Es lebt auch in der Seele des Vaters.
Sogar dann noch, wenn der Vater
noch nicht einmal von der Abtreibung weiß.

Ein solches Kind ist in der Tat »abgetrieben«.
Aber woher kommt eigentlich dieses Wort?
»Abtreiben« kann doch nur etwas,
was auf dem Wasser schwimmt.
Aber wovon treibt es ab?
Natürlich nur von da, wo die anderen leben.
Von jenem Ort, von jener Insel,
wo die anderen leben,
wo die anderen zusammengehören,
von dort treibt es ab – wird abgetrieben.

Jetzt gehört es nicht mehr dazu!
Aber – ich wiederhole es noch einmal –
es ist noch da!

Und, bleiben wir in diesem Bild,
es schwimmt in einem Meer von Traurigkeit.
Einem Meer, gebildet aus der Traurigkeit des Kindes,
der Traurigkeit der Mutter und
der Traurigkeit des Vaters.
Wobei der größte Anteil an dieser Traurigkeit
immer von der Mutter beigesteuert wird.
Denn sie hat damals die letzte Entscheidung getroffen,
sie hat den größten Anteil an dieser Entscheidung.

Vielleicht bist du, der du heute meine Worte hörst,
eine Frau und du antwortest:
»Das stimmt nicht, mein Partner oder mein Mann
wollte die Entscheidung mehr als ich.«
Oder: »Meine Mutter hat mich gezwungen,
sonst hätte sie mir meine Ausbildung
nicht weiterfinanziert!«
Dennoch: Niemand auf der ganzen Welt
hat die Macht, eine Frau, die ihr Kind behalten will,
zu einer anderen Entscheidung zu zwingen!
Nein, die Mutter dieses Kindes hat immer
den größeren Anteil an dieser Entscheidung
und deshalb sind ihre Schuldgefühle
und ihre Traurigkeit (tief im Inneren)
auch immer größer als die des Vaters.

Natürlich kann es sein,
dass du diese Traurigkeit und die Schuldgefühle
heute gar nicht mehr merkst.
Das liegt aber nur daran,
dass du heute auf der Insel deines Lebens
immer nur im Landesinneren dich aufhältst

und sorgfältig vermeidest,
an die Gestade des Meeres zu gehen.
Zu jener Stelle also, an der dein Kind einst
von dir ausgesetzt wurde
und – abgetrieben – ist.

Aber du weißt jetzt: Es ist noch da!

Teil 2

Deine Reise zu deinem abgetriebenen Kind
beginnt – wie jede andere Seelenreise auch –
bei deinem Atem.
Du atmest ganz bewusst
tief ein und tief aus
und du wendest deine ganze Aufmerksamkeit
auf deinen Atem.
Du spürst, wie er in dein Inneres Einzug hält,
und du spürst ebenso,
wie er dich nach einiger Zeit wieder verlässt.
Du nimmst das ewige Ein und Aus deines Atems,
das ewige Nehmen und Geben ganz bewusst wahr.
Und dann, im Strom des Atems,
taucht ein großes, altes Treppenhaus
aus dem Inneren deiner Seele auf.
Die Stufen führen tief nach unten hinab.
(10 Sekunden)
Und während es hier oben,
am oberen Ende der Treppe
noch einigermaßen hell ist,
siehst du auch, wenn du nach unten schaust,
dass die Stufen der Treppe
sich nach unten ins Dunkle hinein verlieren.
Und du weißt schon,
du wirst diese Treppe jetzt betreten

und langsam – im Rhythmus deines Atems –
Stufe um Stufe nach unten steigen.
Ein und Aus.
Und Stufe um Stufe.
Und tiefer und tiefer
führt dich der Weg in dein Inneres hinab.
Und mit jeder Stufe wirst du ein wenig leichter,
mit jeder Stufe bleibt die Welt des Tages
ein wenig hinter dir zurück.
Und du betrittst mehr und mehr
das Innere deiner Seele.
(10 Sekunden)
Und es wird dunkler ringsumher.
Ein und Aus.
Und tiefer und tiefer.
Und Stufe um Stufe.
Und bald ist es schon sehr dunkel,
aber deine Füße finden jeweils
mit großer Sicherheit die nächste Stufe.
Und dann, nach einiger Zeit,
taucht ein erster Treppenabsatz auf.
Gänge führen nach rechts und nach links
waagerecht in das Innere.
Es ist dies die Etage deines heutigen Lebens.
Die Etage deiner Freunde, deiner Arbeitskollegen,
die Etage der heutigen Menschen deines Lebens.
Aber du betrittst diese Etage nicht,
du bleibst auf der nach unten führenden Treppe.
(10 Sekunden)
Du gehst weiter nach unten,
weiter in das Innere.
Wieder gibt es viele Stufen
und wieder atmest du dich
– Ein und Aus –
die Stufen hinab in die Tiefe deiner Seele.
(10 Sekunden)

Und dann, nach einiger Zeit,
von der du gar nicht sagen könntest,
wie viel Zeit überhaupt verstrichen ist
– denn die Uhren gehen hier anders –,
nach einiger Zeit also
gibt es einen neuen Treppenabsatz.
Es ist dies die Etage der »Partnerschaften«.
Ein großer Gang mit einer gewölbten Öffnung,
die du im Dunklen nur erahnen kannst,
führt in das Innere.
(10 Sekunden)
Hier wird deine Reise beginnen.
Das weißt du jetzt.
Der Gang ist hinten ganz leise erleuchtet,
so als wären im Abstand von zehn Metern jeweils
brennende Kerzen angeordnet.
Und mit einem weiteren tiefen Atemzug
betrittst du den Gang zu den »Partnern deines Lebens«.

Teil 3

Nach einiger Zeit bemerkst du
Türen auf diesem Gang – und du verstehst!
Jeder Partner, mit dem du in deinem Leben
eine – kurze oder lange – Berührung hattest,
jeder deiner Partner wohnt hier!

Jeder Mensch, der einmal dein Partner war,
jeder Mensch, mit dem du einmal intim warst,
mag im Außen, in der äußeren Welt, gegangen sein.
Du kannst ihn im Außen
vollständig aus den Augen verloren haben,
ja, er kann im Außen längst tot sein.
Hier unten – in deinem Inneren – lebt er weiter.
In deiner Seele lebt er bis ans Ende deiner Tage.

Er hat hier – in deinem Inneren –
auf der Etage der Partnerschaften
einen eigenen Raum.
Ein eigenes Zimmer, ein Appartement,
und – je nachdem, wie lange die Partnerschaft gedauert
oder wie eng ihr verbunden wart – mitunter sogar
eine große, aus vielen Zimmern bestehende Wohnung!
Er, der andere Mensch, hat sich
in eurer Beziehung diese Räume verdient!
(10 Sekunden)
Wenn du die Eingangstüren auf dem Flur betrachtest,
dann kannst du ihnen von außen gar nicht ansehen,
wie geräumig die dahinter liegenden Räume sich
    gestalten.
Manche Partner mögen nur eine kleine Kammer
in deiner Seele haben.
Andere haben sich sehr ausgebreitet
und haben in deinem Inneren noch sehr viel Raum.

Aber das ist heute nicht so wichtig.
Heute gehst du den Gang entlang
und schaust dich um nach der Tür zu jenem Partner,
mit dem du ein Kind erwartet hast.
Du als Vater oder du als Mutter.
Du schaust dich um nach der Tür zu jenem Partner,
dessen Kind du abgetrieben hast,
wenn du die Mutter bist,
oder dessen Kind abgetrieben worden ist,
wenn du der Vater bist.
Langsam gehst du den Flur entlang
und dein Atem führt dich ganz von allein
zu der richtigen Tür.
Manchmal stehen Namen auf der Tür
und wenn dein damaliger Partner »Uwe«
oder »Josefine« geheißen hat,
so kann es sein, dass dieser Name auf der Tür steht.

Aber das muss nicht sein,
im Ein und Aus des Atems
weißt du auch so, dass du jetzt vor der richtigen Tür stehst.
(10 Sekunden)
Und du siehst außerdem,
dass die Tür einen kleinen Spalt geöffnet ist.
So als hätte der Bewohner schon lange
auf dich gewartet.
Du öffnest jetzt die Tür und du trittst ein.
(5 Sekunden)
Im Inneren des Raumes ist es
ebenfalls nicht richtig hell.
Dämmerlicht herrscht.
Und irgendwo in dem Raum
hält sich auch dein früherer Partner auf.
Vielleicht schaut er dich an
– vielleicht auch nicht.
Das ist heute nicht so wichtig.
Heute bist du nicht in erster Linie
seinetwegen gekommen!

Und unabhängig davon, ob er dich anschaut oder nicht,
sagst du zu ihm – du sagst es wirklich laut:

»Ich habe in deinem Leben
noch etwas vergessen!«

»Als wir zusammen waren – damals –,
da ist etwas in uns und durch uns entstanden.«

»Das habe ich vergessen!«

Und dann schaust du dich um
im Raume deines Partners.
Irgendwo im Fußboden des Raumes
gibt es eine ziemlich große kreisförmige Öffnung

mit einem Treppengeländer,
das wendelartig nach unten geht.
Du erkennst die Öffnung, weil der obere Teil
des Geländers sichtbar ist.
Du gehst auf die Öffnung zu.
Du schaust nach unten: Treppenstufen
und dazwischen tiefe Dunkelheit.
(10 Sekunden)
Neben der Treppe steht ein alter Kerzenleuchter
mit Zündhölzern daneben.
Ohne dich um deinen früheren Partner zu kümmern,
zündest du die Kerze an
und machst dich bereit, hinabzusteigen.
Mit der brennenden Kerze in der einen Hand
legst du die andere Hand auf das Geländer
und steigst hinab.
Das dämmrige Licht über dir,
das aus dem Raume deines Partners fällt,
bleibt oben zurück.
Mit dem Ein und Aus deines Atems
umfängt dich bald tiefe Dunkelheit.
Ja, du steigst hinab.
Mit deinem Atem steigst du hinab.
Die Kerze erhellt gerade eben
die nächsten Treppenstufen.
Und es will dir erscheinen
– obwohl das eigentlich unmöglich ist –,
dass die Treppe dich direkt ins Freie führt.
Ein leichter Wind geht!
Und ein eigenartiges Geräusch erklingt.
Und erst deine Nase überzeugt dich:
Du riechst Seeluft – Meeresluft.
Und jetzt spürst du auch den freien Wind.
Es ist Meereswind.
Und dann hörst du auch die Wellen.
Noch weit entfernt mit ihrem typischen Rauschen.

(10 Sekunden)
Und du steigst weiter hinab.
Und dann finden deine Füße den sandigen Boden.
Du bist am Ende der Treppe angelangt.
Und das Rauschen des Wassers ist stärker geworden.
Ja, du bist am Strand eines großen Meeres.
Deine Kerze flackert im Wind – aber sie hält.
Und dann siehst du es auch:
Leise Wellen bewegen sich
vor deinen Füßen auf dich zu.
Versanden, bevor sie dich erreichen.
(10 Sekunden)
Und wenn du die Kerze
etwas über deinen Kopf hältst,
siehst du in einiger Entfernung
auch die Schaumkronen größerer Wellen.
Du stehst tatsächlich am Strand eines Meeres.

Hier also geschah es!
(10 Sekunden)

Du weißt nicht genau, was du jetzt tun kannst.
Mit der Kerze, die du über deinem Kopf hältst,
damit ihr Schein dich nicht blendet,
gehst du ein wenig an der Wasserlinie entlang.
Es ist wirklich tief dunkel,
kein Stern steht am Himmel.
Kein Mond erhellt das Meer.
Nur die Wellen rauschen.
Und es fällt dir gerade ein,
dass du in dieser Dunkelheit
niemals den Rückweg
zu der Wendeltreppe finden wirst,
da siehst du vor dir, in einiger Entfernung,
ein dunkles Etwas.
Es schaukelt leise in den Wellen,

die immer wieder versuchen,
es ans Land zu spülen.
Du gehst weiter und du siehst
eine Art Kasten aus Korb
oder aus Bast.
Ein kleines Schiff, geflochten.
(10 Sekunden)
Du näherst dich und du siehst,
in dem Kasten liegen – verknäult – Decken
und in die Decken eingehüllt
liegt ein längliches Etwas.
Und der Name »Moses«,
der ja auch in einem Bastkorb ausgesetzt wurde,
geht dir durch den Kopf.
Aber natürlich weißt du,
dass es nicht Moses ist,
der dort in seinem kleinen Schiff
dem Meer übergeben worden ist.
Und mit klopfendem Herzen
und mit wenigen Schritten
stehst du jetzt direkt vor diesem Bastkasten.
Und du gehst in die Knie
und du ziehst das kleine Schiff
jetzt ganz an das feste Land.
(10 Sekunden)
Und dann nimmst du das in Decken gehüllte Kind,
das vollkommen vermummt ist,
aus seinem Korb.
Du umfängst es mit deinen Armen
und du drückst es an dich.
Du nimmst es an deine Brust
und hältst es dort ganz sicher.
So als wolltest du es wärmen.
Und dann entfernt ihr euch etwas von der Wasserlinie
und du setzt dich mit dem Kind im Arm in den Sand.
(10 Sekunden)

Und dann sagst du diesem kleinen Wesen,
du sagst es sehr leise – in seine Decken hinein:

»Ein Teil von mir wollte dich vergessen.«

»Aber ich konnte es nicht!«

»Ich musste zurückkommen
und nach dir sehen!«

Und dann wiegst du es hin und her.
(10 Sekunden)
Und dann, wie du da im Sand sitzt,
dein Kind auf den Armen,
spürst du eine Hand auf deiner Schulter.
Es ist dein Partner!
Der, mit dem du zusammen
dieses Kind gezeugt hast.
Und dein Partner setzt sich zu euch in den Sand.
Ganz nahe zu euch.
Und auch er legt seinen Arm um dich und um das Kind.
Und dann sagt er:

»Auch ich wollte vergessen!«

»Aber es ging nicht!«

»Ich bin so traurig.
Ich bin schon lange so traurig!«
(10 Sekunden)
Und so sitzt ihr zu dritt zusammen:
Du, dein früherer Partner
und euer gemeinsames Kind.
Und das Kind bekommt jetzt
zum ersten Mal eure gemeinsame Wärme zu spüren.
(10 Sekunden)

Und es kann sein,
dass eine gemeinsame Traurigkeit euch überkommt.
Diese Traurigkeit darf da sein.
Diese Traurigkeit wärmt euer Kind.
(10 Sekunden)
Und das Kind weiß,
es wird nie mit euch zusammen
nach oben gehen dürfen.
Aber es hofft, dass jetzt – endlich –
seine Nacht zu Ende sein darf.
Dass ihr beide gekommen seid,
damit es hell werden darf an seinem Strand.
(10 Sekunden)
Und so sitzt ihr noch eine Weile eng umschlungen
und ihr spürt das kleine Wesen,
dass im Außen nie ein Kind werden durfte.
Ihr spürt, wie es immer wärmer wird.
Wie es sich in eurer Wärme regen kann
und wie es auch in eurer Wärme
ein wenig wachsen kann.
Ein klein wenig.
Und so sitzt ihr da
  • *mit euren Erinnerungen,*
  • *mit eurer Traurigkeit*
  • *und mit eurem kleinen ungeborenen Kind.*
(10 Sekunden)
Und du drehst dich deinem Partner zu
und du flüsterst in sein Ohr:

»Schade!«

Und dein Partner erwidert diesen Gruß:

»Ja«, sagt er, »schade!«

Und dann schaut ihr wieder aufs dunkle Meer.
Die Kerze verlischt.
Und in die tiefe Dunkelheit hinein
bricht nach einer Weile
am fernen Horizont
ein winzig kleiner Lichtschimmer sich Bahn.
(10 Sekunden)
Als wäre es das erste Mal, dass ihr es seht.
Der Morgen dämmert herauf.
Und es geht ziemlich schnell.
Erste Lichtfinger ziehen über das Meer.
Und bald schon seht ihr
die ein klein wenig gekrümmte Linie des Horizontes.
Ihr lauscht jetzt zu dritt dem Sonnenaufgang.
Erste Möwen ziehen ihre Bahn.
Und dann bricht die Sonne durch,
erst ein winzig goldener Punkt
– wird strahlend größer.
Und ist bald zur Hälfte da!
(10 Sekunden)
Ja, das Licht erscheint
– endlich – auf diesem dunklen Strand!
Und ihr seid immer noch ganz eng zusammen:
du, dein früherer Partner, euer gemeinsames Kind.
Und du schaust deinen Partner an,
siehst sein von Tränen gezeichnetes Gesicht.
Und du schaust auf das Bündel in eurem Arm.
Aber irgendwie erscheint es dir zu leicht!
Du schlägst die Decken zur Seite,
willst euer Kind ein erstes Mal anschauen.
Doch die Decken sind leer!
Das Kind ist nicht mehr da!
Und dann zeigt dein Partner aufs Meer:
Und da siehst du: Der Korb,
das kleine Schiff aus Bast,
schwimmt schon weit entfernt.

Es schwimmt der aufgehenden Sonne entgegen!
Ja, mehr noch, du siehst,
dass eine kleine Hand ein Segel aufzieht.
Und der Wind, der ablandige Wind,
greift in das Segel – und führt das Boot weiter fort.
Weit hinaus!
(10 Sekunden)
Und jetzt erscheint es euch so,
als ob zwei kleine Hände
euch zum Abschied zuwinken.
Eine winkende Hand für jeden von euch!
(10 Sekunden)
Und dann wird das Boot kleiner und kleiner
und verschwindet im endlosen Ozean!

Teil 4

Und jetzt weißt du,
dass die Zeit gekommen ist
zu gehen.
Und du schließt deine Augen
und lässt dich nach hinten
in den warmen Sand sinken.
Und du hörst noch von ferne
deinen früheren Partner sagen:
»Jetzt darf es wieder gut sein!«,
und dann merkst du, wie der Wind,
der frische Wind, der hier am Strand weht,
dir in die Glieder fährt
und dich wieder frisch machen will.
Du kehrst zurück zu deinem Atem
und auch er erfrischt dich und holt dich
wieder in die Welt des Tages zurück.
Und jetzt spürst du auch
deine Glieder wieder auf deiner Unterlage.

Und es ist nicht mehr der Strand.
Es ist jener Ort, auf dem du dich
zum Anhören dieser Fantasiereise
niedergelassen hast.
Und du spürst das Bedürfnis,
deine Glieder zu recken und zu strecken.
Du bewegst dich,
öffnest deine Augen
und du bist jetzt wieder ganz WACH!

■ ■ ■

Nach dieser Seelenreise solltest du jetzt nicht gleich im Text des Buches fortfahren. Nimm dir erst ein wenig frei!

Fassen wir zusammen: Eine Insolvenz-Partnerschaft besteht immer darin, dass der größte Teil des Partnerschafts-Vermögens eines Menschen noch an einen oder mehrere (oder gar viele) frühere Partner dergestalt gebunden ist, dass der Betreffende für eine neue Beziehung kein adäquates Tauschmittel zur Verfügung hat. Das Partnerschafts-Kapital ist gleichsam aufgebraucht und wird im Hintergrund von den emotionalen Doppelgängern der früheren Partner (in der eigenen Seele!) festgehalten.

Auch wenn der betreffende Mensch im Vordergrund eine neue Partnerschaft wünscht und intensiv anstrebt, indem er alles unternimmt, damit ein neuer Partner sich einstellt, so setzt sich doch das Manko im Hintergrund immer wieder durch und durchkreuzt, das heißt trennt die neue Partnerschaft. Oft ist es so, dass der neue Partner das – ebenfalls nur in seinem Hintergrund – spürt und von sich aus geht; aber auch wenn er bleiben will, sind die Kräfte des Hintergrundes stärker.

Diese Dynamik wird bisher zu wenig beachtet, weil die Wirkungskraft der emotionalen Doppelgänger im Hintergrund in der Theorie und in der Therapie zu wenig gesehen wird – und weil nicht wenige Therapeuten, die dieses Vergangenheitswerk aufzuarbeiten hätten, selbst hart am Rande der Insolvenz sich befinden beziehungsweise die Grenze längst überschritten haben.

Und so macht man um diese Dynamik einen weiten Bogen und redet sich selbst ein: »Beim nächsten Partner wird alles anders!«

Die Gebundenheit an den oder die Früheren hat nur damit zu tun, dass die Konten von Geben und Nehmen nicht ausgeglichen sind, das heißt, der frühere Partner steht entweder auf dem hohen Sockel des zu Guten oder schwebt über dem Abgrund des zu Schlechten. So oder so – es ist noch etwas zu tun.

Die Insolvenz-Partnerschaft ist noch eine leichtere Form der Partnerschafts-Verstrickung und deshalb ist auch die Lösung relativ leicht: Ich muss den emotionalen Doppelgänger dieses Früheren,

- sei es in einer Familienaufstellung in Form eines Stellvertreters,
- sei es in einer Einzelsitzung auf der Etage der Partnerschaft mithilfe einer milden Trance,

aufsuchen und die unabgeschlossenen Konten ausgleichen. Ich muss diesen Partnern ihren realen Wert und ihre reale Würde als Menschen und Partner, wie sie sind und wie sie waren, zurückerstatten und damit dafür sorgen, dass sie für meine neue Partnerschaft den Weg und das Partnerschafts-Vermögen wieder freigeben – in mir! Ich bin ihnen etwas schuldig, und das muss ich ihnen zurückgeben. Ich muss das gemeinsame Konto, das diese Partnerschaft an ihrem Beginn eröffnet hatte, gegen null bringen und damit beenden. (Als Teil meiner Geschichte bleibt die Partnerschaft auch danach erhalten, als Mensch, der in meiner Seele wichtig ist, wird der Partner bleiben. Aber als unaufgelöste Gestalt, die Energien bindet, wird die Partnerschaft beendet.)

Verbunden mit dieser Arbeit ist auch die Lösung von den abgetriebenen Kindern – wenn vorhanden –, denn ohne dass sie noch einmal vor das innere Blickfeld treten und ebenfalls gewürdigt werden, kann ich das Konto mit dem betreffenden Partner nicht schließen.

Anders verhält es sich mit den lebenden Kindern, die aus diesen früheren Partnerschaften entstanden sind. Hier finden wir oft, dass die unausgeglichenen Kontostände der beiden Erwachsenen, ihr Soll und Haben, automatisch auf die Kinder überspringen und mein Verhältnis zum Partner zutiefst auch mein Verhältnis zum Kind mitbestimmt.

Mütter oder Väter, die der Meinung sind, ihnen stehe das Kind zu oder bei ihnen sei es besser aufgehoben, oder solche, die mit dem Kind nichts mehr zu tun haben wollen, dokumentieren nichts anderes als eine nicht befriedete Partnerschaft, deren Kontostände dadurch noch mehr ins Ungleichgewicht geraten.

Bei einer befriedeten Partnerschaft sind dies die wichtigen Fragen: Was ist gut und richtig für das Kind? Wo kann das Kind mit Liebe und Achtung vor dem anderen Elternteil am besten aufwachsen? Beim wem bekommt das Kind ein sicheres Gefühl dafür, dass die beiden zwar als Mann und Frau und als Partner getrennt sind, aber als Vater und Mutter (für das Kind) weiterhin zusammenbleiben?

Für das Kind ist also jene Lösung die beste, bei der die Mutter ihm sagen kann: »Auch wenn wir als Paar getrennt sind, wir sind immer deine Eltern und dein Vater bleibt immer dein Vater.« Und wenn der Vater ihm sagen kann: »Wir sind zwar als Paar getrennt, aber wir sind immer deine Eltern und deine Mutter bleibt immer deine Mutter.«

Das aber geht erst, wenn die alten Kontostände bereinigt sind und beide den jeweils neuen Partnerschaftsweg des anderen mit Wohlwollen und Achtung betrachten können. Wenn also der emotionale Doppelgänger meiner früheren Partnerin – in meiner Seele – mir zulächelt und zu mir die Worte sagen kann: »Peter, ich wünsche dir für deinen neuen Weg alles Gute und dass du eine gute neue Frau findest!«

(Wer mehr über diese Art der Versöhnungsarbeit erfahren möchte, dem empfehle ich die Seelenreisen 1 und 2 in meinem Buch *Die Kraft, die aus der Herkunft stammt,* Kösel 1997, S. 107–141, oder als CD.)

Noch ein Wort zu einer bestehenden Beziehung oder Ehe. Jede Partnerschaft, die mehr als sieben Jahre andauert und in der beide Partner nicht vorhaben, sich zu trennen (und auch nicht von jemand anderem schwärmen oder träumen), ist ebenfalls eine Art Insolvenz-Partnerschaft: Das Partnerschafts-Vermögen, das die beiden zur Verfügung haben, ist fest im jeweils anderen investiert. Und keiner der beiden hat genügend freies Kapital zur Verfügung, um es anderweitig anzulegen. Die Partnerschafts-Firma ist gegründet und arbeitet im Hintergrund.

Hier wird das Beispiel von Marianne (Seite 46) verständlich: Solange ihr Mann, der Holländer, lebt, ist sie fest gebunden und kein anderer Partner hätte eine Chance bei ihr gehabt. Zur Insolvenz-Partnerschaft im Sinne dieses Kapitels wird die Beziehung erst, nachdem der Mann einige Jahre tot ist und die Frage nach einem neuen Lebenspartner sich stellt.

Wir sind jetzt genügend gerüstet, einen Schritt weiterzugehen. Zu einer neuen Form der Partnerschaftsverstrickung, die eine Etage tiefer in die Welt der Seele hinabführt.

Die Parentifizierungs-
Partnerschaft

Parentifizierung ist ein Vorgang, bei dem etwas verwechselt wird. Dieser aus der amerikanischen Psychologie stammende Begriff meint eine Dynamik, die sich zwischen Eltern (»parents«) und Kind abspielt, meist zwischen einem Elternteil und einem Kind. Aus Gründen, die tief im Inneren liegen, kehrt sich im Hintergrund der Seele beider das Verhältnis »Elternteil und Kind« um. Der betreffende Elternteil empfindet – und signalisiert dem Kind –, dass er kleiner (und schutz- oder hilfsbedürftiger) ist als das Kind, und das betreffende Kind empfindet – und signalisiert – dem Vater oder der Mutter, dass es nur zu gern die Rolle des schützenden und Hilfe spendenden Elternteils für »dieses Kind« zu übernehmen bereit ist.

Ein augenfälliges Beispiel für eine derartige Parentifizierung hatte ich vor Jahren in meiner unmittelbaren Verwandtschaft. Eine junge Frau, deren Ehemann schon früh gestorben war, lebte mit der Tochter aus dieser Ehe einige Jahre allein. In kürzester Zeit übernahm die Siebenjährige die Rolle der Erwachsenen in dieser Beziehung und in diesem Haushalt. Sie weckte die Mutter (die gern verschlief) morgens, bereitete ihr den Kaffee und sorgte dafür, dass sie genügend Kleingeld für den U-Bahn-Automaten im Portemonnaie hatte. Sodann erinnerte sie die Mutter vor dem Weggehen daran, was sie zu besorgen auf keinen Fall vergessen dürfe. Dabei war es nicht etwa so, dass dieses Mädchen – wie andere Siebenjährige es täten – nur dafür sorgen wollte, dass die Mutter *ihr* etwas mitbringen solle (Cornflakes, Überraschungseier oder sonstige Spielsachen), nein, die Kleine hatte den ganzen Haushalt im Blick, bis hin zum Spülmittel. Denn wie selbstverständlich nahm sie ihr auch, als »Mutter« der Mutter, die meisten Haushaltsarbeiten ab. Dabei war es nicht einmal so, dass die Mutter dies verlangte. Das vertauschte Rollenspiel stellte sich von selbst her, ohne dass je eine derartige Forderung gestellt wurde.

Im Hintergrund dieser Dynamik liegt als Erstes, dass der betreffende Elternteil in seinem Inneren selbst ein Kind geblieben ist. Aus Gründen, die wir noch zu beleuchten haben, ist eine solche Mutter oder ein solcher Vater in einer Phase ihrer (seiner) Kindheit stehen geblieben, und obwohl der Körper sich weiterentwickelt hat und erwachsen geworden ist und auch der Vordergrund den Partnern, Arbeitskollegen, Freunden und Bekannten eine gewisse Lebenstüchtigkeit vorgaukelt, so wird doch dem eigenen Kind schnell klar, dass das alles nur Kulisse ist und dass es sich hier um einen Elternteil in Not handelt.

Als Zweites ist damit verbunden, dass das Kind in dieser Parentifizierung sehr groß und sehr wichtig wird. Es ist dann (in diesem Beispiel) nicht mehr sieben Jahre alt, sondern es wird (im Hintergrund) älter und größer als die Mutter. Es ragt über sie hinaus und gewinnt – in seinem Inneren – jene Höhe und Kraft, aus der heraus es so aussieht, als ob es der Mutter so *geben* kann wie sonst nur eine Mutter dem Kind. Und die Mutter gewöhnt sich daran, vom Kinde zu *nehmen* wie sonst nur ein Kind von seiner Mutter.

Das ist die Verwechslung!

Sie führt dazu, dass das Kind den größten Teil seiner eigenen Kindheit überspringen muss, das heißt, *es verliert seine Kindheit*. Die natürliche Abfolge eines Reifungsprozesses kann nicht stattfinden, es tut sich eine Kluft auf. Aus einer Dreijährigen wird über Nacht eine Art »Erwachsene«. Die Jahre zwischen 3 und (sagen wir) 21 werden im Hintergrund ausgelassen und im Vordergrund wundern sich alle, warum das Kind so »vernünftig« ist und so »altklug«. Die Reifungsschritte Kindergarten, Schule, Kinderkrankheiten, Pubertät, erste Periode, Freundschaften, Erwachen der Sexualität etc., die Kinder vollständig ausfüllen und an denen sie wachsen, werden überlagert und an den Rand gedrängt von dem alles überstrahlenden Gefühl, der Mutter oder dem Vater helfen zu müssen, für sie da sein zu müssen, alles geben zu müssen, damit nichts passiert.

Vom Kinde aus betrachtet geschieht dieser Vorgang aus Liebe, von der Mutter aus gesehen geschieht er aus einer tiefen Schwäche. Aus jener Schwäche, die die Mutter drei Jahre alt hat bleiben lassen. In der Regel hat eine derartige Mutter von ihren Eltern *nicht genügend genommen* oder einer der Elternteile war ebenfalls schwach, sodass die Tochter (und heutige Mutter) mit diesem Elternteil parentifiziert war und in gleicher Weise an dieser fehlenden Kindheit litt und leidet. Jetzt bedarf es nur eines äußeren Ereignisses (zum Beispiel Tod des Ehemannes), dass die Mutter zwischen den beiden Polen – sie ist entweder erwachsen (nach außen hin) oder sie ist drei Jahre alt – hin und her pendelt, da ihr ja – genau wie der Tochter – die Zwischenzeit fehlt. Und wenn die Mutter drei Jahre alt ist, kann die Siebenjährige in der Tat die Mutter für die Mutter sein.

(Da ich mit dieser Mutter und ihrem Kind nicht als Therapeut zu tun hatte, sondern als entfernter Verwandter, muss ich einräumen, dass der Hintergrund auch ganz anders aussehen kann: Die Tochter hätte auch die Funktion des verstorbenen Ehemanns einnehmen und zum Teil dessen Aufgaben bei der Ehefrau wahrnehmen können.)

Wie dem auch sei: Unser Beispiel sollte zeigen, dass ein Kind in eine Dynamik hineingeraten kann, für die es einfach überfordert ist. Es wird aus Liebe zum Träger einer Kraft, die geben will, und das auch tut, doch in diesem Geben liegt für beide Parteien (für Mutter und Kind) keine Möglichkeit für Hilfe oder Linderung und es trägt zusätzlich sehr hohe Folgekosten: Die beiden bleiben nämlich – wenn später nichts Lösendes geschieht – in dieser gemeinsamen Zeitschleife gefangen und damit lebenslang aneinander gebunden.

Was bedeutet diese Gefangenschaft nun im Hinblick auf das Thema unseres Buches, das Thema der Partnerschaft? Was geschieht, wenn ein derartiges Kind groß wird und die Beziehung zum Elternhaus, mit dem es parentifiziert ist, sich im Vordergrund nicht (mehr) sonderlich auffällig darstellt? (Im Vordergrund kann dieses Kind sich von der Mutter bereits abgelöst haben: Diese hat aufs Neue geheiratet, die Tochter, heute 27 Jahre alt, sieht ihre Mutter nur noch einmal im Jahr und hat bereits ihren dritten Freund.)

Was geschieht im Hintergrund?

Machen wir erst einen kleinen Umweg.

Im letzten Kapitel habe ich behauptet, es gäbe ein Partnerschafts-Vermögen, eine Energie, die als Kapital in eine Partnerschaft investiert werden kann und die darauf zielt, im Spiel von Geben und Nehmen zusammen mit dem Partner eine Bindung aufzubauen und am Leben zu halten. (Noch einmal: Dies ist nur ein Bild und darf nicht für bare Münze genommen werden, sonst wird es falsch. Wir wissen weder, wie diese Energie beschaffen ist, noch wo sie herkommt, und wir ahnen nur, welchem Regelwerk sie folgt. Der Hintergrund insgesamt entzieht sich einer wissenschaftlichen Durchdringung.)

In diesem Kapitel müssen wir dieses Bild erweitern. Es gibt auch zwischen Eltern und Kindern eine Binde-Energie: Es ist dies ebenfalls ein Vermögen, das zwischen beiden Parteien sich angesammelt hat und fließt. Aber für diese Energie, für dieses Vermögen gilt als wichtigste Voraussetzung für das Gelingen dieser Eltern-Kind-Beziehung der von Bert Hellinger stammende Grundsatz, dass die Eltern nur geben und die Kinder nur nehmen dürfen. Es kann hier, was die Kontoführung anbelangt, kein direkter Ausgleich zwischen Soll und Haben erfolgen. Die Eltern geben ihr Vermögen und füllen damit gleichsam die Konten des Kindes bis zum Rande auf. Jeder Elternteil auf seine Weise und jeder Elternteil so viel, wie er vermag.

Das beginnt bereits bei der Zeugung: Die Mutter gibt ihren Teil, der Vater seinen Teil und manche behaupten, das sei bereits der Hauptteil der Energien, die das Kind für sein Leben benötige. Mir scheint, dass es in jedem Fall mehr als 50 Prozent des Vermögens dieses Kindes sind. Dieses Geben konstituiert bereits eine lebenslange Bindung des Kindes an die Eltern und eine lebenslange Bindung der Eltern an dieses Kind. Aber natürlich geht das Geben der Eltern weiter, ebenso wie das Nehmen des Kindes. Nahrung, Wärme, Nähe, Geborgenheit, all diese Vermögens-Einheiten strömen von den Eltern zum Kind und erzeugen damit im Fortgang die Vermögenswerte »Bindung« und »Zugehörigkeit« dieses Kindes an diese Eltern.

Dieses »Kapital« könnte man im Gegensatz zum Partnerschafts-Vermögen des ersten Kapitels als das »Eltern-Kind-Binde-Vermögen« bezeichnen (oder die »primäre Liebe«), wenn man denn überhaupt einen Namen für diese Kraft benötigt. Entscheidend aber ist das Phänomen als solches. Bei der Parentifizierungs-Partnerschaft geschieht nicht nur das, was unser erstes Beispiel mit dem siebenjährigen Mädchen uns verdeutlichen konnte: Ein Kind übernimmt für einen schwachen Elternteil die Rolle der Mutter oder des Vaters; nein, es geschieht noch etwas anderes, das für spätere Partnerschaften als folgenschwer sich erweisen soll. Das Kind kann auch die Rolle eines *Partners* übernehmen, der alles im Leben des (gegengeschlechtlichen) Elternteils zum Besseren wenden will:

»Ich als Sohn könnte im Leben meiner lieben Mama alles zum Guten wenden, denn in Wahrheit könnte ich ihr ein besserer Mann sein als der Papa, der immer alles falsch macht« – sagt der kleine vierjährige – und stolze – Peter.

»Ich als Tochter könnte im Leben meines lieben Papas alles zum Guten wenden, denn in Wahrheit könnte ich ihm eine bessere Frau sein als die Mama, die immer alles falsch macht« – sagt die kleine vierjährige – und stolze – Jutta.

Als Kurzfassung: Ich wäre für die Mama ein besserer Mann, sagt der Sohn, und: Ich wäre für den Papa die bessere Frau, sagt die Tochter.

Natürlich geschieht Derartiges nur, wenn der Sohn oder die

Tochter deutlich spürt, dass es zwischen den Eltern kriselt und dass in der Ehe die Frau *nicht direkt* neben dem Mann steht, sodass zwischen den beiden eine Leerstelle sich befindet, in die hinein das Kind sich stellen kann. Das Kind versucht also die vorhandene Lücke – aus Liebe zum betreffenden Elternteil – *mit sich* zu füllen. Damit aber tritt das Kind aus dem Strom des Nehmens (und nur des Nehmens) der Eltern-Kind-Beziehung aus und versucht einzutreten in den Strom des Partnerschafts-Vermögens, bei dem es um Geben *und* Nehmen geht.

Abb. 12

Mitunter geht es in einer vierköpfigen Familie (Vater, Mutter, Sohn und Tochter) zu wie auf unseren nächsten Grafiken:

Abb. 12 zeigt eine Familie in einem gesunden Gleichgewicht. Vater und Mutter stehen nebeneinander, die Kinder in ihrer Altersreihenfolge stehen vor ihnen und schauen die Eltern an. Da die beiden Eltern *zueinander stehen,* ist zwischen ihnen kein Platz (kein Zwischenraum) für eine Einmischung der Kinder.

Abb. 13

Abb. 13 zeigt eine Familie im Konflikt. Vater und Mutter leben entweder von Anfang an oder durch ein besonderes Ereignis ausgelöst jeweils in einer ganz anderen Welt. Sie sind auseinander gerückt, stehen nicht mehr zueinander. Jeder trägt sein »Päckchen« allein, jeder signalisiert, dass er nicht glücklich ist, und hier jetzt gibt es – im Hintergrund der Seele der Kinder – einen Platz, eine Leerstelle, die besetzt werden kann. Die Kinder, die sofort wahrnehmen, dass die Eltern traurig (unglücklich, einsam, hilfsbedürftig) sind, springen jetzt aus Liebe (und um den Eltern zu helfen) in die Bresche. Hier beginnt der Punkt der Verwechslung. In den Kindern schlägt die normale Eltern-Kind-Liebe (das Eltern-Kind-Vermögen) um und wird zum Partnerschafts-Vermögen.

Abb. 14 zeigt diese Einmischung:

Es beginnt die Dynamik der Größenveränderung. Als Partner der Mutter und als Partnerin des Vaters wachsen beide und überspringen ihre Kindheit mit einem riesigen Satz. Natürlich bleiben sie Kinder, aber da sie sich jetzt – in ihrem Hintergrund – als die »bessere« Partnerin des Vaters und der »bessere« Partner der Mutter empfinden, als jene, die den Eltern aus der jeweiligen Misere herauszuhelfen imstande sind,

Abb. 14

werden sie nicht nur groß, sie werden sogar eine Spur größer als die Eltern.

Wir finden jetzt das Kind als Mischgebilde: halb Eltern der Eltern (Parentifizierung) und halb Partner des jeweiligen Elternteils.

Die Tochter sagt (innerlich, in ihrem Hintergrund): »Papa, ich bin für dich eine bessere Frau als die Mama!«

Und der Sohn sagt (innerlich, in seinem Hintergrund): »Mama, ich bin für dich ein besserer Mann als der Papa.«

Da dieses ganze Spiel sich vollständig im Hintergrund vollzieht, wissen alle vier Parteien im Vordergrund gar nicht, was sie tun (und wollen es auch gar nicht so genau wissen). Der Vater sagt zur Tochter: »Du bist meine liebste Prinzessin« und »Du bist mein bester Schatz«, und die Mutter sagt dem Sohn:

»Ach, Männlein, wenn ich dich nicht hätte« und »Was würde ich nur ohne dich machen«.

Die Eltern denken nicht real (also im Vordergrund) daran, die Kinder zu Liebespartnern zu machen – die Kinder denken daran schon. Nicht dass das jetzt geschieht, aber später: »Wenn ich groß bin, Papa, heirate ich dich!«

Dieser Satz, der in voller Unschuld von jeder vierjährigen Tochter gesagt werden könnte und der im späteren Reifungsprozess verweht, gewinnt, wenn in der Beziehung der Eltern die in Abb. 13 dargestellt Kluft entsteht, für das Kind eine bleibende Dominanz. Im Vordergrund wird er vergessen – im Hintergrund bleibt er aktiv!

Mitunter kommt es bei diesem Parentifizierungs-Geschehen tatsächlich zu sexuellen Übergriffen. Der Vater vergreift sich – in seiner Schwäche und Not – an der Tochter und die Mutter vergreift sich (wenn auch seltener) aus ebendiesen Gründen am Sohn. Und oft ist es dann so, dass der Vordergrund (bei allen vieren) leugnet, was da im Hintergrund geschieht. Diese Art des Missbrauchs (strafrechtlich *ist* es sexueller Missbrauch) muss in seiner Wirkung streng unterschieden werden von jenen Formen, die gewalttätig oder anderweitig strikt gegen den Willen des Kindes (das ja hier auch *Partner* ist!) sich vollziehen. Dieser Missbrauch ist mitunter ein helfendes Geschehen und wird – auch vom Kind – als Akt der vorweggenommenen (späteren) Partnerschaft erlebt und hat in der Seele des Kindes (die zwar spürt, dass hier etwas falsch ist) keine gravierenden Auswirkungen. Auch der Therapeut, der diesen Missbrauch 25 Jahre später ans Licht bringt, sollte den Unterschied kennen. Der Patient ist im Vordergrund selbst oft heftig empört über das, was ihm da in jungen Jahren angetan worden ist, seine Seele aber ist es nicht. Der Therapeut muss also genau nachschauen, ob es ein Akt aus parentifizierter (also verwechselter) Liebe ist, und es dann jeweils neu und ganz anders bewerten.

In der Situation, die Abb. 14 darstellt, kommt der Prozess zum Abschluss. Dieses Bild bleibt in der Seele der Kinder stehen –

und zwar im Hintergrund: Die Tochter steht beim Vater und der Sohn steht bei der Mutter.

Zwangsläufig müssen beide Kinder jetzt eine negative Einstellung gegen den von ihnen ersetzten Elternteil entwickeln. War es vorher nur die Beobachtung des Sohnes, dass der Vater die Mutter nicht glücklich machen kann, so entwirft der Sohn, nachdem er sich zur Mutter gestellt hat, die Vorstellung, der Vater sei überhaupt ein nicht ernst zu nehmender Mensch, und alle menschlichen Schwächen, die jeder Vater aufweist, werden ins Überdimensionale aufgebläht und dann mehr oder weniger verachtet. Bei der Tochter verhält es sich mit der Einstellung zur Mutter gleichermaßen.

Diese Urteile bleiben – wenn keine Lösung stattfindet – ein Leben lang bestehen.

> Damit der Leser keine falschen Schlüsse zieht: Ich habe in meinem Beispiel eine Familie mit zwei Kindern gewählt. Die gleiche Dynamik kann sich ebenso ergeben, wenn nur ein Kind vorhanden ist (das sich zum Partner des andersgeschlechtlichen Elternteils erklärt) oder wenn zwei oder mehr gleichgeschlechtliche Kinder in dieser Familie zu Hause sind. Ein Kind (meist das ältere) übernimmt dann die Rolle des »Partners«, während die anderen Geschwister, die das auch gern täten, das »Nachsehen« haben. Die Logik der Verstrickung ist bei einer Familie mit einem Sohn und einer Tochter exemplarisch nur leichter zu beschreiben.

Bis zu dieser Stelle sind wir noch in der Kindheit dieses Sohnes und dieser Tochter. Beide Kinder haben, seit sie vier oder fünf (oder auch sieben) Jahre alt sind, in ihrem Inneren eine feste Beziehung, eine feste Partnerschaft, jeweils mit dem andersgeschlechtlichen Elternteil.

Was aber geschieht, wenn beide Kinder erwachsen sind?

Zuerst einmal muss man wissen, dass nach der Pubertät dieser Kinder das vorherige Geschehen – die partnerschaftliche Bindung an einen Elternteil – tiefer in den Hintergrund des Kindes hinabwandert und der erwachsene Mensch kaum noch

107

etwas von diesen Investitionen weiß oder wissen will. Ja, es kann sogar sein, dass die erwachsene Tochter den Vater heute ablehnt und schlecht über ihn spricht. Zwar sagt die Tochter, die heute vielleicht eine gestandene Bankerin ist, mitunter scherzhaft: »Ja, natürlich, als ich vier war, wollte ich meinen Vater heiraten, aber wollen das nicht alle kleinen Mädchen?« Oder der erwachsene Sohn, der heute in psychoanalytischer Ausbildung sich befindet, sagt: »Es kann schon sein, dass ich damals starke ödipale Anwandlungen hatte (der Junge will mit der Mutter schlafen und den Vater umbringen), aber wir wissen ja seit Freud, dass das ein ganz normaler Vorgang ist; und an der entsprechenden Bewältigung dieses Konfliktes reift man ja auch enorm.«

Aus diesen Sätzen spricht der Vordergrund und der hat zum alten Bindungszauber keinen Kontakt mehr. Auch wenn er sich schwach erinnert, so hält er das doch für Kinderkram und für längst überwunden. Was zählt, ist das Heute und nicht die alten Kamellen. Da es jedoch für den Hintergrund (genauso wie für das Unbewusste) keine Zeit gibt, ahnt keiner der beiden, dass die Süße der alten Beziehung das eigentliche Fundament für jedes weitere Partnergeschehen bildet.

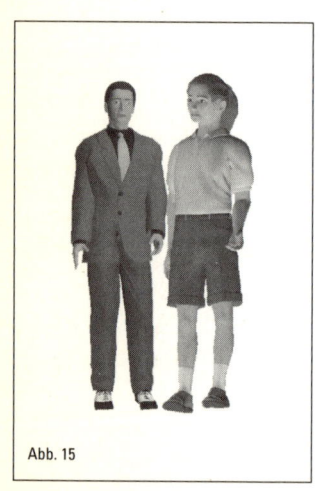
Abb. 15

Betrachten wir also die Auswirkungen – weil es leichter ist – zunächst wieder bildlich, und zwar einzeln, für Tochter und Sohn getrennt.

Als Erstes die Tochter.

Das Ausgangsmaterial, das weiterhin den – jetzt unsichtbaren – Hintergrund bildet, ist ein Ausschnitt unserer Abb. 14. Die Vierjährige ist mit ihrem Vater in einer (verdrehten und verwirrenden) Partnerschaft verbunden (Abb. 15).

Unser nächstes Bild (Abb. 16) zeigt die gleiche Situation, jedoch 20 Jahre später: Der Vater ist in den Hintergrund hinabgewandert, ist also unsichtbar geworden, aber schematisch in unserem Bild sichtbar. Das kleine Kind, die vierjährige Jutta, ist ebenfalls in den Hintergrund gerückt.

Für die junge Frau und für ihre Umgebung ist nur sie selbst sichtbar und diese Sichtbarkeit bildet den Vordergrund. Schaut sie in den Spiegel, so sieht sie nur sich. Dass neben ihr lebenslang der Vater steht und tief in ihr lebenslang die kleine Jutta sich befindet, kann mit den Augen des Vordergrundes nicht wahrgenommen werden.

Abb. 16

Die erwachsene Jutta ist immer noch größer als ihr Vater, aber fast genauso groß wie ihre eigene vierjährige emotionale Doppelgängerin.

In der Abb. 17 tritt jetzt ein Partner, ein erwachsener Mann, an ihre Seite. Da auf ihrer rechten Seite der Platz unsichtbar belegt ist (dieser Platz ist vergeben), kann er sich nur links neben sie stellen. Das aber ist für einen Mann ein sehr schwacher Platz, ein Platz, an dem er sich in der Beziehung – als Mann – nur selten behaupten kann und an dem zwischen Mann und Frau nur sehr wenig Stabilität in der Beziehung vorhanden ist. Über kurz oder lang blickt Jutta, die ja die Übergröße des vierjährigen Kindes auch in ihre erwachsene

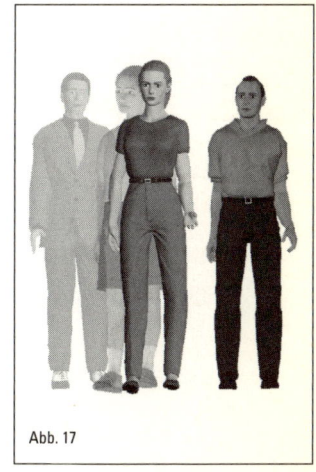

Abb. 17

Existenz hinein übernommen hat, mit einer milden Verachtung auf ihren kleineren Partner herab.

(Natürlich gibt es auch Partnerschaftskonstellationen, bei denen der Platz an der linken Seite der Frau durchaus angemessen ist – und der Mann kann gar keinen anderen bekommen. Zum Beispiel, wenn er »einheiratet« oder wenn die Frau ein sehr viel schwereres Schicksal hat als er. Aber für unser Thema der Parentifizierungs-Partnerschaft gilt diese Einschränkung nicht und unser Bild ist brauchbar.)

Das Entscheidende an der augenblicklichen Beziehung ist nicht so sehr die Größe der Frau oder ihre milde Verachtung, weil er in ihren Augen relativ klein ist, das Entscheidende liegt darin, dass sie im Hintergrund immer noch an die erste Beziehung zum Vater gebunden ist – und das nicht weiß. Früher oder später meldet sich nämlich die Vierjährige zu Wort und sagt: »Aber ich bin doch *Papas* kleine Prinzessin!«

Das spürt der Partner. In seinem Hintergrund und bald auch im Vordergrund ahnt er, dass er nicht der Prinz für diese attraktive und starke Frau sein kann und dass er kaum eine Chance hat, in ihrem Leben eine wichtige Rolle zu spielen, geschweige denn den ersten Platz (unter den Partnern) einzunehmen. Und so räumt er das Feld, mitunter nur einige Wochen, bevor sie ihm nahe legt zu gehen, denn mit ihnen beiden würde es wohl doch nichts. Er verlässt die Beziehung und sie klagt leise vor sich hin: »Und ich bin wieder allein – allein« – nicht wissend, dass sie – was Partnerschaften anbelangt – noch nie allein war! Dieses Klagelied wird in verschiedenen Variationen einige Male gespielt, der Refrain bleibt aber immer derselbe.

Abb. 18

Mitunter landet das Stück endgültig in einer Variante, da wählt sie nur noch Partner (ohne es zu wissen und zu wollen), die aus dem einen – sie sind bereits in festen Händen – oder dem anderen Grund – sie haben ihre letzte Beziehung noch nicht verschmerzt – nicht frei für eine Beziehung sind. Jetzt versteht sie gar nichts mehr. Der Vordergrund zermartert sich das Hirn mit der Frage »Wieso?« und im Hintergrund freut sich die Vierjährige und muss sich keine Sorgen mehr darüber machen, dass die große Jutta dem Papa untreu würde.

Eines dürfen wir hier nicht übersehen: Der Partner aus Abb. 17, der gegangen ist, ist jetzt ein emotionaler Doppelgänger, der dann im Hintergrund der erwachsenen Jutta steht (Abb. 18) und darauf wartet, dass er dort einen geachteten Platz einnehmen darf, sonst bildet er den Grundstock für die im ersten Kapitel beschriebene Insolvenz-Partnerschaft. Denn eine Partnerschaftsverstrickung auf der einen Ebene (zum Beispiel Parentifizierungs-Partnerschaft) schließt eine Partnerschaftsverwirrung auf einer anderen Ebene (zum Beispiel Insolvenz-Partnerschaft) nicht aus! Beide Ebenen können miteinander verflochten sein.

Abb. 19

Kommen wir jetzt zum Sohn.

Wieder wählen wir als Ausgangsbild einen Ausschnitt aus unserer Abb. 14. Der vierjährige Peter steht bei seiner lieben Mama und ist sich ganz klar darüber, dass sie für alle Zeiten die Richtige für ihn ist – nicht die richtige Mama, sondern die richtige Frau! (Abb. 19)

Das nächste Bild (Abb. 20) zeigt die Mutter, die in den Hintergrund hinabgewandert und also unsichtbar geworden ist, es zeigt außerdem, dass der Vierjährige zu einem stattlichen jungen Mann herangewachsen ist, in dem freilich – unsichtbar – der fundamental

Abb. 20

wichtige vierjährige Peter sich verborgen hält. Die Beziehung, die Partnerschaft zwischen Mutter und Sohn ist nicht etwa gelöst, sie schlummert im Hintergrund weiter. Peter selbst kann das – mit einem Blick in den Spiegel – nicht sehen, er hält sich im Vordergrund für einen Mann, der auf der Suche nach einer Partnerin ist.

In der Abb. 21 tritt dann eine Partnerin in das Geschehen ein. Sie stellt sich neben ihn und weil er der Mann ist, will sie sich auf seine linke Seite platzieren. An dieser Stelle hätte ich eine Chance, denkt sie. Aber – was beide nicht wissen – dieser Platz ist bereits vergeben. Er ist lebenslang besetzt von der Mutter des kleinen Peter.

Nur als Hypothese:

Manchmal erscheint es so, als ob tatsächlich eine Frau bei einem parentifizierten Mann sich an diesen Platz stellen darf, doch dann wartet auf sie eine besondere Überraschung. Da sie jetzt an der Stelle der unsichtbaren Mutter steht, erklärt der Vierjährige ihr hier ohne Umschweife: »Du musst mich so behandeln, wie meine Mama mich behandelt hätte.« Oder: »Du bist jetzt meine neue Mama!« Spätestens nach einigen Monaten merkt die Partnerin, was gespielt wird. Sie verabschiedet sich mit Türenknallen und den (erbosten) Worten »Mensch, werd endlich erwachsen!« und ward nicht mehr gesehen. Und mitunter will es mir so erscheinen, dass der Vierjährige ziemlich genau weiß, was er damit tut, dass er also weiß: Wenn er den erwachsenen Peter veranlasst, sich kindisch zu verhalten, dann wird sie früher oder später gehen und seine (vierjährige) Welt ist wieder in Ordnung. Aber, wie gesagt, das ist nur eine Hypothese!

Die neue Partnerin stellt sich also in der Regel an die rechte Seite, zum einen, weil diese Stelle »frei« ist, oder jedenfalls frei erscheint, zum anderen, weil noch ein weiterer Zusammenhang ins Spiel tritt: Männer, die heimlich – heimlich auch vor sich selbst – bei ihren Müttern stehen, üben eine große Anziehung auf Frauen aus, die heimlich – heimlich auch vor sich selbst – bei ihren Vätern stehen. Es ergibt sich somit unsere

Abb. 21, und wenn man mit den Augen des Hintergrundes schaut, auch gleich die Abb. 22:

Abb. 21

Abb. 22

Dass eine derartige Beziehung, in der er nach links schaut (zu seiner unsichtbaren Mutter) und sie nach rechts (zu ihrem unsichtbaren Vater), lange halten wird, ist eher unwahrscheinlich. Wenn doch, dann sind es mitunter jene Partnerschaften, die zehn Jahre bestehen, und die beiden haben immer noch zwei Wohnungen. Ziehen sie nach dieser langen Zeit dann zusammen oder heiraten sie gar, ist die Beziehung in kürzester Zeit zu Ende. (Ich kenne ein Paar, das ist seit neun Jahren verheiratet und lebt immer noch in zwei Wohnungen – ein paar Kilometer voneinander entfernt.)

Geschmackssache, sagen die einen; jeder der beiden wartet noch auf jemand »Besseren« und ist deshalb nicht bereit, sich zu einer verbindlichen Beziehung hinreißen zu lassen, sagen die anderen. Ein Patient hat einmal zu einer derartigen Beziehung – die er selbst hatte – nachdenklich festgestellt: »Ich glaube, ich würde die eine Hälfte des Huhnes gern zum Kochen und die andere Hälfte gern zum Eierlegen verwenden.«

Noch aus einem anderen Grund haben wir hier eine Pattsituation. Der Sohn (und hier sichtbare *Partner*) ist an der Beziehung zur Mutter sehr groß geworden, so groß, dass er auf *jede* spätere Partnerin nur herabblicken kann. Die Tochter (und hier sichtbare *Partnerin*) ist an der Beziehung zum Vater sehr groß geworden, so groß, dass sie ebenfalls auf jeden späteren Partner nur herabblicken kann. Jeder der beiden fühlt sich also dem anderen Partner überlegen. Er hat zum Beispiel die Meinung, sie ist völlig unlogisch und verhält sich nicht sonderlich vernünftig, sie empfindet innerlich, er hält seine Gefühle zurück und ist eigentlich ein Eisklotz, den nichts und niemand zum Auftauen bringen kann.

Schließlich finden wir ihn auch wieder auf der linken Seite seiner Partnerin, auf einem Platz also, der in beiden immer wieder eine latente Unsicherheit und Unzufriedenheit aufflackern lässt. In dieser Stellung findet eine (parentifizierte) Beziehung kaum zur Ruhe. Schaut man genauer hin, wiederholt sich in Abb. 22 jene Beziehung, die wir als Bild der Ursprungsfamilie auf Seite 105 in Abb. 14 bereits kennen gelernt haben.

Psychologen nennen diese Partnerschaftstypen »Mutters Sohn« beziehungsweise »Vaters Tochter« und geben einer Beziehung zwischen den beiden keine große Chance.

Ich möchte den beiden hier einen anderen Namen geben. Den Mann nenne ich »Liebling der Frauen« und die Frau »Geliebte« – ich könnte sie auch »Prinzessin« nennen. Warum ich das tue, möchte ich hier mit zwei weiteren Seelenreisen beschreiben. Man kann sie einfach nur lesen und erhält dann (möglicherweise) ein tieferes Verständnis für diese beiden Typen. Der Leser kann sich aber auch auf sie einlassen, er muss dann allerdings etwas anders an sie herangehen: Die beiden »Reisen« enthalten nämlich in sich auch den Ansatz zu einer Lösung (natürlich nur, wenn die Leserin oder der Leser bei diesem Kapitel das Gefühl bekommen hat, sich selbst in der Nähe eines dieser beiden Typen zu befinden). Wer sich also in der Tiefe auf »seine« Reise begeben will, für den gilt, was bereits zur Vorarbeit auf die Seelenreise »Das abgetriebene Kind« (auf Seite 76 dieses Buches) gesagt worden ist.

Die erste Reise ist für diejenigen *Frauen*, die aus dem einen oder anderen Grunde Fingerzeige in sich finden, dass ihre Nähe zum eigenen Vater mehr ist als die normale Vater-Kind-Liebe.

»Deine Eltern hatten Recht,
manchmal setzt man seine Ehre aufs Spiel.
Freilich, man kann die Ehre wiedergewinnen,
man muss nur aufhören zu spielen.«

Seelenreise:
Ich bin eine »Geliebte«

Vorbemerkung: Diese Seelenreise befindet sich in einem Dilemma, das folgendermaßen aussieht: Frauen, auf die dieses Thema zutrifft, die also eine »Geliebte« sind, wissen das nicht. Das heißt, sie halten sich nicht für eine solche. Sie haben ja bereits – wie sie glauben – ihre Fähigkeit für ein festes Engagement in einer langjährigen Beziehung, einer Ehe (oder gar in mehreren) unter Beweis gestellt.

Männer wiederum, die mit einer derartigen Frau liiert sind, wissen oft sofort, wovon diese Reise handelt und dass ihre momentane Beziehungspartnerin zu diesem Personenkreis gehört. Es könnte sein, dass sie jetzt – endlich verstehend – ihre Partnerin anschauen und sagen: »Genau! Das bist du!« Und es kann sein, dass sie sie drängen, auf jeden Fall diese »Reise« zu machen. – Damit fallen sie automatisch in die Nähe jener Väter (von denen diese Reise handelt), die ihren Töchtern einst einen Auftrag gaben.

Wie man aus diesem Dilemma herausfindet?

Nun: Diesen Männern würde es helfen, wenn sie selbst zuvor die nächste Seelenreise, »Ich bin der Liebling der Frauen«, machen. Denn es gibt eine hohe Wahrscheinlichkeit, dass ein

Mann, der mit einer »Geliebten« in einer Beziehung ist, selbst
ein Treuethema (gegenüber seiner Mutter) hat. Und dass er erst
dieses Thema lösen sollte, bevor er bei seiner Partnerin eine
Lösung vom Vater herbeizuhoffen bestrebt sein darf.

Teil 1

Es gibt Frauen,
– oft sind es die besonders attraktiven –,
die kommen auf eine eigenartige Weise
aus dem »Status« einer »Geliebten« nicht heraus.
Dabei ist es meist so,
dass sie sich händeringend wünschen,
endlich eine feste und verbindliche
Beziehung eingehen zu können
oder in einer eigenen Ehe zu leben.
Aber irgendwie will sich
dieser Wunsch nicht verwirklichen.
Und wenn er sich doch einmal
– was durchaus vorkommt – realisiert
und eine derartige Frau heiratet,
dann geht das oft ziemlich schnell besonders schief.
Und dann lebt sie weiter,
entweder als »Geliebte« eines Mannes,
der partout nicht heiraten will (oder kann),
oder als »Gespielin« eines verheirateten Mannes,
gleichsam an den Rändern einer fremden Ehe.
Natürlich ist der Mann, um den es sich dabei dreht,
in seiner Ehe besonders unglücklich
und »irgendwann« wird er seine Frau auch verlassen.
Aber wegen der Kinder (oder der Bauherrenmodelle)
kommt es dann doch nicht dazu.
Und so leben diese Frauen weiter
im »Status« einer Geliebten.
Und so ist das Erste, was es über diesen Zustand

einer »Geliebten« zu lernen gilt,
dass es tatsächlich ein Status ist
und dass dieser Status nichts mit den
dazugehörigen Männern zu tun hat.
Sondern mit dir, der du diese Männer wählst.
Und ein Status ist so etwas wie
Linkshändigkeit oder Zuckerkrankheit.
Man hat es nicht, sondern man ist es!
Man hat es nicht, sondern »es« hat einen!
Und man kann es nicht einfach abschütteln
oder »es beim nächsten Mann ganz anders« machen!
Aber anders als bei der Linkshändigkeit
oder beim Diabetes gibt es für diesen Status,
in dem du dich – möglicherweise – befindest,
dem Status einer »Geliebten«,
die Möglichkeit für eine Heilung.
Oder sagen wir besser:
die Möglichkeit für einen Statuswechsel.
Aber das Erste, was du für diesen Schritt benötigst,
ist das volle und unumwundene Eingeständnis,
dass du eine »Geliebte« bist.
Ohne dieses Eingeständnis
wirst du deinen Status nicht los.
Ohne dieses rückhaltlose Bekenntnis
wirst du weiter eine »Geliebte« bleiben.
Und nur, damit du dich nicht verläufst:
Eine »Geliebte« kann man auch sein,
wenn schon viele Jahre lang kein männliches
Wesen in deinem Leben vorkam.
Noch einmal: Eine »Geliebte« zu sein
hat nichts mit den heutigen Männern
in deinem Leben zu tun.
»Linkshänder« bist du ja auch,
wenn gerade nichts zu heben oder zu halten
oder anzufassen ist.
Ich möchte dir trotzdem

einige Erkennungsmerkmale für den
Status einer »Geliebten« mit auf den Weg geben:
Eine »Geliebte« ist man,
* wenn sehr viele Männer Interesse
  an dir (oder an deinem Leib) bekunden,
  aber keiner sonderlich daran interessiert ist,
  sich fest mit dir zu verbinden oder dich zu heiraten.
* oder wenn Männer dich sehr schätzen
  und feurig auf dich reagieren,
  du aber im Laufe der Zeit bemerkst,
  dass es – neben dir – auch andere Freundinnen
  in ihrem Leben gibt.
* oder wenn Männer, die du sehr anziehend findest,
  auffallend oft bereits gebunden (oder gar verheiratet) sind.
  (Sage nicht, das hättest du vorher nicht gewusst!
  Du kannst sicher sein: Deine Seele hat den Braten
  längst gerochen – und ihn mitunter gerade deswegen
  auf der Speisekarte ausgewählt!)
* oder wenn du besonders »anfällig« bist für Männer,
  die sich bei dir über ihre »unglückliche Ehe« ausweinen.
* oder für Männer, die noch nie so viel »Verständnis« und
  »Offenheit« über ihre unglückselige Situation
  gefunden haben wie gerade bei dir.

Eines nämlich haben all diese Männer gemeinsam,
und dass ist auch der Grund dafür,
dass du mit deiner »Linkshändigkeit« sie auswählst
(und zwar »traumwandlerisch« – also ohne
dass du es weißt):
Sie sind alle nicht frei!
Sie sind alle nicht zu haben!
Und das ist auch schon die Quintessenz
für den Status einer »Geliebten«:
Sie wählen Männer,
bei denen ihr Unbewusstes sicher sein kann,
dass dieser Mann sich langfristig nicht

auf sie einlassen wird.
Manche »Geliebte« kehren den Spieß bereits um:
Sie gehen Beziehungen zu Männern ein,
bei denen sie bereits wissen,
dass es nur vorübergehend ist!
Sie wählen gleichsam »Lückenbüßer«,
natürlich nur so lange, bis
– wie sie glauben –
eines Tages dann der »Richtige« kommt.
Und man den »Lückenbüßer« wieder fallen lassen kann.

Dass dieses Spiel hochgradig gefährlich ist,
– und zwar für ihre eigene Seele gefährlich ist –,
kommt ihnen nicht in den Sinn.
Man muss nämlich
– als Frau genauso wie als Mann –
für die Beziehung zu einem »Lückenbüßer«
hinterher selbst »büßen«.
Es scheint in der Seele eine Art Regel zu geben,
eine Regel, die etwa so lautet:
Warst du vier Jahre mit jemandem zusammen,
den du eigentlich von Anfang an nicht wolltest
– also mit einem »Lückenbüßer –,
so brauchst du normalerweise vier Jahre
(nach Beendigung der Beziehung!),
um den Platz wieder freizubekommen
für eine neue Beziehung.
Man benötigt also fast ebenso viel Zeit,
die ungewollte Beziehung zu verdauen,
wie sie ursprünglich gedauert hat.
Diese Regel gilt natürlich nur,
wenn man den Dingen seinen natürlichen Lauf lässt.
(Sie gilt nicht,
wenn es dir gelingt,
dem »Lückenbüßer« in einem therapeutischen Setting
seine Ehre und seine Würde zurückzuerstatten.)

Ich kenne eine Frau,
deren erste Beziehung (mit 17 Jahren)
zu einem Manne ging,
der eine sehr ernste Krankheit hatte.
Er war 20 Jahre älter
und ein herzensguter Mensch.
Aber eine Heirat kam für sie nicht in Frage,
auch weil ihre Eltern ihr bedeuteten,
dass dieser Mann nicht lange zu leben hätte.
Die Beziehung dauerte fünf Jahre,
dann trennten sich die beiden.
Nach zwei »Lückenbüßer-Beziehungen«
lernte sie dann endlich den
»Mann ihres Lebens« kennen.
Sie war »Feuer und Flamme« und
auch die Eltern der Frau waren hocherfreut.
Drei Jahre später heirateten die beiden
in einer schönen Kirche und in Weiß.
Vier Wochen nach der Hochzeit
(und eine Woche nach der Hochzeitsreise)
zog der Ehemann aus der schönen,
mit viel Liebe von den beiden eingerichteten Wohnung
aus!
Er hatte nämlich jetzt die
»Frau seines Lebens« gefunden
und seine Ehefrau blieb allein zurück.
Sie brauchte viele Jahre,
um über diesen Trennungsschmerz
und über die Verletzung ihres Stolzes hinwegzukommen.
Anschließend hatte sie wieder
einige »Lückenbüßer-Beziehungen«
und vor zwei Jahren traf ich sie wieder:
Sie war allein.
Sie ist immer noch sehr attraktiv
und lebt wieder – Platz ist genug vorhanden –
im Hause ihrer Eltern.

Und es steht zu vermuten,
dass dieses Spiel so weitergehen wird,
bis sie eines Tages ein Bewusstsein entwickelt
von ihrem Status:
Sie ist eine Geliebte!
Und keine Frau!

Ja, das ist auch etwas,
was zum Status einer Geliebten gehört:
Sie bleibt auf ewig so etwas,
für das die deutsche Sprache gar kein Wort hat.
Bei Männern gibt es dieses Wort,
hier heißt es »Jüngling«.
Eine Geliebte ist so etwas wie ein weiblicher Jüngling,
jugendlich-attraktiv und oft
viel jünger aussehend, als sie ist
– aber sie erreicht nicht den Status einer »Frau«.
In den weitaus meisten Fällen
stellt sich bei einer Geliebten auch kein Kind ein.
Sei es, dass sie es zu verhüten weiß,
sei es, dass sie nichts dergleichen unternimmt
und trotzdem nicht schwanger wird.
(Ja, ich kenne einige »Geliebte«, die verhüten nie
und werden trotzdem nicht schwanger.)

Ich kenne noch eine andere Frau,
die war 20 Jahre die Geliebte
eines verheirateten Mannes.
Und er hat sie die ganze Zeit in dem Glauben gelassen,
er würde sich scheiden lassen
(wenn die Kinder erwachsen seien,
wenn die Hypotheken bezahlt seien
und wenn es seiner kranken Frau besser ginge).
Und als er dann nach 20 Jahren
tatsächlich geschieden wurde
– heiratete er sofort darauf eine andere.

Die Frau aber, die so viele Jahre gewartet hatte
und die sich erst einmal ganz enttäuscht
und empört von ihm abgewendet hatte,
ist heute – drei Jahre später – wieder seine Geliebte.

Teil 2

Wir wollen uns jetzt auf den Weg machen,
dieses Geheimnis, das Geheimnis der Geliebten,
ein wenig zu erkunden.
Und zu diesem Weg gehört es,
dass du dir noch einmal einige der vergangenen
Beziehungen innerlich vor Augen führst.
Jene Beziehungen also,
die zu deinem Status gehören
und die dir vom Schicksal zugeführt worden sind,
damit du etwas über ebendiesen Status lernen kannst.
Wieder nimmst du als Erstes Kontakt auf
zu deinem Atem.
Wieder lässt du dich von ihm
– vertrauensvoll – leiten und führen.
(15 Sekunden)
Und während du jetzt deinem Atem lauschst,
führt er dich – ohne dein Dazutun – ganz von allein,
getragen nur von deinem Vertrauen,
in jene Areale deiner Seele,
in denen deine Beziehungen zu Männern sich befinden.
Er führt dich also in jene Räume und Kammern,
in denen deine Partnerschaften leben.
Ja, sie leben hier weiterhin.
Im Außen mögen sie lange vorbei und vergessen sein.
Aber hier im Inneren sind sie so frisch
wie am ersten Tag.
Die Seele vergisst nie etwas.
Die Seele bewahrt alle Menschen,

die einmal deinen Weg gekreuzt haben,
getreulich in ihrem Inneren auf.
Die Seele hat für jeden deiner Partner
einen inneren Raum eingerichtet
und hält damit ihr Gedenken an ihn – in dir – in Ehren.
Meist ganz im Gegensatz zu dir,
der du diesen Partner längst vergessen hast
oder ihm noch etwas nachträgst
oder ganz und gar nicht freundlich auf ihn zu sprechen bist.
(15 Sekunden)
Ja, dein Atem führt dich
– ganz von allein –
auf diese Etage deiner Partnerschaften.
Ein und Aus.

Teil 3

Und jetzt taucht – aus deinem Atem heraus –
vor dir ein Korridor auf, eine Art Flur,
als wäre es eine Wohnung.
Und rechts und links dieses Ganges
befinden sich Räume. Zimmer.
Und in jedem dieser Räume
wohnt ein vorheriger Partner von dir.
Und es wohnen nicht nur die realen Partner darinnen,
sondern auch jene männlichen Wesen,
mit denen du dich in deinen Träumen und Hoffnungen
lange beschäftigt hast.
Die du aber real nie hast bekommen können.
Bei manchen Frauen sind auf diesem Flur
vielleicht nur zwei oder drei Zimmer,
bei anderen wiederum ist es eine ganze Zimmerflucht:
ein sehr langer Flur mit sehr vielen Zimmern.
Dein Atem zeigt dir,
wie viele Zimmer deine Etage hat!

Du atmest jetzt den Flur mit den Kammern herbei!
(15 Sekunden)
Und du kannst sehen: Jeder der Männer,
mit denen dich einmal eine Beziehung
oder auch nur ein mehr oder weniger
flüchtiges Abenteuer verband,
jeder dieser Männer hat einen eigenen Raum.
In deiner Seele.
(15 Sekunden)
Manche Männer, mit denen du viele Jahre verbracht
oder in die du viele Hoffnungen investiert hast,
bewohnen sehr große Appartements.
Andere Männer, mit denen du nur Wochen
oder Tage oder gar nur Stunden verbracht hast,
bewohnen nur relativ kleine Abstellkammern.
Und weiter atmest du
– tief ein und tief aus –
und dabei gehst du
den kurzen oder den langen Flur entlang
und du schaust nach rechts und nach links
zu den dort vorhandenen Türen.
Ganz langsam machst du das.
Und die Türen ziehen an dir vorbei.
Manchmal stehen Namen auf den Türen:
»Klaus« oder »Manfred« oder »Heinz-Hermann«,
oder wie die Männer in deinem Innen eben heißen.
In deiner Seele.
(15 Sekunden)
Und manche Türen sind auch geöffnet.
Dann kannst du sie sehen
– deine Männer!
Die Männer deines Lebens.
Vielleicht stehen sie am Fenster,
vielleicht sitzen sie,
den Kopf in die Hände gestützt,
auf dem Bett – als würden sie nachsinnen.

(15 Sekunden)
Aber du schaust weiter nach rechts und nach links.
Und du gehst weiter.
Die Männer sehen dich nicht.
Sie sind mit sich beschäftigt
und der Flur, in dem du dich befindest,
liegt ein wenig im Dunkeln,
sodass sie dich gar nicht wahrnehmen können.
Langsam und bedächtig schreitest du weiter.
Schaust sie an,
wie sie da in den inneren Kammern deiner Seele
sitzen oder stehen.
Und fast scheint es dir,
als würde sich die Zeit hier unten
ungewöhnlich dehnen,
sodass du schon einige Zeit brauchst,
um an einer Türöffnung vorüberzugehen.
Und wenn dann die Tür auf der linken Seite vorbei ist,
schaust du zur rechten Seite,
wo eine neue Tür sich auftut.
Langsam, ganz langsam
– im Ein und Aus des Atems
ziehen die Räume so an dir vorbei.
(15 Sekunden)
Und während du so weitergehst,
nach rechts und nach links schauend,
erscheint es dir fast so,
als ob du nicht gingest,
sondern als ob dein Gehen
eine Art feierliches Schreiten wäre.
Und auch deine Kleidung hat sich
– ohne dass es dir aufgefallen wäre –
verändert: Sie ist kostbarer geworden.
Samtene Gewänder, fließende, wallende Stoffe,
Goldbrokat und Spitze.
Und ein Pelzbesatz an den Ärmeln und am Kragen.

Und auf dem Kopf spürst du
so etwas wie eine Krone.
Nein, nicht ganz so schwer:
eher ein Krönchen!
Ja, irgendwie fühlst du es jetzt auch:
Du bist von edlem Geblüt.
Eine aristokratische Gestalt.
Eine Schönheit.
Wie eine Prinzessin.
(15 Sekunden)
Eigentlich viel zu schade und viel zu edel
für diese eher durchschnittlichen Männer.
(15 Sekunden)
Und so schreitest du – würdevoll – weiter.
Im Ein und Aus deines Atems.
Ja, würdevoll ist das richtige Wort.
Oder noch besser: huldvoll.
Und du schaust dir an,
ob all diese Männer deine Huld verdient haben.
Ob sie deiner Würde entsprechen konnten
– oder: Ob sie ihr entsprochen haben?
Und dabei schreitest du weiter.
Immer weiter.
Rechts und Links.
Ein und Aus.
Und jetzt siehst du auch:
Es gibt zwei Arten von Männern,
die sich in den Räumen deines Lebens aufhalten.
Die einen, die schon bereit wären,
dir und deiner aristokratischen Haltung zu huldigen.
Sich vor dir zu verneigen
– denn für sie bist du tatsächlich eine Prinzessin.
(15 Sekunden)
Aber irgendwie bist du an ihnen
nicht sonderlich interessiert.
Irgendwie passen sie nicht zu dir

und zu deinem Status.
Und dann gibt es noch die anderen:
Sie hätten dich schon fasziniert – diese anderen.
Aber sie waren nicht bereit,
sich vor dir zu verneigen.
Ja, im Gegenteil, sie hatten oft andere Frauen,
denen sie mehr Huldigungen entgegenbrachten – als dir.
Für sie warst du keine Prinzessin.
Sie sahen dein Krönchen nicht.
Sie schauten zu sehr nach anderen.
(15 Sekunden)
Ja, das alles siehst du jetzt
im Ein und Aus deines Atems.
Und dann stehst du unversehens
am Ende des Flures.
Direkt vor einer Tür.
Sie ist nicht rechts oder links des Ganges,
sondern an seinem Ende, direkt vor dir.
Die Tür steht einen Spalt offen
und du kannst ein wenig hineinschauen.
Und du siehst dort ein sehr vertrautes Zimmer.
Aber im ersten Moment weißt du noch nicht,
woher du es kennst.
Doch dann begreifst du,
dass es eines der Zimmer deines Elternhauses ist.
Eines der Zimmer – von vor vielen, vielen Jahren.
Und es kann sein, du bist ein wenig ängstlich,
die Tür zu öffnen und einzutreten.
Du ahnst nämlich: Wenn du hier eintrittst,
in dieses Zimmer deines Elternhauses,
dann bist du wieder klein.
Dann wirst du wieder zu einem kleinen Mädchen.
Irgendwo zwischen drei und zehn Jahren alt.
Und bevor du eintrittst,
öffnest du vorsichtig die Tür ein wenig mehr.
Eine Person sitzt in diesem Raum,

auf einem Stuhl, einem Sessel oder einem Sofa.
Eine männliche Person.
Und dann siehst du auch: Es ist dein Vater!
Der da sitzt.
Den Kopf gesenkt – auf die Hände gestützt.
Und es will dir scheinen,
als hätte er Kummer oder Sorgen.
Als ginge es ihm nicht so gut.
(15 Sekunden)
Und jetzt bist du nicht mehr zu halten,
du betrittst den Raum und
– je nachdem, wie du ihn damals gerufen hast –
sagst du jetzt laut:
»Papi« oder »Vati« oder »Vater«.
Du sagst es jetzt wirklich laut!
(10 Sekunden)
Und er schaut hoch
und jetzt sieht er auch sein kleines Mädchen
(denn du bist beim Eintreten ziemlich klein geworden),
seine sorgenvollen Züge erhellen sich
und ein Lächeln gleitet über sein Gesicht.
Ein Strahlen überdeckt seinen Kummer
und er sagt:

»Hallo, Prinzessin!«

»Meine kleine Prinzessin!«

Und ganz schnell läufst du zu ihm hin
und kuschelst dich ganz dicht an ihn.
Und deine kleinen Hände streicheln seine Wangen.
Und dann sagst du,
du sagst es mit deiner Kleinmädchenstimme ganz laut:
Du sagst die Worte wirklich laut:

»Lieber Papi, sei nicht traurig.
Ich bin doch wieder da!«

»Ich bleibe doch immer bei dir!«

»Ich bleibe doch immer deine kleine Prinzessin!«

»Das habe ich dir doch versprochen!«

»Bitte, bitte, sei nicht mehr traurig!«

Und ganz stolz sitzt du jetzt
auf den Knien deines Vaters
und dein Blick fällt zur Tür.
Und dort an der Tür steht eine erwachsene Frau.
Die erwachsene Frau, die du einmal werden wirst.
Die Frau, die gerade noch durch den Gang hindurch
alle ihre Männerbeziehungen noch einmal gesehen hat.
Und du wendest dich dieser erwachsenen Frau zu
und sagst zu ihr mit deiner Kleinmädchenstimme:

»Gell, wir bleiben bei ihm!
Für immer?«
(15 Sekunden)

Und jetzt bist du wieder die erwachsene Frau.
Du stehst immer noch in der Tür zum Raum deines Vaters.
Du siehst das kleine Mädchen,
das du einmal warst.
Sie trägt ein kleines Krönchen auf dem Kopf.
Und du siehst das Versprechen,
das du einmal gegeben hast.
Als du noch klein warst.
(15 Sekunden)
Und du erinnerst dich an all die Männer deines Lebens.
An all die Räume, an denen du gerade vorbeigegangen bist.

130

Und du siehst jetzt auch,
dass sie alle keine Chance hatten.
Keine Chance gegen dieses kleine Mädchen,
das die ganzen Jahre
ihrem traurigen Vater gegenüber so treu war!
(15 Sekunden)
Und jetzt betrittst du selbst diesen Raum.
Du betrittst ihn als erwachsene Frau.
Und du gehst zu deinem Vater
und zu dem kleinen Mädchen,
das du einmal warst.
Und du kniest dich nieder,
sodass du auf gleicher Höhe mit dem kleinen Mädchen bist
– nur sein Krönchen ist noch ein wenig höher als du –,
und du schaust deinen Vater an,
der sich aufgerichtet hat,
das kleine Mädchen auf seinen Knien.
Sein Kopf ist jetzt höher als deiner.
Und jetzt sprichst du zu ihm.
Du sagst die Worte wieder laut:

»Lieber Vater, es war sehr schön für mich,
dass ich deine Prinzessin sein durfte.«

»Das hat mich sehr wichtig
und sehr wertvoll gemacht!«

»Und: Ich habe geglaubt,
dass ich dir damit helfen könnte.«

»In deiner Einsamkeit!«

»In deiner Traurigkeit und in deinem Kummer.«

»Aber heute sehe ich, dass diese Entscheidung
mich selbst einsam und kummervoll gemacht hat.«

131

»Aus Treue zu dir habe ich alle Männer in meinem Leben
nach einer bestimmten Zeit fortgeschickt.«

»Ich weiß, du hast das nicht von mir verlangt!«

»Ich habe es selbst getan,
weil ich so gern deine Prinzessin bleiben wollte.«

»Aber heute sehe ich,
dass das nicht geht.«

»Ich bin deshalb heute gekommen,
um dir dein Krönchen zurückzugeben.«

»Und um mein kleines Mädchen
dafür – mit mir – zurückzunehmen.«

»Und schweren Herzens – lieber Vater –
bitte ich dich: Nimm das Krönchen zurück,
es ist viel zu schwer für die Kleine und für mich!«

Und dann schaust du deinen Vater an
und du nimmst das kleine Krönchen
vom Kopf des Kindes
und gibst es deinem Vater zurück.
(15 Sekunden)
Jetzt ist das Kind kleiner als du.
Du schaust zu ihm hinab.
Und du sagst laut zu ihm:

»Ich weiß, dass es dir schwer fällt, meine Kleine.
Aber wir müssen jetzt gehen – komm!«
(15 Sekunden)

Und du schaust deinen Vater an
und du schaust dein kleines Kind an.

Und es kann sein, dass die Kleine ein schweres Herz hat.
Aber du weißt: Dein Vater wird es schon machen.
(15 Sekunden)
Und jetzt sagst du:

»Wir sind jetzt nicht mehr deine Prinzessin.«

»Aber wir werden immer deine Tochter sein.«

»Und du wirst immer unser Vater sein.«

Und dann verneigt ihr euch vor eurem Vater
und geht zur Tür.
Du nimmst jetzt die Kleine auf den Arm
und flüsterst ihr ins Ohr:

»Es wird – trotzdem – alles wieder gut!«

Ihr verlasst jetzt den Raum und geht
mit energischen Schritten
durch den Flur.
Vorbei an den Türen,
die jetzt alle geöffnet sind.
Zum gegenüberliegenden Ende des Flures.
Auch hier befindet sich eine Tür!
Auch sie ist halb geöffnet.
Es ist der Raum deiner Mutter.
Aber bevor du ihn betrittst,
drehst du dich noch einmal um.
Alle Männer deines Lebens haben die Köpfe
aus ihren Türöffnungen gestreckt:
Dein energischer Schritt hat sie neugierig gemacht.
Du schaust sie an.
Wendest dich ihnen ganz zu.
Und dann sagst du – laut –
und du schaust jeden an dabei.

Du sagst es und du beziehst das kleine Mädchen
auf deinem Arm dabei ein:

»Es tut mir sehr Leid!
Wir waren noch nicht bereit!«

»Mit unserer Seele waren wir noch
ganz bei unserem Vater.«

»Ohne es zu wissen,
habe ich euch allen unrecht getan.«

»Es tut mir Leid!«

»Meinen Teil dieses Unrechts
werde ich jetzt tragen!«

»Und weil ich das jetzt weiß,
trage ich euch nichts mehr nach!«

»Ich wünsche euch jetzt Frieden!«
(15 Sekunden)

Jetzt verneigst du dich leicht vor ihnen
und dann drehst du dich wieder um.

Du betrittst jetzt mit dem Kind auf dem Arm
den Raum deiner Mutter.
Sie wartet schon auf dich
und sie strahlt dich an.
Du stellst das kleine Kind auf die Erde
und du sagst laut:

»Liebe Mama (oder wie immer du sie damals genannt hast),
sehr lange habe ich dir schon
deine kleine Tochter vorenthalten.«

»Jetzt ist das vorbei.
Jetzt lasse ich sie bei dir!«

»Hier – bei dir – kann sie wachsen.«

»Hier kann sie eine Frau werden!«

»Bei dir kann sie es lernen!«

»Sie wollte so gern eine Prinzessin sein
– und ich auch!«

»Jetzt – mit deiner Hilfe – können wir das lassen.«

»Bitte zeige uns, was es heißt, eine Frau zu sein!«

Deine Mutter nimmt jetzt das kleine Kind auf den Arm,
lächelt dir zu und sagt:

»Es ist schön, dass ihr da seid.
Wir werden das schon machen.«

»Wir Frauen!«
(15 Sekunden)

Und dann sagt sie noch:

»Du wirst sehen,
wie schnell die Kleine wächst!«

Und mit dem Versprechen,
dass du bald wieder vorbeischauen wirst,
lässt du dein kleines Kind jetzt
in der Obhut deiner Mutter,
lächelst den beiden noch einmal zu
und kehrst dann zurück zu deinem Atem.

Teil 4

Und dann verschwinden die Bilder wieder.
Die Bilder ziehen sich zurück
und dein Atem begrüßt dich wieder
wie einen alten Vertrauten.
Er weiß schon von ganz allein,
wie er dich wieder in die Welt des Tages zurückbringen kann.
Und das tut er jetzt.
Als Erstes macht er sich bemerkbar in deinen
Armen und Beinen.
Sie werden wieder frisch und beweglich.
Lebenskraft – vom Atem getragen –
kehrt wieder in deine Glieder zurück.
Und dann öffnest du deine Augen und blinzelst ein wenig.
Jetzt reckst und streckst du dich
und begrüßt deine Welt.
Eine Welt, in der du jetzt nicht mehr
Prinzessin sein musst.
Du bist jetzt wieder ganz im Hier und Jetzt,
bist wieder ganz WACH!

■ ■ ■

Nach deiner Seelenreise solltest jetzt nicht gleich im Text des Buches fortfahren. Nimm dir erst ein wenig frei!

Der »Geliebten« begegnen auf dieser Seelenreise fünf verschiedene emotionale Doppelgänger: Sie befindet sich auf einem langen Korridor und sieht durch die geöffneten Türen alle früheren Partner, mit denen die Beziehung auf die eine oder andere Weise auseinander gegangen ist. Das ist die erste Art der emotionalen Doppelgänger. Sodann geht sie zum Vater und muss dort die Energien, die bei ihm geblieben sind – in Form des kleinen Kindes, das sie einmal war und das immer noch auf seinem Schoß sitzt –, zurückholen. Der Vater ist der zweite Doppelgänger, das Kind der dritte. Durch die Augen des kleinen Mädchens sieht sie dann auch sich selbst, wie sie als heute erwachsene Frau an der Tür steht und die Szene betrachtet. Das ist der vierte Doppelgänger, denn selbstverständlich hat jeder Mensch in seinem Inneren auch einen Stellvertreter für sich selbst, so wie seine Gestalt sich heute darbietet.

Wenn die Frau bereit ist, das kleine Kind mitzunehmen, das heißt, wenn der Stellvertreter des Vaters bereit ist, es freizugeben, kann sie es nehmen und mit ihm den Rückweg antreten. Noch einmal durch den Gang der Partner, denen sie das Kind zeigt. Am Ende geht sie mit der Kleinen zu ihrer Mutter, in deren Obhut sie das Kind lässt. Denn nur bei der Mutter (als fünfter Doppelgänger) kann es wachsen und zur *Frau* werden. Und nur als Frau kann sie Partnerin für einen Mann werden, als Geliebte geht das nicht. Beim Vater konnte das Kind nur klein bleiben, indem es über Nacht zu groß wurde.

Der Leser wird nachvollziehen können, dass dieser innere Gang durch das Reich der fünf emotionalen Doppelgänger sinnvollerweise erst stattfinden sollte, wenn die früheren wichtigen Partner des Lebens bereits aufgesucht und annähernd befriedet sind. Die Frau, die diese Reise unternimmt, sollte also vorher das getan haben, was Christiane (auf Seite 67 ff.) mit ihren 14 Lebenspartnern uns vorgemacht hat.

Worauf ich hinauswill – und ich schon angedeutet habe –, ist Folgendes:

Man kann als Frau sowohl eine Insolvenz-Partnerschaft in seinem Inneren tragen als auch eine Parentifizierungs-Partnerschaft. Ja, die Parentifizierungs-Partnerschaft, die zeitlich viel früher beginnt, zieht in den weitaus meisten Fällen die Insolvenz-Partnerschaft nach sich. Denn wenn ich als Frau innerlich beim Vater stehe, ist mir kein Mann genug, für ihn den Vater (ernsthaft) zu verlassen.

In unserer Art der Seelenarbeit ist es hilfreich, wenn man auf der späteren Ebene des Gegenwartssystems beginnt (erst die früheren Partner beachtet) und sodann auf die tieferen Etagen (!) des Herkunftssystems hinabsteigt.

Wer als Leserin jetzt die Seelenreise »Ich bin eine ›Geliebte‹« gemacht hat (ohne vorher zu den einzelnen Partnern gegangen zu sein), muss sich freilich nicht grämen. Sie war nicht umsonst. Aber man sollte wissen, dass auch die insolventen Männer noch auf den einen oder anderen Besuch warten, damit sie (in der Seele der Leserin) ihre Ruhe finden.

Das Gleiche gilt natürlich für die *Männer*, für die jetzt deren Seelenreise folgt. Auch sie können (wenn das noch nicht erfolgt ist) nach der folgenden Reise später noch ihren Abstieg zu den jeweiligen Partnerinnen unternehmen.

Seelenreise:
Ich bin der Liebling der Frauen

Vorbemerkung:

Diese Seelenreise befindet sich in einem Dilemma, das folgendermaßen aussieht: Männer, auf die dieses Thema zutrifft, die also »Frauenlieblinge« sind, wissen das nicht. Das heißt, sie halten sich nicht für solche. Sie haben ja bereits – wie sie glauben – ihre Fähigkeit für eine feste Beziehung in einer Ehe (oder gar in mehreren) unter Beweis gestellt.

Frauen wiederum, die mit einem derartigen Mann liiert sind, wissen oft sofort, wovon diese Reise handelt und dass ihr momentaner Beziehungspartner zu diesem Personenkreis gehört. Es könnte sein, dass sie jetzt triumphierend ihren Partner anschauen und sagen: »Genau! Das bist du!« Und es kann sein, dass sie ihn drängen, auf jeden Fall diese »Reise« zu machen. – Damit fallen sie automatisch in die Nähe jener Mütter (von denen diese Reise handelt), die ihrem Sohn einen Auftrag gaben.

Wie man aus diesem Dilemma herausfindet?

Nun: Diesen Frauen würde es helfen, wenn sie selbst zuvor die Seelenreise »Ich bin eine ›Geliebte‹« machen. Denn es gibt eine hohe Wahrscheinlichkeit, dass eine Frau, die mit einem »Frauenliebling« in einer Beziehung ist, selbst ein Treuethema (gegenüber ihrem Vater) hat. Und dass sie erst dieses Thema lösen sollte, bevor sie bei ihrem Partner eine Lösung von der Mutter herbeizuzwingen bestrebt sein darf.

Teil 1

Eine starke Frau hat einmal gesagt:
»Die wirklich interessanten Männer
sind entweder schwul oder in festen Händen.«
Aber das ist, bei Licht besehen, nicht ganz richtig.
Denn es gibt eine Art von interessanten Männern,
– und es sind meist die sehr attraktiven –,
die sind nicht schwul und sie sind
– im eigentlichen Sinne –
nie in festen Händen!
Doch, natürlich, manchmal sind sie
für ein paar Monate (mitunter auch Jahre)
in einer Beziehung oder gar in einer Ehe.
Doch das hält nicht lange.
Mitunter sind sie sogar seit zehn Jahren
verheiratet und trotzdem sind sie nicht
in einer festen Beziehung.
Denn spätestens nach sieben Ehejahren
(die meisten sehr viel früher) haben sie
die Beziehung (oder Ehe) bereits verlassen.
Auch wenn es von außen so aussieht,
als seien sie noch mitten darinnen.
Sie haben dann eine heimliche
(oder gar nicht so heimliche) Geliebte
und haben ihre Partnerin schon einige Male betrogen,
und das Feste ist etwas sehr Flüssiges geworden.
Und früher oder später sind sie wieder auf dem Markt.
Und die meisten bleiben dort
– mit kurzen Unterbrechungen –
ihr Leben lang.

Und als Frau kann man derartige Männer
– wenn man das will – relativ leicht erkennen,
denn es gibt zwei Merkmale,
die sie auszeichnen.
Das eine: Ihr Aussehen ist sehr attraktiv, ja männlich,
und sie sind für Frauen von einer enormen Anziehungskraft.
Und das andere: Sie haben – Frauen gegenüber –
ein geradezu unverschämtes Selbstbewusstsein.
Nie kämen sie auf den Gedanken,
Frauen – wie man heute sagt – »anzumachen«.
Sie haben das gar nicht nötig.
Weder arbeiten sie mit Tricks
noch mit Verführungskünsten
– sie sind einfach sie selbst.
Und das reicht.
Um es einmal in einem Bild zu sagen:
Sie sondern einen Duftstoff ab,
der auf Frauen unwiderstehlich wirkt.
Und auf der Flasche dieses Herrenduftes
steht das englische Wort »Knight«.
(Nein, nicht »Night« – »die Nacht«,
sondern »Knight« – »der Ritter«.)
Ja, es sind in der Tat sehr ritterliche Persönlichkeiten.
Nein, es sind keine Machos!
Sie sind, so erscheint es den Frauen oft
(für eine längere Zeit zumindest),
tatsächlich ohne »Fehl und Tadel«.
Weder müssen sie mit ihrer Kraft protzen
noch mit ihrem Autoschlüssel
und auch für den Fußball
haben sie kaum etwas übrig!
Und das Spiel des Vergleichens der Länge von Penissen
haben sie bereits in ihrer Jugend nicht mitgespielt.
Was also macht sie so unverschämt selbstsicher
und damit (für Frauen) so begehrenswert?
Und für Männer so beneidenswert?

Warum spielen sie das normale männliche Spiel,
die Jagd nach attraktiven weiblichen Wesen, nicht mit?
Warum haben sie es nicht nötig?

Bevor wir versuchen wollen,
in die Nähe einer Antwort zu kommen,
und bevor wir diesem beschriebenen Männertypus
ein Unrecht antun,
schauen wir erst einmal durch seine Augen.
Auch diese Männer bedauern ihren eigenen Weg zutiefst.
Auch sie wünschen sich, dass endlich jene Frau käme,
bei der sie bleiben könnten.
Auch sie leiden darunter,
dass eine jede Beziehung oder Ehe
früher oder später zu Ende geht.
Ja, sie empfinden oft sogar ein tiefes Mitgefühl
ihren Partnerinnen gegenüber,
wenn die Beziehung sich wieder löst.
Und doch können sie daran nichts ändern:
Es löst sich halt.
Scheinbar ohne ihr Dazutun.
Und sie ahnen nicht,
dass sie sich hier in einem Spiel befinden,
dass so alt ist wie die aufgeschriebene Geschichte.
Wolfram von Eschenbach hat diese Geschichte
in seinem Versepos *Parzival*
für unsere abendländische Kultur
im Jahre 1200 noch einmal niedergeschrieben
und damit erneuert:
Parzival zieht in die Welt
und er ist ein ritterlicher Held.
Er ist ein wirklich edler Kavalier
und er trifft auf seinem Weg viele Frauen
– doch bei keiner kann er bleiben.
Denn im Hintergrund seiner Reise,
Eschenbach erzählt es sehr genau,

steht eine Gestalt, die er nie verlässt: seine Mutter.
Und deren Regeln,
die sie ihm mit auf den Weg gegeben hat,
von ihm lange, lange Jahre getreulich befolgt werden.
Sie ist die Figur, die aus dem Hintergrund
sein Leben gestaltet.
Ja, diese alte Geschichte wirkt bis auf den heutigen Tag!
Herzeloyde, Parzivals Mutter, wollte auf keinen Fall,
dass ihr Sohn so wird wie sein Vater: ein Mann.
Sie will, dass er bei ihr bleibt, bei seiner Mutter.
Dass er ihr – nach dem Tod des Vaters – zur Seite steht.
Und das »Leid ihres Herzens«,
denn das ist ihr Name »Herzeloyde«,
mit ihr trägt.
Aber da sie seinen Auszug – hinaus in die Welt –
nicht verhindern kann,
gibt sie ihm wenigstens ihre Aufträge mit auf den Weg.
(Damit das Band zwischen ihr und ihm nicht zerreißt.)
Und einer der Aufträge
– und zwar nicht einmal der wichtigste –
lautet:
»Kannst du von einer edlen Frau
Ring und freundlichen Gruß erringen,
so greife zu,
denn es vertreibt alle trüben Gedanken.
Zögere nicht lange beim Küssen
und schließe sie fest in die Arme.
Wenn sie keusch und rechtschaffen sind,
erlangst du Glück und edle Sinne.«
Ja, unser Ritter sucht das Keusche und das Edle,
wie es seine Mutter ihm geboten.
Aber unter all den Aufträgen liegt die Not der Mutter,
die er nicht lindern kann,
und Parzival kennt diese Not.
Sie lässt sich zusammenziehen
zu dem Aufschrei und dem Auftrag,

der unterschwellig von der Mutter
ebenfalls erteilt wird.
Er lautet:
»Mein Sohn, du darfst nicht werden wie dein Vater!
Und vor allem: Du darfst mich,
deine Mutter, nie verlassen!«

Und auch 800 Jahre nach Eschenbach
führen Söhne diesen Auftrag
weiterhin getreulich durch.
Und wissen es nicht!

Ja, auch heute reiten ritterliche Söhne durch die Welt,
suchen edle und keusche Frauen,
die ihnen ihre »trüben Gedanken« vertreiben dürfen,
doch auch sie bleiben ihrem mütterlichen Auftrag treu:
Sie haben ihre Not leidenden Mütter nie verlassen!
Und sie gehen deshalb nicht in eine feste Beziehung,
weil sie längst in einer festen Bindung sind
– ohne es zu wissen.
Und sie behandeln Frauen tatsächlich
ritterlich und mit großem Edelmut, so lange,
bis sie weiterreiten müssen.

Denn der Auftrag der Mütter lautet auch:
»Reite durch die Welt, mein Junge,
lerne von weisen, alten Männern,
liebe die Frauen,
räche dich für alles, was man uns angetan hat.
Und dann kehre nach Hause zurück!
Zu deiner Mutter.«
(Alles Aufträge, die Parzival hatte.)

Parzivals Mutter stirbt,
sofort nachdem er losgeritten ist,
an ihrem Kummer – dass sie es nicht verhindern konnte.

Und doch – er weiß es nicht – erfüllt er alle ihre Aufträge.
Auch dieses Bild hilft uns sehr deutlich weiter:
Denn auch bei unseren heutigen ritterlichen Helden
werden diese Aufträge nicht etwa
mit dem Tode der Mütter hinfällig.
Nein, an ihnen wird dann
nur umso getreulicher festgehalten.

Teil 2 und 3

Und jetzt wendest du dich wieder deinem Atem zu.
Ganz bewusst und voller Vertrauen
gibst du dich wieder diesem Seelenführer hin.
Lässt dich von ihm leiten,
und wieder darf er vorausgehen.
Und diesmal führt dich der Atem
durch ganz besondere
Landschaften deines Lebens.
Es sind die Landschaften deiner Beziehungen.
Und während du jetzt weiteratmest,
wird etwas Eigenartiges
mit dir und in deinem Körper vor sich gehen.
Du atmest tief ein und tief aus.
Und du verwandelst dich
– mit deinem Atem –
in einen stolzen Ritter – auf seinem Pferd.
Ja, du ziehst durch die Welt
und du bist stark!
Und es ist nicht etwa so, dass du
in einer stählernen Rüstung daherreitest.
Nein, die Rüstung legst du nur an,
wenn es zum Kampf geht.
Deine Rüstung und deine Waffen
liegen wohl verpackt in einem Bündel
hinten auf deinem Pferd.

Du trägst ein stolzes Gewand
und du reitest guten Mutes durch dein Leben.
Und die schönen und edlen Frauen deines Lebens
werden gleich als Stationen
an deinem Wegesrand erscheinen.
Du reitest also durch die Welt
der Beziehungen deines Lebens.
Und während du weiteratmest
– tief ein und aus –,
wird am Wegesrand bald jenes Haus erscheinen,
in dem du einen großen Teil
der ersten Beziehung deines Lebens verbracht hast.
Und die Frau oder das Mädchen,
das damals dazugehört hat,
wird sich ebenfalls vor diesem Haus zeigen.
Und wenn deine erste Beziehungspartnerin
»Veronika« geheißen haben mag,
so wird gleich
– durch deinen Atem herbeigeholt –
diese Veronika vor oder neben dem Haus auftauchen.
Störe dich nicht daran, dass du damals
nicht mit einem Pferd, sondern vielleicht
mit einem Opel Kadett vorgeritten bist.
Das sind Äußerlichkeiten,
heute reitest du mit deinem Pferd zu diesem Haus.
Und du atmest jetzt deine erste
Beziehungspartnerin herbei.
(20 Sekunden)
Und oft ist es so, dass ein Ritter
nicht nur als ein starker Mann auftaucht,
oft ist es so, dass er die Frau,
der er begegnet, auch auf die eine
oder andere Weise errettet.
Denn das gehört zu dem Beruf eines Ritters:
dass er die Frau aus einer als unerträglich
empfundenen Situation auch tatsächlich befreit.

Manchmal befreit er sie aus einem ärmlichen Elternhaus,
manchmal aus einer bedrückenden Ehe.
Was es auch sei.
Du schaust dir an,
ob auch du deine erste Partnerin
in einer gewissen Weise errettet hast.
Und wenn dem so ist,
woraus du sie errettet hast.
(20 Sekunden)
Und dann – nach einiger Zeit –
vielleicht nach Monaten, vielleicht nach Jahren,
nachdem du sie zu der Deinen gemacht hast,
nachdem du sie vielleicht gerettet hast,
fasst dich ein unwiderstehliches Verlangen:
Du musst weiterziehen!
Du musst wieder in die Welt!
Du weißt, du wirst ihr wehtun damit.
Aber dein Pferd und deine Rüstung rufen dich.
Und du schaust dir jetzt an,
wie dieser schmerzhafte Abschied sich gestaltet.
(20 Sekunden)
Und jetzt bist du wieder in der Welt der Abenteuer.
Du bist wieder frei.
Doch du weißt schon:
Eine neue Schöne und Edle
wartet schon darauf, von dir und
deinem strahlenden Rittertum ergriffen zu werden.
Und vielleicht sogar: errettet zu werden.
Du hast jetzt wieder genügend Zeit,
deine nächste Partnerschaft zu betrachten.
Und zwar hintereinander:
Anfang, Mitte und Ende.
Atme und schau dir deine zweite Beziehung an!
(20 Sekunden)
Und auch hier gilt es wieder, Abschied zu nehmen.
Und auch hier tut es wieder weh!

Ihr und dir.
(10 Sekunden)
Und wieder besteigst du dein edles Pferd
und wieder reitest du in die Welt.
Es kann sein, dass es noch einige
weitere derartige Wegstrecken
und Häuser und Partnerschaften gibt.
Einige Unterbrechungen auf deinem
ritterlichen Weg durch die Welt.
Und es ist jetzt nicht mehr nötig,
dass du bei deinen Betrachtungen
– jetzt – jedes Mal absteigst.
Du kannst langsam an diesen Häusern
und an diesen Beziehungspartnern
vorbeireiten. Langsam!
Und die jeweiligen Partnerinnen
stehen vor dem Haus
und schauen dich einfach nur an
– während du langsam vorbeiziehst.
Reite also jetzt langsam
an den Orten und Menschen
deiner weiteren Beziehungen vorbei.
(30 Sekunden)
Und dann kommst du zu deiner
jetzigen Beziehung
oder – wenn du gerade keine hast –
zu deiner letzten Beziehung.
Hier reitest du nicht vorbei.
Du hältst dein Pferd an.
Aber du steigst nicht ab.
Und wenn du deine heutige Beziehung vor Augen hast,
dann kannst du genau sehen,
ob sie sich noch am Anfang befindet,
ob sie den Zenit schon überschritten hat,
oder ob du – in Gedanken oder auch real –
dein Pferd bereits wieder sattelst.

Du schaust deine heutige Partnerin nur an!
Und du kannst alles sehen!
(20 Sekunden)
Du schaust sie lange an.
Und dann wird es dunkel ringsumher.
Deine Partnerin verblasst
und Dunkelheit macht sich breit – tiefe Dunkelheit.
Und du sitzt immer noch auf deinem Pferd.
Du bist immer noch ein stolzer Ritter,
ein stolzer Ritter, der den Frauen das Heil bringen könnte.
Aber es ist niemand mehr da.
Nur noch Dunkelheit.
(10 Sekunden)
Und dann steigst du von deinem Pferd ab.
Und du gehst zu Fuß weiter,
dein Pferd am Zügel hinter dir her führend.
Hinein in die Dunkelheit.
Und dann – noch sehr weit vor dir –
siehst du ein leises Licht.
Als wäre es ein Theaterspot
und der Scheinwerfer beleuchtet eine Szene
– holt sie damit aus der Dunkelheit heraus.
Und du gehst näher,
gehst mit deinem Atem näher.
Und je mehr du dich näherst,
desto mehr Konturen kannst du erkennen.
Inmitten des sanften Lichterkegels siehst du eine Szene:
eine Mutter und ihr kleiner Junge.
Und die Mutter – das siehst du sehr deutlich –
die Mutter leidet.
Es geht ihr in ihrem Leben sehr schlecht,
sie ist gebeugt von Kummer.
Auch sie heißt Herzeloyde, denn ihr Herz leidet.
Und ihr Junge, das kleine Kind, leidet noch mehr.
Er leidet, weil die Mutter so leidet.
Tränen laufen in dicken Bächen seine Wangen herab.

Und immer wieder stammelt das Kind
unter Schluchzen:

»Mama!«

»Meine liebe Mama!«

Und du siehst, es versucht ihr zu helfen.
Es versucht sie zu trösten.
Hilflos und unbeholfen
versucht es ihre Wangen zu streicheln.
Sie möge doch aufhören zu leiden.
Sie möge doch bitte aufhören zu leiden!
(20 Sekunden)
Und dann, in seiner größten Not,
sagt der kleine Junge die Sätze;
und du, der große Ritter, der die Szene beobachtet,
bewegst deine Lippen ebenfalls zu den Worten des Kindes,
denn du kennst die Worte längst.
Der Kleine sagt:

»Mama!
Ich werde dich nie verlassen!«
(10 Sekunden)

»Ich werde immer bei dir bleiben!«
(10 Sekunden)

Immer wieder sagt der kleine Junge diese Sätze.
Und du hast längst erkannt,
dass du der kleine Junge bist
und die Frau deine Mutter.
Und dass du vor vielen Jahren diese Sätze selbst
– sei es laut, sei es sehr leise – gesprochen hast.
(10 Sekunden)
Ja, du wolltest deine Mutter retten,

du wolltest ihr helfen.
Dass sie nicht mehr leiden muss.
Und du hast dich ihr versprochen!
Und noch etwas begreifst du:
Als der kleine Junge den Satz gesprochen hat:
»Ich werde dich nie verlassen!«,
da hat er das getan mit einem Seitenblick
auf eine Gestalt, die am Rande des
Scheinwerferkegels steht.
Und diese Gestalt ist der Vater.
Und es erscheint dem kleinen Jungen so,
als hätte der Vater die Mutter verlassen.
Und als wäre er die Quelle ihres Leidens!
Aber das ist – heute kannst du es selbst sehen –
nicht wahr.
Deine Mutter trägt ihr Leiden in sich.
Schon seit langer Zeit.
Schon länger, als sie deinen Vater kennt.
Und bereits ihr Mann, dein Vater,
hat ihr nicht helfen können.
Er steht hilflos – mit hängenden Schultern – im Schatten.
Niemand kann ihr helfen!
Und der kleine Junge schon gar nicht!
Aber das kann der kleine Junge nicht sehen.
Er sieht nur das Leid der Mutter.
Und er sieht seine Liebe zur Mutter.
Und wie gern er alles dafür geben würde,
dass sie nicht mehr so leiden muss.
(10 Sekunden)
Und jetzt hast du genug gesehen!
Jetzt ist es Zeit, dass du eintrittst
in den Lichtkreis des Scheinwerfers.
Du nimmst die Zügel deines Pferdes
und du trittst ein in die Sichtbarkeit.
Und die anderen können dich ein erstes Mal wahrnehmen.
Deine Mutter schaut auf und der kleine Junge,

der du selbst vor vielen Jahren einmal warst,
schaut ebenfalls auf.
Und auch die Schultern deines Vaters
erheben sich etwas.
Und du schaust deine Mutter an
und dann sagst du die Worte
– du sagst die Worte laut:

»Liebe Mutter!
(oder Mama oder Mutti
– so wie du sie damals angesprochen hast)
Ich habe jetzt viele Jahre
und Jahrzehnte dir die Treue gehalten.«

»Ich habe mein Versprechen bis heute gehalten.«

»Ich habe dich nie verlassen!«

»Und ich habe – aus Treue zu dir –
alle Frauen, die in meinem Leben wichtig waren,
früher oder später verlassen.«

»Ich habe sie deinetwegen verlassen.«

»Nein, ich mache dir keine Vorwürfe,
ich habe es ja selbst getan!«

»Denn tief in mir habe ich geglaubt,
ich könne dir damit helfen.«

»Heute muss ich erkennen,
dass das nicht möglich ist.«

»Und das macht mich traurig.«

»Aber in meiner Traurigkeit sehe ich auch:
Ich kann dir nicht helfen!«
(10 Sekunden)

»Ja, Mutter, das ist die traurige Wahrheit:
Ich kann dir nicht helfen!«

»Es tut mir so Leid!«
(10 Sekunden)

»Die Wahrheit ist:
Ich bin nicht dein Retter,
ich bin nicht dein Ritter,
ich bin nur dein Kind!«
(10 Sekunden)

»Heute bin ich gekommen,
weil ich dir etwas zurückgeben möchte.«

Und dann nimmst du dein Pferd
und führst es vor deine Mutter.
Du nimmst deine Rüstung vom Rücken des Pferdes
und legst sie vor deine Mutter auf die Erde.
Und das machst du auch mit deiner Lanze
und mit deinen anderen Waffen.
Und wieder sagst du – laut:

»Als ich damals ging,
nahm ich eine Rüstung, Waffen
und ein edles Pferd mit.«

»Und ich wollte dein Ritter sein.
Dein starker Held!«

»Und so war ich lange Jahre und Jahrzehnte
ein stolzer Ritter.«

»Und an meiner Lanze
trug ich dein Tuch!«

»Heute lege ich das alles vor dir ab.
Ich brauche es nicht mehr.«

»Ich will kein edler Ritter mehr sein.«

»Und ich will nicht mehr auf
einem hohen Ross sitzen.«

»Ich will nur noch ein Mann sein
und das tun, was Männer heute tun!«

»Du wirst immer meine Mutter sein und bleiben.«

»Und dein Schicksal und dein Leiden tun mir Leid.«

»Aber ich kann es nicht ändern.«

»Ich bin nicht dein Retter,
ich bin nur dein Sohn!«

Und dann beugst du dich hinunter auf die Erde
zu dem kleinen Kind und du nimmst es auf deine Arme.
(10 Sekunden)
Und wenn du mit deinem Vornamen
Joachim heißt, dann sagst du:

»Und den kleinen Joachim
nehme ich jetzt an mich!«

»Er kann an deinem Leid nicht wachsen.«

»Seine Tränen und seine Liebe zu dir
halten ihn klein und halten ihn fest.«

»Hier ist nicht der richtige Platz für ihn!«

»Er gehört zu den Männern,
damit er lernen kann,
ein Mann zu werden.«

»Bitte, sei freundlich,
wenn ich ihn zu einem guten Platz bringe.«

Und dann nimmst du das kleine Kind
und trägst es hinüber zu deinem Vater.
Du schaust deinen Vater an und du sagst – wieder laut:

»Lieber Vater!
Jahrzehntelang habe ich dir die Schuld gegeben
für das Unglück meiner Mutter!«

»Heute weiß ich: Das war ein Unrecht.
Und heute tut es mir Leid.«

»Ja, ich habe mich über dich erhoben.«

»Ich wollte edler und besser sein als du!«

»Und ich habe dich
– als meinen Vater –
damit verstoßen.«

»Heute weiß ich es besser:
Du bist mein Vater.«

»Und von dir bekomme ich meine Kraft!«

»Und erst mit dir im Rücken
darf ich zu den Männern gehen!«

Und dann stellst du dich mit dem Rücken
vor deinen Vater.
Und dein Vater legt seine Hände
ruhig auf deine Schultern.
Und dein kleines Kind stellt
sich jetzt mit dem Rücken vor dich.
Und du legst deine Hände auf seine Schultern.
Und während du das tust,
merkst du, dass dein Vater hinter dir
auf ein Mal sehr viel größer ist als du.
Und du ihm höchstens bis zur Hüfte gehst.
Genauso wie das kleine Kind vor dir
dir nur bis zu den Hüften geht.
Und fast erscheint es dir,
als ob auch dein Großvater,
der Vater deines Vaters, hinter ihm steht
und ihm die Hände auf die Schultern legt.
Und auch er ist größer als dein Vater.
Und so steht ihr alle da.
Eine Weile.
Und die Kraft des Männlichen
in eurer Familie darf endlich
zwischen euch strömen.
Und fließen.
Und durch die Generationen hindurch
ihren Weg ungestört von oben nach unten nehmen.
(10 Sekunden)
Und dann – zum Abschluss –
drehst du dein kleines Kind um zu dir
und du sagst, du sagst es wieder laut, zu ihm:

»Lieber Joachim (oder wie immer du heißt),
ich werde jetzt gehen.«

»Und ich werde dich eine ganze Weile
bei deinem Vater lassen.«

»Hier kannst du wachsen!«

»Nur hier!«

»Hier ist dein Platz!«

*»Und ich werde immer wiederkommen
und mich zu euch beiden stellen.«*

*»So lange, bis dein Körper groß geworden ist.
So groß wie meiner.«*

*»Und du und ich – wir beide –
eins geworden sind.«*

*»Ich weiß, dass mein Vater
jetzt über uns beide wachen wird.«*

*Und jetzt trittst du einen Schritt zurück.
Und du schaust jetzt deinen Vater
und dein kleines Kind an.
Was siehst du?*
(10 Sekunden)
*Und jetzt wendest du dich wieder ab.
Du gehst deinen Weg in die Welt des Tages zurück.*

Teil 4

*Du schließt deine inneren Augen.
Und es wird wieder dunkel.
Dein Vater, deine Mutter, dein kleines Kind
ziehen sich wieder in das Innere deiner Seele zurück.
Und du wendest dich wieder
deinem Atem zu.
Tief ein und tief aus,*

atmest du dich in deinen Körper zurück.
Deine Aufmerksamkeit wendet
sich wieder auf deine Glieder.
Du hast eine lange Reise nach innen unternommen,
jetzt reist du wieder nach außen zurück.
Mit deinem Atem fühlst du wieder deinen Körper.
Belebst ihn mit dem Atem.
Füllst ihn mit lebendigen Energien.
Spürst, wie deine Beweglichkeit in deine Glieder zurückkehrt.
Und jetzt reckst du sie, erst vorsichtig, dann kräftig.
Nach fünf tiefen Atemzügen
bist du dann wieder ganz WACH!

■ ■ ■

Nach dieser Seelenreise solltest du jetzt nicht gleich im Text des Buches fortfahren. Nimm dir erst ein wenig frei!

Es mag sein, dass der Leser das Parzival-Motiv im Inneren derartiger (parentifizierter) Männer für überdramatisiert hält und das Versprechen des Kindes, immer bei der Mutter zu bleiben, für eine kindliche Sache, die sich späterhin verliert – so wie der Wunsch eines kleinen Jungen (meiner Generation!), Lokomotivführer zu werden, sich ebenfalls mit dem Alter verloren hat. Wir wollen uns deshalb ein Beispiel aus einer Therapiesitzung anschauen, in der diese Thematik (aus dem Hintergrund auftauchend) wieder lebendig wird und in dem gleichermaßen der Bezug zum Heute sich herstellt. Es handelt sich dabei um das Protokoll der Therapiesitzung eines 44-jährigen Mannes:

Im Laufe des Gespräches (bevor die eigentliche Sitzung begann) *stellt sich heraus, dass im Zusammenhang mit dem Thema »Mutter« etwas zu fehlen scheint. Irgendein Aspekt ist bislang nicht genügend erinnert und damit gewürdigt worden. Es muss ein wesentlicher Aspekt sein.*
Erneut lasse ich mich von meinem Atem nach »Innen« führen. Er führt mich zu einer markanten Szene, welche einen speziellen

*Aspekt in der Beziehung zu meiner Mutter beleuchtet. Von Anfang
an weiß ich, wohin es geht, aber ich will es nicht wahrhaben. Ich
will nicht dorthin gehen. Vielleicht ist es mir peinlich, mich an diese
Stelle zu erinnern. Ich schaue mir andere Szenen an und will in an-*
dere Szenen fliehen (sagt die Kraft des Vordergrundes). *Aber der
Atem bringt mich zielgerichtet in mein Elternhaus – in mein Zimmer unter dem Dach* (der Atem, wenn ich mich richtig auf ihn ein-
lasse, bringt mich immer in den Hintergrund!). *Ich liege im Bett,
um einzuschlafen. Ich warte noch auf meine Mutter, die mir »Gute
Nacht« sagen will. Sie hat versprochen, mich vor dem Einschlafen
nochmals unter dem Dach aufzusuchen. Sie öffnet die Tür. Da steht
sie: mit großen Brüsten – ohne BH. Sie hat nur eine Art T-Shirt an.
Die Nippel zeichnen sich deutlich ab. Ihr Ausschnitt lässt ihre riesigen Brüste deutlich erkennen. Sie beugt sich über mich, um mir
einen Gute-Nacht-Kuss zu geben. Ich sehe nur noch ihre riesigen
Brüste vor mir baumeln. Ich ziehe meine Mutter zu mir herunter.
Sie beugt sich wieder nach oben, verabschiedet sich und geht.*

*Immer wieder sehe ich diese Szene. Ihre riesigen Brüste, die hin
und her schaukeln. Was will sie mir sagen? Was will sie von mir?
Sicherlich nicht mit mir schlafen! Aber was will sie? Ich muss mich
in sie hineinversetzen. Ich schlüpfe in sie hinein.* (Retro-Intervention)

*Wie fühlt sie sich? Wie empfindet sie ihre Situation? Ihr Leben?
Zunächst schaue ich mir das Verhältnis zum Mann* (also zum Vater)
*an. Er ist schon älter, arbeitet viel, sorgt für die Familie. Sexuell
läuft nicht viel. Er ist kaum sexuell aktiv. Auch Zuneigung und Für-
sorge lassen zu wünschen übrig. Sie ist isoliert. Sie fühlt sich völlig
einsam. Keiner ist für sie da. Sie ist völlig allein, von engen Bin-
dungen abgeschnitten. Da sind nur ihre beiden Kinder, um die sie
sich kümmert, denen sie alles gibt* (er meint sich selbst und seine
Schwester), *ihre ganze Zuneigung, die ihr aber nicht das geben
können, was sie als Frau braucht. Lange Zeit verbringe ich in ihrer
Rolle, schaue mir ihre Einsamkeit, ihre Verzweiflung, ihre Hilf-
losigkeit an. Dann bin ich wieder der Rainer* (sein – hier geänder-
ter – Name). *Ich finde mich im Bett wieder – bin so 14 bis 16 Jahre
alt. Was sagt mir diese Geste, dieses Sich-über-mich-Beugen? Ja,*

so muss es sein: Verlass mich nicht! Verlass du mich nicht!! Bleibe immer bei mir. Du darfst mich nie verlassen. Ihre Botschaft, ihre Forderung wird immer deutlicher. Und wie antworte ich? Ich will immer bei dir bleiben.

ICH WERDE DICH NIE VERLASSEN!

Das muss ich ihr schon oft gesagt haben. Von Kindheit an. Immer wieder. Ich werde dich nie verlassen.

Jetzt kann ich auch erkennen, dass ich dies immer wieder den Frauen versprochen habe, die ich in meinem Leben kennen gelernt habe. Den Freundinnen, meiner Frau und natürlich auch B (eine Geliebte, die er neben seiner Ehefrau zum Zeitpunkt der Sitzung hatte), *wobei dieses Versprechen bei den Frauen wohl immer gut angekommen ist. Das haben sie gerne gehört und natürlich auch geglaubt. Ich konnte und kann es ihnen glaubhaft vermitteln. Aber: Im Prinzip habe ich es immer wieder zu meiner Mutter gesagt – nicht zu den Frauen.*

Wenn das wirklich so ist, habe ich ein riesiges Problem. Denn irgendwie ist es nicht in Ordnung, immer wieder bei der Mutter zu bleiben. Sie nie zu verlassen. Wie kann ich mich von ihr lösen?

Der Patient wusste bereits, dass es hier nur um sein Inneres ging, die Sitzung fand 1995 statt und seine Mutter war 1989 gestorben.

■ ■ ■

Was also ist – zusammengefasst – die Lösung für derartige Parentifizierungen?

Die Antwort ist relativ einfach, wenn sie auch nicht einfach zu bewerkstelligen und für das Kind (und späteren Erwachsenen) mit ziemlich hohen Kosten verbunden ist.

Eine Lösung kann nur erfolgen, wenn das *Kind* bereit ist, der Mutter die Würde ihres Amtes (Mutterschaft ist eine Art Amt) als Mutter zurückzugeben und dem Vater die Würde seines Amtes (Vaterschaft ist ebenfalls eine Art Amt) als Vater zurückzugeben, und wenn das Kind bereit ist, in seine Kindschaft zurückzukehren.

Was, wenn der Leser jetzt einwendet: Aber das Kind sei doch schon erwachsen, wie kann es in den Status des Kindes zurückfinden? Gerät dann nicht etwas durcheinander?

Nein, auch wenn es paradox klingt: Der heutige Erwachsene kann im eigentlichen Sinne keine Änderung herbeiführen. Nur wenn es ihm gelingt, zum (Bild des) inneren Kind(es) – also zu seinem eigenen emotionalen Doppelgänger – noch einmal zurückzukehren, kann der heutige Große zuschauen, wie für den damals Kleinen eine neue Entscheidungsmöglichkeit sich auftut. Das Kind von damals kann (im Inneren) heute an einen Scheideweg geführt werden – und sich führen lassen.

Aber: Es muss die neue Entscheidung – »Du bist die Mutter und ich bin das Kind« oder »Du bist der Vater und ich bin das Kind« – heute ein erstes Mal treffen.

Der Therapeut kann es an die Entscheidung heranführen, aber er kann die Entscheidung nicht herbeizwingen. Das Kind muss sich – in der Situation – selbst entscheiden. Freilich stehen diesem Kind heute auch die Kenntnisse und Erfahrungen des Erwachsenen zur Verfügung, der in seinem Leben und in seinen Partnerschaften genau an dieser Klippe so oft gescheitert ist.

Allerdings reicht es nicht, nur jenen Elternteil aufzusuchen, dem zuliebe ich zum Großen – zum Größeren, zum Beschützer etc. geworden bin. Das ist nämlich nur eine Fahrbahn des *neuen* Weges, wenn ich am Scheideweg diesmal neu abgebogen bin. Die zweite Fahrbahn des Weges muss dazu führen, dass jener ausgeschlossene Elternteil aufgesucht wird, den ich für das Elend des anderen verantwortlich mache (oder der vielleicht gar nicht mehr da war und an dessen Verlust der andere gelitten hat). Nur bei diesem Elternteil kann ich erwachsen werden – und damit dann auch (nach einiger Zeit) endlich ein Partner.

Wenn ich also als Tochter mit dem Vater in einer (auf Verwechslung und Parentifizierung basierenden) nicht angemessenen Liebe verbunden bin, dann muss ich in einem ersten Schritt auf den Vater als Liebhaber verzichten, ihn wieder als

Vater anerkennen (erste Fahrbahn) *und* mich dann zur Mutter stellen (zweite Fahrbahn) und die Mutter ebenfalls wieder als das einsetzen, was sie ist: meine Mutter.

Und wenn ich als Sohn mit der Mutter in einer (auf Verwechslung und Parentifizierung basierenden) nicht angemessenen Liebe verbunden bin, dann muss ich in einem ersten Schritt auf die Mutter als deren Liebhaber verzichten, sie wieder als Mutter anerkennen (erste Fahrbahn) *und* mich dann zum Vater stellen (zweite Fahrbahn) und den Vater ebenfalls wieder als das einsetzen, was er ist: mein Vater.

Doch, wie schon gesagt, der Preis für dieses Zurückgehen ist sehr hoch – und für manche ist er zu hoch. In diesem Moment findet nämlich eine Reduzierung von Größe statt. Nein, nicht dadurch, dass man wieder Kind wird, das geschieht nur vorübergehend innerlich. Man bleibt erwachsen, aber indem man seine Eltern jetzt nicht mehr überragt, bringt man es auch nicht mehr fertig, auf seinen Partner herabzuschauen. Und nach einiger Zeit ist er auf einmal – ganz von allein – mit mir gleich groß. An dieser Stelle beginnt Partnerschaft: Der andere steht mit mir auf gleicher Augenhöhe.

Das macht jedem, der sein ganzes Leben lang in einer höheren Position sich befand, Angst. Vorher konnte ihm nichts passieren. Tief im Inneren wusste er, kein Partner kann ihm etwas anhaben, da er ja (viel tiefer und früher) sehr intensiv gebunden war.

Ich hatte viele Jahre lang einen immer wiederkehrenden Traum, den ich meinen Feuerzangenbowle-Traum nannte: Ich befand mich (wie Heinz Rühmann als Pfeiffer) in einer Abiturklasse und stand kurz vor den Klausuren. In Wahrheit aber war ich bereits älter, hatte mein Abitur schon in der Tasche und besuchte die Oberprima schon zum zweiten Mal (warum, weiß ich bis heute nicht).

Zwar schwitzte ich auch hier Blut und Wasser, aber im Hintergrund war klar, dass mir ja gar nichts passieren kann. Wenn ich dieses zweite Mal durchfallen würde, könnte ich immer noch sagen: Ich weiß gar nicht, was ihr alle wollt, hier ist ja mein (erstes) Abiturzeugnis!

Diese Sicherheit – man hat ja noch ein Abitur in der Tasche, sprich: seinen lieben Papa oder seine liebe Mama in petto – verliert man. Jetzt muss man sich selbst anstrengen und wenn man – in der Partnerschaft – durchfällt, hat man keinen Rückhalt mehr und es tut sehr viel mehr weh als früher. Freilich: Man fällt auch nicht mehr so oft durch.

Es ist jetzt wie Schwimmen ohne Schwimmflügel. Aber: Nur so lernt man die Ernsthaftigkeit dieses Elements.

Die Palliativ-
Kapitel 3 Partnerschaft

Das Wort »palliativ« (abgeleitet vom lateinischen pallium – der Mantel) wird heute hauptsächlich in der Medizin verwendet und meint hier, dass sich die Ärzte nicht mehr um eine Heilung (»curativ«) bemühen, sondern dass es beim Patienten nur noch um eine *Linderung seiner Leiden* geht. (Insbesondere bei Patienten, deren Krankheit unabwendbar zum Tod führt, ist die Palliativ-Medizin oft die einzige Art des Eingriffes.)

Wenn dieser Begriff hier im dritten Kapitel mit dem Thema der Partnerschaft in Verbindung gebracht wird, so muss sorgfältig darüber gewacht werden, dass sich keine Missverständnisse einnisten. Es ist nämlich damit nicht (oder nur in wenigen Ausnahmen) gemeint, dass der eine Partner den anderen in seinem Kranksein betreut und ihm seine Schmerzen lindern möchte (oder ihn nur als Partner wählt, weil er so aufopfernd gepflegt werden muss), sondern das Geschehen, das hier stattfindet, kommt – in der Regel – von weit her und vollzieht sich sehr viel tiefer im *eigenen* Hintergrund.

Und noch etwas verdient ganz am Anfang des Kapitels deutlich hervorgehoben zu werden:

Der Mensch, in dessen Inneren dieses Motiv – Leiden zu lindern – lebt, befindet sich ebenfalls in einem Parentifizierungs-Zustand, das heißt, er ist gleichzeitig *stehen gebliebenes Kind und Erwachsener*. Insofern ist die Palliativ-Partnerschaft ein tiefer greifender Sonderfall jener Form, die ich bereits im zweiten Kapitel beschrieben habe. Die Abweichungen sind freilich so groß, dass diese neue Form ein eigenes Kapitel rechtfertigt.

Auch in der Konsequenz auf die Partnerschaft gibt es Unterschiede. Treffen wir bei der Parentifizierungs-Partnerschaft auf Menschen, die oft sehr viele Partnerschaften eingehen und diese immer wieder lösen, weil kein Partner sich dem (in der Kindheit heimlich) versprochenen Elternteil ebenbürtig erweisen kann, so geht ein Mensch mit einer Palliativ-Partnerschaft nur relativ selten überhaupt in eine Partnerschaft hinein. Der Hintergrund verhindert dieses Geschehen systematisch, wenn auch der Vordergrund sich bitter darüber beklagen mag.

Dieser Hintergrund ist auf eine besondere Weise kindlich geblieben. Eine Person mit einer Palliativ-Partnerschaft glaubt: Indem ich mich in meinem Leben von Partnern, von der Ehe, von Kindern und vom Glück insgesamt zurückziehe, indem ich also auf all das verzichte, kann ich das Leiden eines anderen Menschen lindern. In meiner kindlichen Logik sieht es nämlich so aus: Wenn ich verzichte, wenn ich für jemanden ein Opfer bringe, wenn ich es mir nicht gut gehen lasse, dann hat derjenige, dessentwegen ich das tue, etwas davon: Es geht ihm dann besser.

Das ist ein magisches Denken, das auf jener Stufe stecken geblieben ist, bei der ich beide Hände über die Augen lege und jetzt fest davon überzeugt bin, dass mich keiner mehr sieht. Das Kind in meinem Inneren glaubt wieder (wie schon bei der Parentifizierung), es könne demjenigen, den es liebt, etwas abnehmen, für ihn etwas übernehmen oder sein Schicksal mildern.

Eine eigenartige Strategie für einen heute erwachsenen Menschen, er müsse das doch durchschauen, mag der Leser denken.

Ja, wenn er davon nur wüsste! Wenn er die im Hintergrund wirkenden »Kräfte«, die sein Leben und seine Partnerschaften in eigenartige Bahnen hineinlenken, bei ihrer hintersinnigen Arbeit wahrnehmen könnte!

Um dieses Wirkungsgeschehen zu demonstrieren, schauen wir wieder auf ein Beispiel aus der Therapie:

Eine heute 53-jährige Frau (ich nenne sie hier Karin) macht einige Sitzungen bei meiner Frau. In der Anamnese stellt sich als besonders eindringlich heraus, dass Karin behauptet: »Ich bin eigentlich nicht ich!« Sie weiß nicht, warum sie das sagt, und auch auf Nachfragen bleibt der Sinn dieses Satzes dunkel.

Karin lebte ihr ganzes Leben (abgesehen von winzigen Ausnahmen) bei ihrer Mutter. Sie hatte zwar vier Partnerschaften, aber keiner der Männer kam für sie ernsthaft in Frage. Weder zog sie für einen Partner bei der Mutter aus, noch dauerten die Partnerschaften längere Zeit. Die längste ging über anderthalb Jahre, die kürzeste über vier Wochen. Ohnehin waren zwei der Partner mit anderen Frauen verheiratet und einer war schwer tablettenabhängig. Karin litt nicht darunter, keinen Partner zu haben. (Zum Zeitpunkt der Therapie waren seit der letzten Partnerschaft 14 Jahre vergangen.) Ein eigenartiger Sachverhalt für eine Frau, die 35 Jahre lang – wenn man von der Mutter absieht – so gut wie allein gewesen ist.

Auch Karins Mutter hatte nur *eine* kurze Beziehung in ihrem Leben, mit Karins Vater, der ebenfalls ein verheirateter Mann war (und sie seine heimliche Geliebte). Als die Mutter mit Karin schwanger wurde, hat sie die Beziehung zu diesem Mann gelöst.

Auf den ersten Blick würde man wohl vermuten, dass Karin parentifiziert ist und lebenslang bei der Mutter blieb (die vor drei Jahren starb), um ihr den Mann zu ersetzen oder ihr sonst wie zu helfen. Aber es ist selten so, dass erste Vermutungen dem Hintergrund gerecht werden. In der dritten Therapiesitzung zeigte sich das eigentliche Thema. Lassen wir Karin mit ihrem Protokoll selbst zu Wort kommen:

Die gestrige Therapie-Sitzung war für mich ziemlich überraschend. Ich dachte, ich bin mal gespannt, was heute kommt.

Es machte mir keine Schwierigkeiten, die Tür (auf der inneren Etage) zu öffnen. Aber zuerst sah ich nicht viel. Dann waren alle aus Muttis Familie, tot oder noch lebendig, da. Und es war so wie schon so manchmal bei den Familienfesten. Alle sangen. Aber jeder hatte jetzt auch noch ein Instrument. Das gefiel mir gut. Vielleicht deshalb, weil ich vor einigen Tagen ein altes Foto gefunden hatte,

bei dem die ganze Familie so drauf abgebildet ist und Oma auch.
Das ist ziemlich selten (die Mutter hat zehn Geschwister).

Es ging wie immer recht lustig zu. Da waren plötzlich auch noch
viele andere Kinder. Meine zig Cousinen und Cousins. Mutti hielt
mich auf dem Schoß. Sie hatte die Arme um mich geschlungen und
hielt mich fest. Ich zappelte, weil ich zu den anderen zum Spielen
wollte. Aber sie hielt mich ganz fest. Als ich versuchte, ihr Gesicht
zu erkennen, konnte ich es erst nicht sehen, weil sie so weit über
mir war. Als ich mich dann vorbeugte, sah ich, dass sie traurig aus-
sah. Und sie sah mich nicht an. Sie schaute einfach über mich hin-
weg in die Ferne.

Ich wurde auch traurig und weinte. Dann wollte ich gar nicht
mehr von ihrem Schoß runter. Sie ließ dann die Arme lockerer. Ich
hätte durchschlüpfen können. Aber jetzt wollte ich nicht mehr.

Ich war schon zweigeteilt. Ich wollte gerne mit den anderen
spielen und doch bei Mutti bleiben. Und es war beides gleich wich-
tig.

Ich sagte was zu ihr und sie sah mich an und dann war es
gut. Sie umarmte mich und ich konnte zu den anderen gehen und
spielen.

Dann war ich bei Oma (der Mutter der Mutter) *und sie war von*
einer großen Kinderschar umgeben. So unglaublich viele Kinder.
Sie konnte mich gar nicht sehen. Ich musste mich erst mal durchar-
beiten. Als ich dann vor ihr stand und sie angesprochen habe, hat
sie mich schon gesehen und angelacht. Sie war aber so viel be-
schäftigt mit all den vielen Kindern. Aber sie nahm mich dann auf
den Arm und wir gingen zu Opa (zum Vater der Mutter).

Er saß am Tisch und las. Eigentlich schlief er mehr. Als ich ihm
ins Gesicht sah, konnte ich sehen, dass er müde und traurig war.
Seine Augen waren ganz und gar traurig. Als Oma ihm die Hand
auf den Arm oder die Schulter legte, sie hatte mich immer noch auf
dem Arm, ging es ihm besser. Wir setzten uns dann zusammen hin
und wir spielten Karten. Ich habe gedacht Mau-Mau, aber dann
fiel mir ein, dass ich früher mit Opa immer schwarzer Peter gespielt
hatte. Und er beschummelte mich! Wir waren dann alle drei ganz
lustig.

Dann gingen wir zu Mutti zurück. Da waren dann nur wir vier.
Es waren keine anderen Leute da. Opa und Oma nahmen Mutti in
die Arme und später dann mich auch. So standen wir eine ganze
Weile und es war allen so wohl.

Als dann jemand aus dem rückwärtigen Garten kommen sollte
(die Therapeutin hat diesen Impuls gesetzt), *musste ich schon wei-*
nen, bevor ich wusste, wer da kommt. (Patientin weint sehr heftig.)
Es war ein Mädchen mit blonden Locken, ein kleines, schmales Ge-
sicht. Sie hatte ein Kleid an. Es war meine verstorbene Tante Elise.
(Die Schwester der Mutter, die mit vier Jahren verstorben war, zu
einer Zeit, als auch die Mutter noch klein war.) *Alle sahen sie an.*
Ich stand an der Seite. Irgendwie ganz verloren. Ich konnte sehen,
dass alle sie begrüßten und sie in die Arme nahmen. Aber ich ge-
hörte nicht dazu.

Als ich dann vor Mutti stand und sagte, dass ich ihre Tochter bin,
sah sie mich an, lachte und nahm mich auf den Arm. So ging es mir
auch mit Opa und Oma. Jetzt konnten sie mich auch wieder sehen.

Elise war auf meiner Höhe. Ich konnte sie gut anschauen. Als
ich nachspüren sollte, wie sie mich ansah, verschwamm irgendwie
alles. Es war irgendwie wie ein grauer Nebel und ich wusste plötz-
lich, dass ich sie bin. Als ich ihr dann (auf Anraten der Therapeutin) *sagte: »Du bist du, und ich bin ich«, ging das sehr schwer.*
Ich war wie eine Trennung. Ganz kurz ging mir durch den Kopf,
dass letztes Mal etwas zusammengefunden hat und jetzt, heute, et-
was auseinander kommt. Ich musste es dann noch mal sagen. Dann
konnte ich sie sehen.

Sie sah ganz und gar unternehmungslustig aus und sie sagte, sie
will mit mir spielen. Mutti, Oma und Opa sahen uns beiden zu. Wir
waren fünf und wir waren ein Kreis und hielten uns alle an den
Händen. Es war richtig gut.

Als wir dann wieder zurückgingen, war das Gartenfest wieder
da. Also noch mal ein Kreis. Anfang und Ende.

Es fiel mir nicht sehr schwer wegzugehen. Vom letzten Mal weiß
ich jedoch, dass ich jederzeit wieder kommen kann. Alle standen
da und winkten, ich winkte zurück und dann ging ich durch die
Tür.

Abb. 23

Abb. 24

Abb. 25

Es tritt in dieser Sitzung etwas zutage, von dessen Wichtigkeit – im Hintergrund – weder die Patientin noch die Therapeutin etwas gewusst haben.

Freilich: Aus der Anamnese war der Therapeutin bekannt, dass eine Schwester der Mutter im Kindesalter gestorben war. Ob diese Schwester einen guten Stand in der Seele der Beteiligten hat (nicht »hatte«, denn sie lebt ja als emotionaler Doppelgänger im Inneren weiter), konnten beide vorher nicht wissen, denn die Patientin kannte diese Tante ja gar nicht. Sie wusste nur aus einer Erzählung, dass Elise im Alter von vier Jahren gestorben war, zu einer Zeit, als die Mutter etwa fünf Jahre alt war.

Wir müssen diese Sitzung noch etwas genauer betrachten:

Als Erstes waren da die Großeltern sowie die Mutter und Karin, die Patientin, als kleines Kind (Abb. 23). Karin, die ihre Oma nicht gekannt hat, macht sich mit ihr bekannt. (»Liebe Oma, schade, dass ich dich nicht kennen gelernt habe. Ich bin dein Enkelkind.« Usw.) Zusammen gehen sie zum Großvater. Nach einiger Zeit geht es diesen vier Personen (Großvater, Großmutter, Mutter und Karin) miteinander recht gut.

»Da waren dann nur wir vier. Es waren keine anderen Leute
da. Opa und Oma nahmen Mutti in die Arme und später dann
auch mich. So standen wir eine ganze Weile und es war allen
so wohl.«

Sodann holte die Therapeutin die verstorbene Schwester der
Mutter – Elise – herbei. (Abb. 24)

Die Mutter freute sich, die Großeltern freuten sich, nur Karin erscheint wie ausgeschlossen:

»Irgendwie ganz verloren. Ich konnte sehen, dass alle sie begrüßten und sie in die Arme nahmen. Aber ich gehörte nicht
dazu.« (Abb. 25)

Auch im Protokoll der Therapeutin über diese Sitzung wird
diese Dynamik ganz deutlich: »Als Elise dazutritt, wird Karin
ganz traurig, beginnt sofort zu weinen und sagt: ›Ich bin so
traurig. Die Mutter freut sich so. Ihre Traurigkeit ist weg, alle
sind eng beieinander und es ist viel Freude da. Aber ich bin
traurig. Ich gehöre nicht mehr dazu. Keiner sieht mich. Alle
schauen nur auf Elise.‹ Und dann sagt Karin: ›Das bin ja ich!‹«

Und weiter im Protokoll von Karin: »Elise war auf meiner
Höhe. Ich konnte sie gut anschauen. Als ich nachspüren sollte,
wie sie mich ansah, verschwamm irgendwie alles. Es war
irgendwie wie ein grauer Nebel und ich
wusste plötzlich, dass ich sie bin.«
(Abb. 26)

Erst an dieser Stelle wird der Satz
Karins aus der Anamnese »Ich bin
eigentlich nicht ich!« verständlich.
Man kann ihn übersetzen als »Ich lebe
eigentlich nicht mein Leben«. Ich bin
eingemischt in eine fremde Identität
oder identifiziert mit einem anderen
Leben.

An der Art, wie das Auftauchen von
Elise vonstatten ging, war deutlich ab-
zulesen, dass sie noch keinen allgemein gewürdigten Platz in der Familie

Abb. 26

gefunden hatte. Und wir wissen aus der Arbeit von Bert Hellinger schon längere Zeit, dass ein derartiges Geschehen schnell dazu führen kann, dass ein Nachgeborener (der den früher Geborenen gar nicht gekannt, ja noch nicht einmal von ihm gewusst haben muss) diesen Ausgegrenzten vertreten oder für ihn einspringen muss. Elises Tod ist aller Wahrscheinlichkeit nach nicht genügend betrauert worden und so blieb die Traurigkeit über ihren Tod im System stecken.

Was bedeutet das nun für das Leben von Karin?

Wenn jemand – ohne es zu wissen – in ein fremdes Leben eingemischt oder verstrickt ist, dann verfolgt der Hintergrund damit eine Absicht. Und soweit wir bis jetzt diese Absicht verstehen, geht es darum, dass niemand im Ensemble der emotionalen Doppelgänger, niemand im Ensemble der Seele fehlen darf. Niemand darf ausgegrenzt werden, also innerhalb der Grenzen der Seele dieser Familie abwesend sein. Ist einer zu schnell vergessen worden oder ist er aus anderen Gründen im großen Ballsaal der Seele nicht anwesend, so muss ein später Geborener seinen Platz einnehmen, das heißt diesen Platz auf eine eigenartige Weise belegt halten, um damit gleichsam an den Vorgänger zu erinnern.

Abb. 27

172

Eine neue Folge von Bildern kann diesen Vorgang illustrieren.

Konstruieren wir unsere Abb. 24 von Seite 170 noch einmal um (Abb. 27):

Solange niemand weiß, wer ausgegrenzt ist, stehen hier vier Personen und schauen in eine Richtung. Dass es sich um Elise, die früh verstorbene Schwester der Mutter handelt, ist noch nicht bekannt. Es steht dort jemand, man merkt es aber nur daran, dass sich hier ein Schatten befindet. Jemand wirft einen Schatten! Aber dieser Jemand ist erst einmal unsichtbar. Nur sein Schatten deutet – mitunter sehr verschwommen – an, dass es ihn gibt.

Damit wir nicht in die Terminologie vorheriger Psychologien abgleiten: Was ist mit diesem »Schatten« gemeint?

Jede Seele weiß insgeheim, dass jemand aus dem Gesamt fehlt. Wenn sogar die Stellvertreter in einer Familienaufstellung so gestellt werden, dass ihre Blickrichtungen sich an einem Punkt im Raume schneiden, an dem ganz deutlich *keiner* steht, so hat das nichts mit den Stellvertretern zu tun, sondern mit der Seele derjenigen, die aufstellen. Diese Ortskundigkeit wird nicht gesteuert vom bewussten Wissen des Stellenden, sondern von den emotionalen Doppelgängern selbst, die ein deutliches Zeichen setzen wollen. Mitunter gibt es jedoch lange Zeit keine *Informationen* darüber, wer an dieser Stelle stehen könnte. Und manchmal vermutet man, dass das betreffende Familienmitglied (das hier unsichtbar steht) so sehr und so weit (und vor so langer Zeit) fortgeschoben worden ist, dass sich jede irdische Spur von ihm und jede Information über ihn in das Dunkel des Schattens hinein verloren hat. Ich habe jedoch eine andere Vermutung: Ich glaube, dass niemand, der dazugehört, von der Bildfläche verschwindet, ohne eine Spur zu hinterlassen.

Für diese Vermutung nur ein Beispiel: Vor einigen Jahren kam eine 56-jährige Frau für einige Sitzungen und es wurde sehr schnell klar, dass Informationen fehlten. Sämtliche ihrer Geschwister und Vorfahren waren jedoch gestorben und es gab buchstäblich niemanden mehr, den sie fragen konnte. Sie war in Königsberg geboren

173

und dann im Alter von drei Jahren auf der Flucht vor den Russen mit den Eltern in den Westen gelangt. Seitdem war sie nicht mehr in der Heimat ihrer Eltern gewesen. Ich regte sie an, doch einmal zum Ort ihrer Herkunft zu fahren und gegebenenfalls in Standesregistern oder auf Friedhöfen nachzuschauen. Vielleicht ergäbe sich dort eine Spur. Einige Monate später traf ich sie wieder und sie erzählte mir voller Begeisterung, dass sie diesem Rat gefolgt sei. In der Straße, in der ihre Eltern gewohnt hatten, lehnte – direkt gegenüber – eine alte Frau am Gartenzaun, die die gesamte Geschichte ihrer Familie kannte, denn die beiden Familie waren lange gute Nachbarn. Es kamen hier Informationen zutage, die halfen, mehrere Leerstellen zu füllen.

Nach mehreren derartigen Erfahrungen kam ich zu der Vermutung, dass *stets* Spuren bleiben – man muss manchmal allerdings sehr weit reisen und sehr aktiv werden, um sie zu finden. Sie fallen einem nicht (immer) in den Schoß!

Zurück zu unserem Bild. Jemand wirft also einen Schatten. Und jetzt besteht für alle Beteiligten ein Sog, in Richtung des Schattens zu schauen, und für einen, der mit den Vorgängen unmittelbar gar nichts zu tun hat (denn er hatte den, der den

Abb. 28

Schatten wirft, gar nicht gekannt und manchmal noch nicht einmal von ihm gehört), wird der Sog gar so stark, dass er selbst ins Zentrum des Soges hineingesogen wird. Es erscheint ihm dann so, als wäre der Platz, an dem dieser Schatten geworfen wird, jetzt sein Platz. (Abb. 28)

Jetzt steht er da! Und an seinem eigenen Platz ist nur noch eine Art Schemen mitsamt seinem eigenen Schatten übrig geblieben.

»Ich bin nicht mehr ich selbst!« Karin steht jetzt an Elises Platz und ist eingemischt in ein fremdes Schicksal.

Die Therapeutin weiß, dass eine Trennung nötig wäre, eine Trennung des einen (des Schattens eines Unbekannten) vom anderen (von Karin, die jetzt am falschen Platz steht). Aber solange keiner weiß, von wem die Trennung vollzogen werden muss – wer also in dieser Familie unsichtbar ist und nicht gesehen wird –, ist eine Trennung kaum möglich. Es müssen also erst diejenigen herbeigeholt werden, die fehlen *könnten*. Aus der Anamnese weiß die Therapeutin, dass Elise, die Schwester der Mutter, früh gestorben ist. Sie weiß außerdem, dass gerade die Frühverstorbenen selten einen guten Platz haben.

Rainer Maria Rilke hatte eine ältere Schwester. Sie starb ein Jahr vor seiner Geburt (nachdem sie selbst nur wenige Wochen gelebt hatte). Seine Mutter zog ihm daraufhin bis zum Alter von fünf Jahren nur Mädchenkleider an und gab ihm als sechsten Vornamen den Namen »Maria«. Von Rilke wissen wir, dass er zeit seines Lebens über Engel und Frühverstorbene dichtete.

Ein Gedicht hat dieses Schicksal eines Frühverstorbenen (und Rilkes) sehr eindringlich auf den Punkt gebracht. Seine erste Strophe lautet:

> *Ich ließ meinen Engel lange nicht los,*
> *und er verarmte mir in den Armen*
> *und wurde klein und ich wurde groß*
> *und auf einmal war ich das Erbarmen*
> *und er eine zitternde Bitte bloß*

Man darf das lesen als »Ich ließ meine Schwester lange nicht los«. Sie verarmte ihm in den Armen, sie wurde klein und unsichtbar. Und er, Rilke, wurde darin groß und bedeutend. Für wen? Für die Mutter. Sie ließ mit den Mädchenkleidern das erste Kind in ihm wieder aufleben. Er stellte sich sozusagen in den Schatten seiner Schwester hinein. Aber auf einmal war *er* das Erbarmen. Und die Schwester war nur noch eine zitternde Bitte: »Lass mich da sein!«

Also holt die Therapeutin die früh verstorbene Elise herbei und trifft damit auf Anhieb diejenige, die fehlt. Manchmal muss man länger suchen, manchmal findet man niemanden, da gibt es (noch?) keine Spur. Doch jetzt sieht Karin selbst, dass sie an der Stelle von Elise steht, dass sie und Elise zu eng beisammen sind, dass ihre Schicksale zu sehr ineinander stecken. (Abb. 29)

Abb. 29

Und die Therapeutin weiß, dass beide getrennt werden müssen. Damit jede ihr eigenes Schicksal tragen kann und ihre Ruhe findet.

Freilich, dieses Wissen ist theoretisch und bezieht die Treue, die Loyalität und die Liebe von Karin nicht mit ein. Es kann nämlich gut sein, dass dieser Vorgang – obwohl er erlösend wäre – nicht durchzuführen ist. Es kann sein, dass für Karin zu viel daran hängt, dass sie die Trennung als einen zu großen Treuebruch empfände und sie diesen Prozess infolgedessen gar nicht will. In der Therapie ist nicht alles »machbar«– schon gar nicht gegen die kindliche Liebe, die nicht loslassen will.

Rilkes tiefes Wissen um die Geheimnisse der Seele hat diesen Vorgang der Trennung in der zweiten und letzten Strophe des schon zitierten Gedichtes eindringlich beschrieben. Die erste Strophe beschreibt die Bindung an den Engel, die zweite die Lösung:

> *Da hab ich ihm seinen Himmel gegeben, –*
> *er ließ mir das Nahe, daraus er entschwand;*
> *er lernte das Schweben, ich lernte das Leben,*
> *und wir haben langsam einander erkannt ...*

(Rainer Maria Rilke: *Sämtliche Werke in 10 Bänden*,
Insel 1976, Bd. 1, S. 156)

Diesen Vorgang der Lösung vollzieht die Therapeutin mit folgenden Worten, die sie Karin laut zu ihrer Tante sagen lässt (ich zitiere wieder aus dem Protokoll der Therapeutin):
»Schau Elise an als deine Tante und sage zu ihr: ›Du bist du und ich bin ich!‹«

Karin muss sehr weinen, als sie das sagt. Und dann:
»Du bist meine Tante!«
»Du hast gefehlt!«
»Ich habe dich gern für meine Mutter ersetzt!«
Und indem Karin diese Sätze zur Tante sagt, vollzieht sich die Trennung unmerklich – wie von selbst (Abb. 30). Als

Abb. 30

würde Elise jetzt in ihrem eigenen Recht dastehen und Karin auch. »Und wir haben beide einander erkannt ...«

Bei den gesprochenen Sätzen wurde aber auch deutlich, wem die eigentliche Handlung galt: der *Mutter*. Diese hat im Alter von drei Jahren ihre Schwester verloren. Folgerichtig muss Karin auch an die Mutter (für die sie ihr ganzes bisheriges Leben lang Elise vertreten hat) die nachfolgenden Sätze richten. Ich zitiere wieder aus dem Protokoll der Therapeutin:

»Liebe Mama, ich habe sie so gern für dich ersetzt!«

»Aber ich sehe jetzt, dass das nicht geht.«

»Bitte schau mich jetzt an als deine Tochter!«

Karin ist zu diesem Zeitpunkt immer noch ängstlich. Sie hat Angst, die Mutter könne sie immer noch nicht sehen. Und erst in der Retro-Intervention (Karin ist jetzt die Mutter), als sie durch den Mund der Mutter die Sätze spricht:

»Ich sehe dich und schaue dich an als meine Tochter«

»Du brauchst sie nicht zu ersetzen, sie gehört dazu!«,

verschwindet die Angst und es entstehen Ruhe und Frieden in Karins Seele.

Eine Woche später, zu Beginn der nächsten Sitzung, bestätigt Karin noch einmal das Gesagte:

»Es ist eine viel größere Gelassenheit in mir. Es geht mir sehr viel besser. Der wichtigste Satz der letzten Sitzung war: ›Ich bin ich und du bist du!‹«

Es ist jetzt deutlich geworden, worauf sich das Palliative, das Helfende und Lindernde in Karins Seele und damit auch in ihrem Leben bezieht. Karin lindert das Dasein und den seelischen Schmerz ihrer Mutter, indem sie – ohne es selbst zu wissen – Elise, die Schwester der Mutter, am Leben hält.

Und das gleich doppelt: zum einen, indem sie lebenslang (also bis zum Tod der Mutter) bei ihr bleibt, als könnte sie damit den frühen Tod Elises für die Mutter ungeschehen machen, zum anderen, indem sie das Andenken und die Zugehörigkeit Elises für das Familiensystem aufrechterhält. Damit Elise nicht vergessen wird, nimmt sie deren Position ein.

Somit sind für eine Lösung unabdingbar zwei Schritte erforderlich. Der erste: Elise muss als *verstorbenes dreijähriges Mädchen* ins System der Familie zurückgebracht werden. Sie muss da sein dürfen, auch um den Preis, dass das wehtut. Als zweiter Schritt muss die *seelische Trennung* zwischen Elise und Karin vollzogen werden. Das heißt, Karin muss den Mut finden, zwischen sich und Elise eine Art Trennstrich zu ziehen und damit eine eigenständige (und von Elise verschiedene) Identität in ihrem Leben einzunehmen. Erst jetzt also – im Alter von 53 Jahren – kann Karin die ersten eigenen Schritte in ihrem eigenen Leben (vielleicht sogar in Richtung auf eine Partnerschaft) unternehmen. Solange sie zu nahe bei Elise stand, war eine erfüllende Partnerschaft kaum denkbar – Elise hatte auch keine!

Es ist in diesem Zusammenhang nicht ganz unerheblich, dass Karin in ihrem Leben hoch medial begabt war und sehr intensiv Kontakte mit jenseitigen Wesenheiten gepflegt hat (Rilke: »Ich ließ meinen Engel lange nicht los«). Und der Autor fragt sich schon länger, ob bei derartigen Menschen tatsächlich der Kontakt mit der »weißen Bruderschaft der hohen aufgestiegenen jenseitigen Meister« am Werk ist oder nicht etwas viel Banaleres und Kleineres – und viel Wichtigeres!

Es könnte freilich sein, dass jetzt, wo die »kleine Tante« aufgestiegen ist, die »weiße Bruderschaft« ihren Zweck erfüllt hat und nie wieder auftaucht. Das könnte durchaus als Verlust erlebt werden, und es ist auch einer. Wer in sein Leben zurückkehrt, wird in einem gewissen Sinne kleiner. Manche fürchten das.

Auch Rilke hatte Angst, dass ihm die Engel – wörtlich – »ausgehen«. Er spielte 1912 mit dem Gedanken, eine Psychoanalyse zu machen, kam aber mit folgendem Argument davon ab:
»Ich weiß jetzt, daß die Analyse für mich nur Sinn hätte, wenn der merkwürdige Hintergedanke, nicht mehr zu schreiben, den ich mir während der Beendigung des Malte öfter als eine Art Erleichterung vor die Nase hängte, mir wirklich ernst wäre. Dann dürfte man

sich die Teufel austreiben lassen, da sie ja im Bürgerlichen wirklich nur störend und peinlich sind, und gehen die Engel möglicherweise mit aus, so müßte man auch das als Vereinfachung auffassen und sich sagen, daß sie ja in jedem neuen Beruf (welchem?) sicher nicht in Verwendung kämen.« (Brief an Lou Andreas-Salomé, 24. Januar 1912)

Karin hilft, Leiden zu mildern. Dieses im Hintergrund wirksame Motiv lässt jede andere Partnerschaft als unnötig, überflüssig und nicht angemessen erscheinen. Ein Verzicht aus Liebe und Treue zur Mutter und zur Tante war die zugrunde liegende Dynamik.

Blicken wir auf ein weiteres Beispiel für diesen Themenkreis:

Die 62-jährige Grete lebte 50 Jahre ihres Lebens mit ihrer Mutter zusammen. Seit die Mutter vor zwölf Jahren verstarb, ist sie allein. Grete kommt zu Therapiesitzungen, weil sie sich »endlich von der Mutter befreien möchte«. Sie findet gegen die Mutter noch sehr viele Anklagen in ihrem Inneren, die sie stark beschäftigt halten, denn die Mutter habe »herrschsüchtig, unberechenbar und hysterisch« auf ihr Leben Einfluss genommen. Nie habe sie, die Tochter, etwas richtig machen können, immer sei sie »aus heiterem Himmel beschimpft, angeklagt und verurteilt worden«.

Grete hatte nur zwei kürzere Beziehungen in ihrem Leben: zum einem mit einem Mann, der verheiratet war (als seine Frau starb, hat Grete die Beziehung beendet), zum anderen mit einem Mann, der schwer tablettenabhängig war (als man ihm ein Bein amputieren musste, hat Grete die Beziehung ebenfalls beendet). Die gemeinsame Wohnung, in der sie mit der Mutter lebte, haben diese Männer nie betreten und auch die Mutter haben sie nie zu Gesicht bekommen, denn Grete war der Meinung, »diese Mutter könne man niemandem zumuten«. Und heute, mit 62 Jahren wolle sie endlich ihr eigenes Leben leben.

Ich spürte sehr schnell, dass Grete auch heute noch – zwölf Jahre später – tagaus, tagein mit der Mutter zusammenlebt. Sie ist in einem täglichen Dialog mit ihr und sehr verbittert darüber, wie ihr Leben in dieser Allianz abgelaufen ist. Insbesondere ist sie darüber verletzt, dass die Mutter ihr alle Chancen in Bezug auf eine Partnerschaft und eine Ehe genommen habe.

Soweit Gretes Schilderung bei unserer ersten Begegnung. Kurzum, die Mutter hatte – im Vordergrund von Gretes Leben – einen sehr schlechten Platz.

Das Erste, was man als Therapeut bei dieser Art der Arbeit lernt, besteht darin, dass das, was der Patient als seinen Vordergrund schildert, mit dem, was sich später als Hintergrund herausstellt, kaum etwas zu tun hat.

»Vordergrund« (also mein »Wissen«, was bei mir der Fall ist) und »Hintergrund« (also die Dynamik, die tatsächlich im Inneren abläuft) sind zwar über Kanäle oder Brücken miteinander verbunden – sodass das eine Schlüsse auf das andere zulässt –, aber die Inhalte sind gänzlich voneinander verschieden. Und so muss man sich hüten, die Aussagen über den Vordergrund für bare Münze zu nehmen. Der Patient wünscht sich natürlich, dass der Therapeut auf die Sichtweise seines Weges und seiner Probleme »einsteigt«. Aber das wäre ein Weg aus Holz!

In der Anamnese nähern wir uns bereits dem Hintergrund.

Der Vater von Grete war viel zu früh gestorben. Er war 48 Jahre alt und Grete war zehn. Und es stellte sich sehr schnell heraus, dass der Vater mit seinem Sterben zu seinem Vater (also zu Gretes Großvater) wollte, der gestorben war, als sein Sohn 13 Jahre alt war. Und dass der Vater außerdem über den Tod seines Sohnes (aus erster Ehe – und damit Gretes Halbbruder) nicht hinwegkommen konnte. Bei diesen beiden Menschen (bei Gretes Großvater und ihrem Bruder) lebte der Vater innerlich und so konnte er nicht richtig bei seiner zweiten Frau (Gretes Mutter) und seiner Tochter sein. In der Anamnese zeigte sich auch, dass Grete der Vater sehr viel näher steht als die Mutter. Sie erzählte:

»Er war gut. Er hat mir viel mehr erlaubt als die Mutter. Ich habe mich bei ihm sehr sicher gefühlt. Und ich war immer froh, wenn ich mit dem Vater mitgehen konnte.« (Der Vater ging immer mit ihr in den Wald.) »Ich hatte auch Mitleid mit ihm. Er war so traurig über seinen toten Sohn. Die Spannungen zwischen Mutter und Vater haben sich dann verstärkt. Eines Tages waren wir wieder im Wald und auf einmal war der Vater verschwunden. Ich konnte ihn nicht mehr sehen und war einige Zeit allein. Als er dann wiederkam, war er vollkommen abwesend. Eines Tages nach der Schule sagte die Mutter mir, der Papa ist wieder im Wald und ich soll nachkommen. Aber ich will nicht. Ich hatte schon ein sehr mulmiges Gefühl. Als er dann nach Hause kam, war er noch zugänglicher als sonst. Ich konnte da sogar mit ihm schmusen. Zwei Stunden später wurde ihm schlecht und er sagt, dass er jetzt sterben muss. Da bin ich rausgegangen und habe mich versteckt. Aber jemand kam und hat mir gesagt, ich soll jetzt reinkommen. Er lag im Sterben und die letzten Worte, die er zu mir gesagt hat, waren: ›Folge der Mutter!‹ Und dann ist er gestorben. Und so haben wir im Sinne des Vaters weitergemacht. Ich habe dann bis zum Tod der Mutter bei ihr gelebt.«

Die Mutter (obwohl relativ jung, als ihr Mann starb) hatte anschließend keine Partnerschaften mehr. Nachdem ich in den Sitzungen überprüft hatte, ob Grete eventuell eine besondere Nähe zur ersten Frau des Vaters oder zu seinem früh verstorbenen Sohn (oder zum Großvater) hatte, stellte sich sehr schnell heraus, dass es der Vater war, dem ihre ganze Liebe – und ihr ganzes Leben – galt.

Ich ging mit Grete noch einmal in den Wald zum Vater und veranlasste sie, die folgenden Sätze zu sagen:

»Hallo, lieber Papa, hier bin ich wieder, deine Tochter.«

»Ich habe dich nie verlassen!«

»In meinem Herzen war ich immer bei dir!«

»Alles andere war mir nicht so wichtig!«

»Du hast mir so sehr gefehlt, dass ich all die Jahre innerlich immer bei dir sein musste.«

»Und bei der Mama, so wie du es gesagt hast!«

An Gretes Reaktionen auf diese Sätze merkte ich sehr schnell, dass hier die Kräfte des Hintergrundes lagen.

Als Grete dann mit dem Vater identifiziert war (Retro-Intervention), sagte sie durch seinen Mund:

»*Ich* wollte dir eigentlich helfen.«

»Ich wollte dir eigentlich Kraft geben, dass du in deinem Leben zurechtkommst.«

»Es macht mich sehr traurig, dass du die ganzen Jahre bei uns warst.«

Von diesen Sätzen (die nicht ich ihr vorspreche, sondern die sie – als Vater – in sich findet) bis zu einer Lösung ist es dann nur noch ein kurzer Weg.

Wir sehen, die Dynamik ähnelt unserem ersten Beispiel. Wieder entscheidet sich ein Kind, helfend, mildernd und lindernd in das Leben der Großen, der Erwachsenen einzugreifen – um den Preis, dass das eigene Leben dabei zu einer Art Nebensache wird. Und es tut das wieder aus Liebe. Diesmal aus Liebe zum Vater.

Aber im Gegensatz zur Parentifizierungs-Partnerschaft des zweiten Kapitels tut Grete es nicht, um den Vater zum Partner (oder zum heimlichen Geliebten) zu erklären, sondern um sein Leid und die Einsamkeit der Mutter zu lindern. Natürlich ist Grete damit auch parentifiziert und steht als kleine Zehnjährige erhöht über den Eltern, aber in Bezug auf das Partnerschaftsleben ergibt sich ein gravierender Unterschied: Wie zu Beginn dieses Kapitels schon angesprochen, mündet die einfache Parentifizierung in der Regel in viele und mitunter auch längere Partnerschaften (und Ehen), bei denen schließlich und auf Dauer keiner der Partner gut genug ist. Bei der Palliativ-Partnerschaft bleibt aber kaum der innere Raum für eine Beziehung. Meist werden die Verbindungen dann so gewählt, dass von Anfang an kaum eine Chance für eine Vertiefung besteht.

Schaut man noch genauer hin, so stellt man fest, dass derjenige, in dessen Innerem das Palliativ-Syndrom sich aufhält, in Wahrheit überhaupt nicht wählt. Er kommt zur Partnerschaft »wie die Jungfrau zum Kind«. Aus irgendwelchen Gründen hat der Partner *mich* gewählt, und ich weiß gar nicht recht, wie ich dazu gekommen bin. Bin ich dann einmal in einer derartigen Bindung, so läuft sie so dahin, aber eigentlich ist sie eher störend – und wird bei passender Gelegenheit (und einem äußeren Ereignis) schnell wieder abgeschafft – um der *eigentlichen* Hinwendung und Zuwendung zur betreffenden Person des Inneren (bei Grete also zum Vater) wieder die volle Aufmerksamkeit geben zu können.

Hier liegt auch, wie ich glaube, die Produktionsstätte einer Gestalt, die der Volksmund »die alte Jungfer« nennt und die es natürlich in gleicher Weise (freilich, ohne einen eigenen Namen zu haben) auch bei Männern gibt.

Man macht sich aus Gründen, die tief im Hintergrund liegen, für das andere Geschlecht einfach nicht verfügbar. Man sendet weder die Bereitschaft für eine Partnerschaft aus, noch will der Hintergrund eine. Wie wir schon wissen, lamentiert oder jammert der Vordergrund manchmal darüber, aber er ist auch nicht zu Aktionen, die diesen Zustand beenden könnten, in der Lage.

Es gibt eine weitere Spielart der Parentifizierung, die ebenfalls Elemente des Palliativen in sich birgt und deshalb an dieser Stelle beschrieben werden soll. Bei dieser Dynamik ist ein Kind nicht so sehr gebunden an eines seiner Elternteile, sondern an einen früheren Partner des Vaters oder der Mutter. Wir haben dieses Thema schon in der Einleitung kennen gelernt am Beispiel von Susanne und Anne, der früheren Verlobten von Susannes Vater.

Es gibt diese Form der Bindung in zwei Formen (und eigentlich müssten sie getrennt behandelt werden):

Die *erste* Form besteht darin, dass einer der Eltern einem früheren Partner ein Unrecht (einen Schmerz, ein Leid) zugefügt hat. Der Vater oder die Mutter hat diesen Partner verlassen, vielleicht gab es auch eine Abtreibung oder es wurde ein gemeinsames Kind zurückgelassen. In all diesen Formen also, in denen der frühere Partner im Leid zurückblieb, in denen Konten nicht ausgeglichen wurden, nimmt das spätere Kind (aus einer neuen Verbindung) die Position des früheren Partners ein.

Man darf sich das so vorstellen: Jeder Partner eines Menschen erwirbt ein Anrecht, in der Seele dieses Menschen einen gut gestellten Platz zu haben (auch wenn die Beziehung beendet ist). Ab einem bestimmten Zeitraum und einer bestimmten Intensität der Partnerschaft gehört dieser Mensch dazu. Partnerschaft erzeugt nicht nur Bindung, sie erzeugt auch das Recht auf Zugehörigkeit. Und in der Seele entsteht (je nach Intensität) ein verbindlich wirkender emotionaler Doppelgänger von diesem Partner.

Nehmen wir an, es beträfe meine Mutter. Sie hätte, bevor sie meinen Vater kennen lernte, eine langjährige intime Beziehung zu einem Mann namens Franz. Franz bildet in seiner Seele einen emotionalen Doppelgänger von meiner Mutter und meine Mutter bildet in ihrer Seele einen emotionalen Doppelgänger von Franz. Die beiden wären verlobt und wollten heiraten. Einige Wochen vor der Hochzeit lernte meine Mutter meinen Vater kennen; die Leidenschaft und die Liebe zu ihm führten dazu, dass sie sich von Franz trennt. Franz bleibt leidend zurück.

Vier Jahre später werde ich geboren. Von Franz weiß ich nichts, denn in der neuen Familie von Vater, Mutter und Kind wird über Franz nicht mehr gesprochen. Die Eltern bemühen sich sehr umfangreich (auch aus einem schlechten Gewissen heraus), um Franz in ihrem Denken, Handeln und Sprechen einen weiten Bogen zu machen. Franz wird ausgeblendet. Sein emotionaler Doppelgänger in der Seele meiner Mutter bleibt aber, und Spuren eines emotionalen Doppelgängers in der Seele meines Vaters auch. (Er wusste von Franz und auch er hat ihm somit wehgetan.) Der emotionale Doppelgänger von Franz bleibt in diesen beiden Menschen im Leid – und vielleicht auch in der Wut.

Emotionale Doppelgänger jedoch werden – seelisch – »vererbt«! Nein, sie liegen nicht in der DNA einer winzigen Zelle verborgen, sie liegen in einem viel größeren Gebilde: in der Seele. Mitsamt seinen Emotionen wandert Franz jetzt in mich ein und bildet ein für mich unbekanntes Areal in *meiner* Seele, bestehend aus einer *fremden* Traurigkeit (und vielleicht auch Wut). Dieser emotionale Doppelgänger, ganz unabhängig von Franz' weiterem (äußeren) Schicksal, bildet jetzt in mir Gefühle, die immer wieder aufbrechen und die, wenn ich erwachsen bin, sich sehr wohl in meine Partnerschaften hineinverirren können: das Gefühl, nicht mehr dazuzugehören, das Gefühl, tief im Inneren sehr traurig zu sein, vom Partner verlassen zu werden, und – vielleicht – auch eine unbändige Wut.

Das muss nicht dazu führen, dass ich die Partnerschaft wieder verlasse, aber es geschieht häufig genug, dass sie daran auseinander geht. Denn welcher Partner hält es lange aus, in Gefühle hineinzugeraten, von denen er deutlich merkt, dass sie gar nicht ihm gelten! Mein Gefühl, verlassen zu werden (als Franz' Gefühl), verschiebt sich auf meine heutige Partnerin und sie, die Derartiges nicht vorhat, versteht meine Emotionen nicht.

Was wäre hier nötig?

Nun, es müsste eine Trennung stattfinden, so wie es Abb. 30 auf Seite 177 gezeigt hat, nur dass diesmal die Trennung zwischen mir und Franz hergestellt werden müsste.

Dazu allerdings gehört als wichtigste Voraussetzung, dass Franz in meiner Seele ans Licht kommt. Ich muss von ihm wissen und ich muss ihm sein Recht, dass er in der Seele der Familie dazugehört, zurückgeben. Denn darum scheint es bei der »Vererbung« von emotionalen Doppelgängern zu gehen: dass keiner von denen, die dazugehören, verloren geht!

Die *zweite* der erwähnten Formen gehört noch deutlicher in dieses dritte Kapitel: Einem meiner Elternteile ist von einem früheren Partner Schmerz zugefügt worden. Sei es – bleiben wir beim Beispiel mit Franz und meiner Mutter –, dass Franz eine neue Frau kennen lernt und die Verlobung mit meiner Mutter löst, sei es, dass Franz schicksalhaft aus der Beziehung herausgerissen wird.

In meiner Generation war es oft so, dass Franz in den Krieg ziehen musste und nie mehr nach Hause kam. Oder noch drastischer, dass Franz (aus welchem Grund auch immer) Selbstmord beging oder im Dritten Reich beziehungsweise an der Front hingerichtet wurde. Jetzt ist es meine Mutter, die einen tiefen Schmerz, eine tiefe Ohnmacht oder eine tiefe Wut in ihrem Inneren trägt, jeweils ausgelöst durch den emotionalen Doppelgänger von Franz.

Auch in einem solchen Fall wird, nachdem sie meinen Vater kennen lernt, von Franz nicht mehr gesprochen. Sie schließt seinen emotionalen Doppelgänger mitsamt dem dazugehörigen Schmerz tief in ihrem Inneren ein und ab. Weder mein Vater noch ich wissen von Franz.

Auch hier geht der emotionale Doppelgänger von Franz auf mich – ihren vier Jahre später geborenen Sohn – über. Ein Teil von mir nimmt seinen Platz gegenüber der Mutter ein und ich werde als Erstes ein parentifizierter Peter. Ich bleibe als Franz-Peter in der Nähe meiner Mutter stehen und stecken und alle späteren Partnerinnen in meinem Leben haben es nicht leicht mit mir. Etwas Unsichtbares mischt sich später in jede meiner Partnerschaften ein und weder die Partnerin noch ich wissen, was hier geschieht.

Selbstverständlich geht es auch hier wieder darum, Franz *seinen* Platz zu geben. Ihn an die Oberfläche zu bringen und damit zu zeigen, dass es ihn gab (und gibt!) und dass er wichtig ist.

Auch wenn *er* meine Mutter verlassen hat, sie also auf ihn böse ist, muss *ich* dieses Verwechslungsspiel spielen. In beiden Fällen (sowohl wenn meine Mutter gegangen ist, als auch wenn Franz gegangen ist) bin *ich* nämlich diesem Partner noch etwas schuldig: Ich verdanke seinem Weggang mein Leben! Denn wenn Franz geblieben wäre, hätte mein Vater mich nicht zeugen können. In seinem Verstand macht sich kaum ein Kind (und späterer Erwachsener) darüber Gedanken; in der Seele wiegt dieser Sachverhalt jedoch schwer.

(Wer einen früheren Partner eines Elternteils auf diese Art

in seiner Seele hat, den verweise ich auf meine Seelenreise »Von denen, die Platz gemacht haben« in meinem Buch *Die Kraft, die aus der Herkunft stammt*, Kösel 1997, S. 267 ff., die es auch als CD gibt.)

Das Palliative dieses gesamten Vorgangs liegt darin, dass ich jetzt mein Leben lang versuchen werde, den Schmerz der Mutter – über den Verlust von Franz – zu lindern und zu mildern. Und dass ich darüber mein eigenes Leben und das Leben der Menschen meiner Umgebung in gravierender Weise vernachlässige und vergesse – ohne es zu merken.

Schauen wir uns das Thema der Palliativ-Partnerschaft mit einem Therapiebeispiel von der männlichen Seite her an:

Gregor, ein 64-jähriger Österreicher, Akademiker in einer hohen staatlichen Position, kommt zu Sitzungen, weil er das schlechte Verhältnis zu seinem Vater (der seit einigen Jahren tot ist) aufarbeiten möchte. Im ersten Gespräch stellt sich heraus, dass Gregor 60 Jahre lang seinem Vater an allem die Schuld gegeben hat, besonders am Schicksal der Mutter, obwohl der Vater für Mutter und Sohn alles getan hat. Es gibt also nichts Konkretes, das er ihm vorzuwerfen hätte. (Da Gregor aufmerksam die psychologische Literatur verfolgt, dämmerte ihm bei der Lektüre der Schriften von Bert Hellinger allerdings schon, dass sein Vater nicht gut dasteht in seiner Seele.)

Natürlich, in der Anamnese ergibt sich eine ganz andere Spur: Gregor hat die gesamte Zeit seines Leben bei seinen Eltern gelebt und lebt heute noch, da der Vater gestorben ist, bei der 89-jährigen Mutter. Gregor hatte im Alter von 18 bis 21 Jahren eine dreijährige Beziehung mit einer Frau. Diese Partnerschaft ging auseinander, weil die Frau in eine andere Stadt zog. Weder lebte er mit ihr zusammen, noch schmiedeten die beiden Pläne für eine gemeinsame Zukunft. Es steht zu vermuten, dass es der Frau zu wenig war, sodass sie sich durch den Umzug entzog. Seine zweite Beziehung hatte er 35 Jahre später – mit 56 – für ein knappes Jahr, dann ging die Frau zu einem anderen. Andere Partnerschaften gab es nicht.

Gregor steht ganz eindeutig bei seiner Mutter und zu seiner Mutter, und keine Partnerin von außen hat ihn bisher erreichen können. Das Rätsel dieser Verbindung löst sich auf, als ans Licht kommt, dass Heinrich, der ältere Bruder der Mutter, 1915 im Ersten Weltkrieg als sehr junger Soldat tödlich verwundet wird und stirbt. Zu einem Zeitpunkt, als seine Schwester (Gregors Mutter) acht Jahre alt ist. Überdies verliert die Mutter im Alter von 27 Jahren auch ihre (schizophrene) Mutter, als diese unter mysteriösen Umständen in einem österreichischen psychiatrischen Krankenhaus ums Leben kommt. (Man munkelt von Euthanasie oder Experimenten.) Auch in den Sitzungen zeigt sich sehr schnell, dass Gregor (dem schweren Schicksal seines Onkels und seiner Großmutter wegen) sein Leben in den Dienst der Mutter gestellt hat. Alles andere, sein eigenes Leben und seine Partnerschaften, war sekundär und konnte jederzeit aufgegeben und geopfert werden.

Als es dann daran geht, diese palliative Bindung zu lösen, zeigt sich sehr schnell, dass Gregor dazu nicht bereit war. Seine Beziehung zur Mutter bedeutet ihm zu viel, als dass er sie gegen eine ungewisse Kleinheit aufgeben wollte. Und so gehen wir – nachdem er dem Vater sagen konnte, dass das alles nichts mit ihm zu tun hätte und dass er der Vater und Gregor – nur – der Sohn sei – ohne eine Lösung von Heinrich (dem Onkel) und damit ohne Lösung von der Mutter auseinander.

Es ist mein Verdacht, dass es sehr viele dieser männlichen »Jungfern« gibt, wenn ich auch glaube, dass diese Menschen – mit ihrem Leben und ihrem Verzicht zufrieden – normalerweise nicht zum Therapeuten gehen.

In unseren Beispielen für eine deutliche palliative Partnerschaft hat sich gezeigt, dass die betreffenden Personen (man kann schlecht sagen, die betreffenden Partner, denn es gab ja kaum Partnerschaften) deutlich bei einem Elternteil – in den meisten Fällen bei der Mutter – stehen, und zwar als Substitut für ein Familienmitglied der Eltern. Oft für ein Geschwisterteil ebendieser Eltern. So standen

- Karin für die Schwester der Mutter, also für Elise (Seite 167 ff.),
- Grete für den Sohn und den Vater des Vaters (Seite 180 ff.) und
- Gregor für Heinrich, den Bruder der Mutter, und für die Mutter der Mutter (Seite 188 f.).

Ich habe hier nur drei Fälle geschildert, aber auch in anderen Beispielen ragen die früh verstorbenen Geschwister der Eltern als Onkel und Tanten deutlich heraus. Diese Dynamik verhindert in vielen Fällen eine ernst zu nehmende Partnerschaft und lässt viele Menschen allein – ohne Partner – durchs Leben gehen, ohne dass sie von dieser geheimnisvollen Bindung wissen.

Und so ist die folgende Seelenreise für jene Leser, die noch einen verborgenen Onkel oder eine verborgene Tante in ihrem Inneren tragen und die eine Art Lösung in ihrer Seele herbeiführen möchten.

Seelenreise:
Meine Tante, mein Onkel

Vorbemerkung: Diese Seelenreise ist für Nichten und Neffen, denen die Tante oder der Onkel in ihrer Seele fehlt. Sei es, dass deine Eltern zu ihren Geschwistern ein sehr schlechtes Verhältnis hatten (oder haben) und du es von diesen aus Solidarität und Treue übernommen hast, sei es, dass die Tante oder der Onkel ein schweres Schicksal hatte oder früh verstorben ist, sodass in der Familie über sie (aus Gründen der Herzensschwere) nicht mehr gesprochen werden durfte, sei es, dass sie als schwarze Schafe aus der Familie verstoßen wurden. Gründe gibt es so viele wie Sandkörner am Meer.

Es versteht sich von selbst, dass du als Nichte oder Neffe bereits 65 Jahre alt sein kannst und diejenigen, von denen diese Reise handelt, schon vor 70 Jahren gestorben sein können. Du solltest wissen: Die Seele behandelt alle weißen Flecken auf ihrer Landkarte mit übergroßer Treue. Sie bewahrt das Andenken an diese Menschen über die Jahrzehnte hinweg – auch wenn die realen Menschen es nicht tun!

Teil 1

Die Geschwister deiner Eltern
– und deren Familienschicksale –
üben auf eine eigenartige Weise auch auf dich,
der du in der Regel einer jüngeren Generation angehörst,
ihre Wirkungen aus.
Ist eines der Geschwister deiner Eltern
aus dem Familienverband ausgegrenzt,
so wird diese Leerstelle

auch an deine Seele weitergegeben
und entfaltet dort eine nicht zu unterschätzende
und meist nicht zu durchschauende Kraft.
Es ist dann so ähnlich wie vor 150 Jahren,
als es auf den Landkarten der Erde
noch weiße, noch unerschlossene Flecken gab.
Immer wieder fühlte sich dann
ein Forscher, ein Entdecker wie magisch angezogen,
dieses unbekannte Gelände zu betreten und zu erkunden.
Das heißt, er ging hinein in das geheimnisvolle Land
– und manch einer von ihnen ward nie wieder gesehen.
Anderen wieder gelang es,
das fremde Land zu durchqueren
und seinen Verlauf in die Landkarte einzutragen.
Hinterher gehörte es dazu!

Ganz ähnlich geht es auch im Land der Seele zu.
Ist dort ein weißer Fleck, eine Leerstelle,
bestehend aus einem ausgegrenzten
oder vergessenen Familienmitglied,
so fühlt sich ein anderes Familienmitglied,
meist aus einer späteren Generation,
wie magisch aufgerufen,
diese Leerstelle aufzufüllen.
Er wird hineingehen in das fremde Land
und den Platz des Früheren einnehmen.
Er wird dann das Schicksal des Früheren übernehmen,
so lange, bis der ursprüngliche Bewohner dieses Ortes
wieder einen guten Platz im
Herzen der Familie einnehmen darf.
Freilich, auch der Spätere
kann in diesem unbekannten Land
verloren gehen – und wird dann
ebenfalls nicht mehr gesehen.
Das wiederum ist ein noch besserer Grund
für einen noch späteren Dritten,

ebenfalls zu einem Entdecker zu werden
und jetzt auf die Spur der beiden Verlorenen zu gehen.
Und es ist wichtig zu betonen,
dass die Späteren von den verschollenen Früheren
oft nicht das Geringste wissen.
Sie geraten auf eine geheimnisvolle Weise
in ein Schicksal hinein und werden
– ohne zu wissen warum –
von Beruf Entdecker und Erforscher.
Auch wenn ihre eigentliche Begabung
in einem ganz anderen Berufsbereich liegt.

Ich kenne zum Beispiel eine Familie,
in der – traditionell – immer das mittlere
von drei Kindern in jungen Jahren stirbt.
Manch einer von außen könnte dann sagen:
Die späteren Mittleren büßen für einen früheren Mittleren.
In Wahrheit aber ist es so,
dass die Späteren an die Früheren erinnern sollen.
Damit diese nicht verloren gegangen *bleiben*.
Damit an den weißen Fleck auf der Landkarte erinnert wird.
Denn nichts scheint für das Familiensystem,
das heißt für die Seele der ganzen Familie,
schlimmer zu sein,
als wenn einer, der dazugehört, verloren geht.
Wenn er zu einer »Terra incognita«,
zu einem unbekannten Land wird.

So ist es auch mit deinem »Oheim«
und mit deiner »Muhme«.
Und diese beiden alten Worte
bezeichnen nicht nur den Onkel oder die Tante!
Eine »Muhme« war ursprünglich die »Schwester der Mutter«
und benannte später ganz allgemein
alle weiblichen Verwandten,
also Tanten, Cousinen und Nichten.

Und der Oheim (oder der »Ohm«)
war eigentlich der »Bruder der Mutter«;
doch das Wort »Oheim« benennt
– von seiner Sprachwurzel her –
»einen Vertrauten des Großvaters«.
Außerdem enthält das Wort die Silbe »heim«,
wie in »zu Hause«, und diese heißt übersetzt:
»lieb«, »teuer« und »vertraut«.
Und so sind der Oheim und die Muhme,
der Onkel und die Tante
und die, die zu ihnen gehören,
über meine Mutter und meinen Vater
sehr tief in meiner Seele verankert und verwurzelt.
Und wenn dieses Wurzelwerk nicht gesehen wird,
geschehen mitunter Verwicklungen und Verstrickungen,
die bis in das Reich der Tragödie hinabragen können.
Doch damit du dich jetzt nicht nur ängstigst:
Natürlich ist dieses Wurzelgeflecht
nicht immer so gravierend oder gar lebensbedrohend.
Denn es gibt – wie in der Natur auch – Wurzelstränge,
die liegen dicht an der Oberfläche
und sind relativ wenig bedrohlich.
Aber es gibt eben auch jene,
die sind tragend für den ganzen Baum.
Ist hier die Verbindung gekappt und unterbrochen,
so kann aus der fehlenden tragenden Wurzel
eine tragische Verwicklung werden.
Das gilt besonders in jenen Fällen,
in denen eine Tante oder ein Onkel,
also ein Geschwister deiner Eltern,
eines frühen Todes gestorben ist:
so früh, dass dein Vater oder deine Mutter
selbst noch ein Kind war
– als die Schwester oder der Bruder starb.
Wenn dann noch hinzukommt,
dass das Andenken dieses Verstorbenen

in der Familie nicht hochgehalten wurde,
sondern dass es – aus Trauer oder Verzweiflung –
ganz schnell unter den Teppich gekehrt
und auch nicht mehr über ihn gesprochen wurde,
dann ist es fast schon vorprogrammiert,
dass ein Späterer
– vielleicht sogar du oder eines deiner Kinder –
seine Rolle übernehmen muss.
Und »Rolle« heißt hier oft zweierlei:
Erstens, der Spätere geht den Weg des Früheren, und
zweitens, dieser Weg hat den tiefen inneren Sinn darin,
den Früheren wieder in die Erinnerung zurückzubringen.
Wo das nicht gelingt,
kann der Spätere dem Früheren
auch in den Tod hinein folgen.
In seiner Seele sagt er dann
– ohne davon zu wissen –:
»Lieber Onkel, liebe Tante,
ich folge dir nach!
Und wenn es sein muss,
folge ich dir auch in deinen frühen Tod!«

Bevor du jetzt die eigentliche Seelenreise unternimmst, solltest du dir all das in Erinnerung rufen, was du von deiner Tante oder deinem Onkel überhaupt noch weißt. Vielleicht kannst du ein Foto herbeiholen, wenn ein solches noch existiert, und du kannst den Namen deiner Tante, deines Onkels in Erfahrung bringen. Ebenso kannst du vielleicht herausbekommen, wann er (oder sie) verstorben ist oder unter welchen anderen Umständen der Verstoß aus der Familie geschah. Vielleicht war der Onkel (oder die Tante) homosexuell, hatte eine Geschlechtskrankheit oder hat anderweitig einen von der Norm abweichenden Lebenswandel geführt.
Erst dann gehst du zum zweiten Teil dieser Reise über.

Teil 2

Der Weg ins Innere der Seele,
der dich heute zu deinem Onkel
oder zu deiner Tante führen wird,
ist ein Weg, dessen erste Schritte
immer bei jenem Elternteil beginnen,
dessen Geschwister der Ausgeschlossene war.
War also dein Onkel der Bruder deiner Mutter,
so beginnt deine Reise bei deiner Mutter.
War die ausgeschlossene Tante die Schwester deines Vaters,
so beginnt deine Reise bei deinem Vater.
Die heutige Reise führt dich also als Erstes
auf die Seelen-Etage deiner Eltern.
Und damit du weißt, was damit gemeint ist,
gebe ich dir als Erstes ein Bild vor:
Die Seele des Menschen kann betrachtet werden,
als wäre sie ein großes Gebäude.
Ein Gebäude, das in seinem Inneren,
gleichsam in seiner Mitte,
ein großes steinernes Treppenhaus in sich birgt.
Von diesem Treppenhaus,
in das man hinabsteigen kann
und das sehr tief hinabgeht – in das Innere der Seele –,
münden Etagen in das Innere des Gebäudes.
Es gibt eine Etage der Partnerschaften,
auf deren Flur – rechts und links – Zimmer sich befinden
(mitunter gar große Wohnungen).
Und in diesen Zimmern oder Wohnungen
leben – heute noch – alle Partner,
die du in deinem Leben je hattest.
Alle Beziehungspartner, alle Ehepartner,
mit denen dich einmal eine große Nähe verband.
Und es gibt eine Etage der Geschwister
– wenn du welche hast.
Hier leben sie einträchtig beieinander,

die Lebenden und die Toten.
Und es gibt eine Etage deiner Kinder.
Ja, das ist eine eigene Etage,
wenn diese Etage auch durch eine kleine Treppe
mit der darunter liegenden Etage deiner Partner
– mit denen diese Kinder gezeugt wurden –
in Verbindung steht.
Und es gibt die Etage deiner Eltern:
Hier gehen von der großen mittleren Treppe
zwei Flure in das Innere.
Der eine rechts, der andere links.
Vater und Mutter.
Natürlich gibt es noch mehr Etagen
in dem großen Gebäude deiner Seele.
Doch unsere Beschreibung bis hierher
reicht aus, deinen heutigen Weg zu beginnen.
Du nimmst jetzt als Erstes deinen Atem zu Hilfe
und atmest das große steinerne Treppenhaus herbei.
Solltest du es nicht direkt sehen können,
so stellst du es dir – so lebhaft wie möglich – einfach vor.
Du atmest – tief ein und tief aus –
und aus dem Dunkel deiner Seele taucht,
von der Kraft deines Atems herbeigeholt,
das obere Ende des großen alten Treppenhauses empor.
Ein und Aus.
Und dann beginnst du deinen Abstieg.
Die Treppe führt immer nach unten.
Mit jeden Atemzug lässt du zwei Treppenstufen
hinter dir – eine beim Einatmen, eine beim Ausatmen.
Und so schreitest du – mit deinen bewussten Atemzügen –
ein und aus, Stufe um Stufe, tiefer und tiefer.
Und das Treppenhaus, das am oberen Ende
noch ein wenig beleuchtet ist,
wird mit jeder Stufe,
die du hinabsteigst,
ein wenig dunkler.

Immer dunkler.
Aber du hast keine Angst, denn deine Füße,
obwohl es immer dunkler wird,
finden ganz von allein
jedes Mal die nächste Stufe.
(10 Sekunden)
Und dann gibt es den ersten Treppenabsatz.
Er liegt im Dämmerlicht vor dir.
Ein großer Flur führt von hier aus
in das Innere des Gebäudes.
Hier ist die Etage der Partnerschaften.
Aber sie betrittst du heute nicht.
Du gehst weiter.
Mit deinem Atem gehst du weiter.
Noch tiefer in das Dunkel des
Treppenhauses deiner Seele hinab.
Immer weiter, Stufe um Stufe, tiefer und tiefer.
(10 Sekunden)
Andere Treppenabsätze ziehen vorbei.
Aber du kümmerst dich nicht um sie.
(10 Sekunden)
Bis du schließlich, es ist schon sehr dunkel,
zu einem Treppenabsatz gelangst,
da gehen rechts und links Flure in das Innere.
Und du weißt jetzt, dein Atem zeigt es dir,
dass du hier auf der richtigen Etage angelangt bist.
Hier sind die Flure von Vater und Mutter.
Und je nachdem, ob der Onkel oder die Tante
ein Geschwister des Vaters oder der Mutter ist,
betrittst du jetzt den rechten oder den linken Flur.
Dein Atem zeigt dir sehr deutlich,
welcher der richtige ist.
(10 Sekunden)
Man kann hier unten nichts falsch machen!
Und sobald du die Treppe verlassen
und den Flur eines deiner Elternteile betreten hast,

wird es ein wenig heller.
Das tiefe Dunkel weicht einem leichten Dämmern.
Und langsam gehst du den Flur entlang.
Rechts und links sind keine Türen.
Aber vor dir, in einiger Entfernung
am Ende des Korridors, ist eine große Tür.
Hier lebt dein Vater,
wenn deine Reise zum Vater führt.
Oder, hier lebt deine Mutter,
wenn deine Reise zu deiner Mutter führt.
Die große Tür ist nur angelehnt.
Mit wenigen tiefen Atemzügen
öffnest du die Tür und schaust in den Raum.

Teil 3

Und einen kleinen Moment
schaust du dich um in dem Raum,
in dem eines deiner Elternteile lebt.
Hier, tief im Inneren deiner Seele.
Es kann sein, dass du deinen Vater oder deine Mutter
nicht sofort sehen kannst.
Aber dein Atem zeigt dir schnell,
wo dieser Elternteil sich befindet.
Der Bewohner des Raumes
weiß längst schon, dass du gekommen bist,
weil du dich um eines seiner Geschwister sorgst.
Und es kann sein, dass seine Stimmung
nicht gerade fröhlich darüber ist.
Und dann blickst du ihn an
– den Bewohner dieses Raumes.
Wie schaut er dich an?
(10 Sekunden)
Und dann sagst du:

»Lieber Vater«, wenn dein Vater
in diesem Raum wohnt, oder:
»Liebe Mutter«, wenn deine Mutter
in diesem Raume wohnt,
und dann sagst du weiter:

»Ich bin heute gekommen, weil einer fehlt!«

»In meiner Seele gibt es eine Leerstelle,
die mich sehr bedrückt!«

Und wieder schaust du
den Bewohner dieses Raumes an.
Und du siehst, er weiß genau,
von wem du sprichst.
Und dann atmest du weiter,
und jetzt siehst du auch,
dass der, der dir fehlt,
auch deinem Elternteil fehlt.
Und dann atmest du tief und entspannt weiter,
und während du das tust,
verwandelst du dich immer mehr
in jenen Elternteil, der in diesem Raum wohnt.
Und wenn es dein Vater ist,
dann atmest du dich
immer mehr in deinen Vater hinein.
Und wenn es deine Mutter ist,
dann atmest du dich immer mehr
in deine Mutter hinein.
Es kann sein, dass du glaubst,
so etwas ginge nicht,
aber dein tiefer Atem zeigt dir
ganz von allein, dass du dich tatsächlich
hineinatmen kannst in den Bewohner dieses Raumes.
So sehr, dass du jetzt sogar
dein erwachsenes Kind sehen kannst,

das hier zu dir hinabgestiegen ist,
weil ihm jemand fehlt.
Jemand, der zu dir gehört.
Auch wenn du es lange nicht mehr
so gesehen hast.
Und du schaust dein Gegenüber an
– dein Kind –
und du siehst, dass die Gefahr besteht,
es könnte so werden,
es könnte gar dasselbe Schicksal auf sich nehmen
wie der, der fehlt!
(10 Sekunden)
Ja, es ist jetzt alles umgekehrt.
Du bist jetzt der Bewohner im Inneren
der Seele deines Kindes.
Es kann sogar sein, dass du im Außen
schon lange tot und begraben bist.
Und vor dir steht dein Kind,
das immer noch dein Kind ist,
auch wenn es im Außen schon längst erwachsen ist
und vielleicht sogar eigene Kinder hat.
Es steht hier vor dir,
vor einem Elternteil – vor dir –,
und es wünscht sich von dir
Zugang zu seinem Onkel oder zu seiner Tante,
je nachdem, wer ihm fehlt.
Du hast deinem Kind diesen Zugang vorenthalten.
Ja, du hast dir selbst diesen Zugang verbaut
– auch wenn es sein kann,
dass du gute Gründe dafür hattest.
Und du schaust dein Kind an,
das da jetzt tatsächlich als ein Kind steht.
Auch wenn es draußen in der Welt
längst erwachsen ist,
jetzt steht es vor dir als dein Kind!
Und es schaut dich bittend an

und es wartet ...
(10 Sekunden)
Nicht auf dich, sondern auf jemand anderen ...
Es wartet auf deinen Bruder
oder auf deine Schwester,
auf seinen Onkel
oder auf seine Tante.
Schau dein Kind an.
(10 Sekunden)
Und dann wendest du dich um:
Hinter deinem Rücken befindet sich eine Tür.
Du öffnest sie.
Der Raum dahinter ist dunkel
und dann rufst du in den dunklen Raum hinein
den Namen deines Bruders oder deiner Schwester
– je nachdem, wer fehlt!
Und dann wendest du dich wieder deinem Kinde zu.
Auf dem Antlitz deines Kindes
kannst du nach einer kleinen Weile sehen,
wie dein verborgenes Geschwister
vorsichtig den Raum betritt.
(10 Sekunden)
Und sollte dein Geschwister später geboren sein als du,
dann wird es sich links neben dich stellen.
Sollte dein Geschwister früher geboren sein als du,
dann wird es sich rechts neben dich stellen.
(10 Sekunden)
Schau dir an, wie dein Kind
jetzt auf euch beide schaut.
Schau dir das Antlitz deines Kindes an!
(10 Sekunden)
Und spüre auch, welche Energien ausstrahlen
zu jener Körperseite, an der dein Geschwister steht.
(10 Sekunden)
Und dann wendest du dich
deinem Bruder oder deiner Schwester zu

– je nachdem, wer dort auf der linken
oder auf der rechten Seite von dir steht.
Und dann sagst du:

»Hallo!«

»Ich habe dich lange nicht gesehen!«

»Und ich habe dich meinem Kinde vorenthalten!«

»Das war nicht richtig.«

»Was immer zwischen uns beiden war,
du gehörst dazu!«

Und indem du dein Kind anschaust,
sagst du:

»Jetzt erst recht!«

Und dann schaust du dein Geschwister an,
wie es da steht, an deiner Seite
– und wie lange es schon nicht da war!
Schau dir den Gesichtsausdruck an.
Und dann sagst du – auch wenn es dir schwer fallen sollte –,
du sagst:

»Auch mir hast du gefehlt!«

»Wir sind Geschwister!«

»Ich hatte es lange vergessen!«

»Unsere Trennung soll jetzt auch zu Ende sein!«

Und wenn dein Gegenüber weiblich ist,
dann sagst du:

»Du bist meine Schwester!«

»Und du wirst immer meine Schwester sein!«

Und wenn dein Gegenüber männlich ist,
dann sagst du:

»Du bist mein Bruder!«

»Und du wirst immer mein Bruder sein!«

»Was auch geschehen sein mag
– und was auch geschieht!«
(10 Sekunden)

Und dann atmest du dich wieder
zurück in den Körper deines Kindes.
Deines Kindes, das da vor euch beiden steht
und euch anschaut.
Und mit wenigen Atemzügen
schaust du jetzt wieder durch
deine eigenen Augen
auf das Geschwisterpaar vor dir,
von dem einer dein verborgener Onkel
oder deine verborgene Tante ist.
(10 Sekunden)
Und du schaust dir an,
wie die beiden jetzt dastehen.
Und dann sagst du:

»Lieber Onkel Heinz ...«, oder:
»Liebe Tante Kathrin ...«,
oder wie immer die Person,

die vor einiger Zeit aus dem
Hintergrund aufgetaucht ist,
heißen mag.

»Schön, dass ich dich jetzt endlich
besser sehen und kennen lernen kann.«

»In mir hast du schon lange gefehlt!«

»In meiner Seele gehörst du jetzt dazu!«

»Was zwischen dir und meinem Vater war ...«, oder:
»Was zwischen dir und meiner Mutter war,
das ist für mich nicht wichtig!«

»Wichtig ist nur, dass du wieder da bist!«

»Ich achte und ehre dein schweres Schicksal!«

»Das in unserer Familie vielleicht
noch nicht richtig gesehen worden ist!«

»Es ist schön, dass du jetzt für mich da bist!«

»In meinem Herzen!«

Und dann verneigst du dich
vor deinem Onkel oder vor deiner Tante.
(10 Sekunden)
Und du sagst dann zum Abschied:

»Ich werde dein Andenken hochhalten!«

»Frieden auf deinen Wegen!«

Und dann gehst du.

Teil 4

Du verlässt jetzt den Raum, in dem eines
deiner Elternteile wohnt,
und du betrittst wieder den Flur.
Du durchquerst ihn und erreichst
schnell wieder die dämmrige Treppe.
Sie ist jetzt heller als vorher.
Dein Weg führt dich wieder nach oben.
Mit jedem neuen Atemzug
steigst du höher und es wird noch heller um dich herum.
Deine Glieder werden wieder munter
und langsam strömt das Leben
in deine Arme und Beine zurück.
Und jetzt bemerkst du auch,
dass dein Körper auf einer Unterlage ruht.
Die Treppe verschwindet wieder
in deinem Inneren.
Und jetzt reckst du deine Glieder.
Du öffnest deine Augen
und du bist wieder ganz WACH!

■ ■ ■

Nach dieser Seelenreise solltest du jetzt nicht sofort weiter-
lesen. Nimm dir erst ein wenig frei!

Bevor wir uns einem neuen Themenkreis zuwenden, der das
Partnerschafts-Vermögen eines Menschen beschäftigt, absorbiert oder fast vollständig verbraucht, möchte ich den Ertrag
der ersten drei Kapitel in einem Bild zusammenfassen.

Ich stelle mir dafür die Seele eines jeden Menschen vor, als
wäre sie in der Art eines Schichtenmodells eine geologische
Formation von Ablagerungen. Und diese Sedimente ragen *als
Erstes* hinab in die Zeit.

Wenn ein Geologe oder ein Archäologe sich in das Innere
der Erde hinabgräbt oder sich am Steilhang eines Meeres be-

findet (hier hat das Meer gegraben), so kann er verschiedene Zeitalter deutlich voneinander trennen. Mit seinem vorherigen Studium dieser Materie sieht er die Schichten, die sich im Verlaufe von Jahrmillionen (beim Geologen) oder von Jahrtausenden und Jahrhunderten (beim Archäologen) abgelagert haben. Er sieht gleichsam aufeinander geschichtete Zeit, die in die Tiefe ragt.

Und sowohl der Geologe als auch der Archäologe weiß, dass die jeweiligen Zeiten, die jeweiligen Schichten vergangen sind, dass aber die nächstfolgende Schicht auf der vorherigen, das heißt auf dieser Vergangenheit aufbaut und dass sie ohne die vorherige Schicht anders wäre. Es ist so, als wäre es keine vergangene Vergangenheit, die vorbei und verweht ist, sondern eine lebendige Vergangenheit, die in die Gegenwart hineinspielt.

(So wie der Ätna aus einer jahrmillionenalten Tiefenschicht sehr lebendig in die sizilianische Gegenwart hineinspielt. Und wie es ohne die griechische Kultur keine römische Kultur und keine abendländische Kultur gegeben hätte – jedenfalls nicht in der Form, wie wir sie heute in unserem Äußeren und Inneren vorfinden.)

Die Vergangenheit lebt. Die oberste Schicht ist nur so, wie sie ist, weil die darunter liegende Schicht so war, wie sie war usw.

Dieses Bild gilt für die Einzelseele gleichermaßen und der Therapeut, der auch eine Art Geologie oder Archäologie der Seele betreibt, tut gut daran, sich auf die Schichten, die den Aufbau der Seele bilden, einzulassen und die Konsequenzen, die sich daraus ergeben, zu studieren.

Wir haben in diesem Buch bisher drei Schichten der lebendigen seelischen *Partnerschafts*-Vergangenheit betrachtet und haben versucht, deren Konsequenzen ein wenig zu beleuchten. Diese drei Schichten der Seelen-Geographie der Partnerschaft möchte ich hier noch einmal zusammenfassen, bevor wir eine noch tiefere Schicht in unserem vierten und letzten Kapitel betreten.

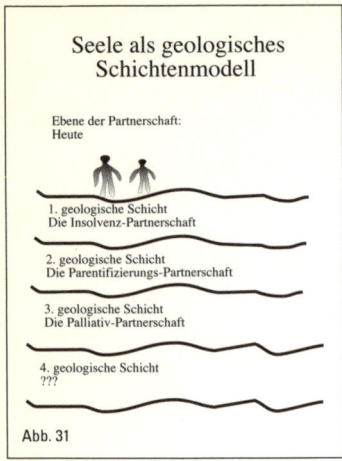

**Seele als geologisches
Schichtenmodell**

Ebene der Partnerschaft:
Heute

1. geologische Schicht
Die Insolvenz-Partnerschaft

2. geologische Schicht
Die Parentifizierungs-Partnerschaft

3. geologische Schicht
Die Palliativ-Partnerschaft

4. geologische Schicht
???

Abb. 31

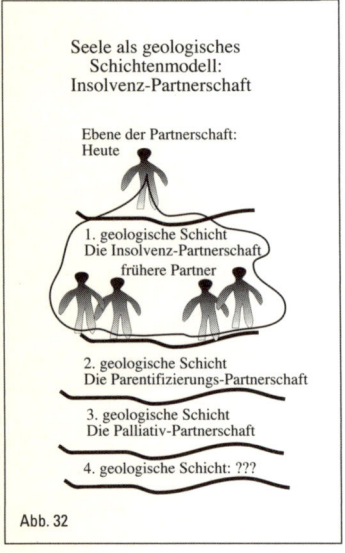

Seele als geologisches
Schichtenmodell:
Insolvenz-Partnerschaft

Ebene der Partnerschaft:
Heute

1. geologische Schicht
Die Insolvenz-Partnerschaft
frühere Partner

2. geologische Schicht
Die Parentifizierungs-Partnerschaft

3. geologische Schicht
Die Palliativ-Partnerschaft

4. geologische Schicht: ???

Abb. 32

Der Mensch im Heute, der in eine Partnerschaft gehen möchte oder sich bereits in einer Partnerschaft befindet, ist sich nicht darüber im Klaren, welche Teile seines Partnerschafts-Vermögens in den Tiefenschichten seiner Seele bereits gebunden oder in etwas Fremdes eingebunden sind. (Abb. 31)

Im Falle der Insolvenz-Partnerschaft haftet sein Vermögen zu einem *nicht geringen Teil* immer noch an einem oder an vielen Partnern. (Die »Blase« unterhalb unserer Oberflächen-Person zeigt jeweils an, wo das Partnerschafts-Vermögen hingeht.) (Abb. 32)

Im Falle der Parentifizierungs-Partnerschaft haftet das Partnerschafts-Vermögen zu einem *relativ großen Teil* an einem der Elternteile. Davon ist auch der zweite Elternteil betroffen, der abgelehnt worden ist und der deshalb das Vermögen ebenfalls stark – negativ – belastet. Außerdem ist es die Regel, dass jemand, der parentifiziert ist, zusätzlich auch gegenüber früheren Partnern Insolvenzverhalten in seinem Inneren findet. (Abb. 33)

Im Falle der Palliativ-Partnerschaft (Abb. 34) haftet das Partnerschafts-Vermögen zu einem *sehr großen Teil* an einem der früheren Partner der Eltern oder einem Geschwister der Eltern, dem Schweres oder Schlimmes widerfahren oder der früh verstorben ist etc. Damit ist ebenfalls (immer) ein Parentifizierungs-Geschehen verbunden, denn den Eltern gegenüber kann man bei diesem mildernden Geschehen nicht Kind bleiben. Nur selten findet man bei der Palliativ-Partnerschaft ein Insolvenzgeschehen, denn den wenigen Partnerschaften, die man hier überhaupt eingeht, fehlt – in der Regel – von beiden Seiten die Kraft.

Warum von beiden Seiten?

Weil ein Partner, der von außen auf mich zukommt, in seiner Seele spürt, dass ich – um es milde auszudrücken – nicht »bei der Sache« bin. Er nimmt wahr, wie weit entfernt ich bin, und hütet sich davor, sich selbst zu tief einzulassen.

Außerdem gibt es den Verdacht, dass dieser Partner ebenfalls einen »Engel im Gepäck« hat und auch von daher in seiner Tiefe über kein freies Partnerschafts-Vermögen verfügt. (Wer weiß: Vielleicht ziehen Engel sich an?) Dieser Verdacht wird auch dadurch genährt, dass Menschen, die sich von Palliativ-Partnern trennen (oder der Palliativ-Partner trennt sich von ihnen), darauf nicht sonderlich intensiv mit Leid reagieren, sondern im Grunde genommen erleichtert sind. Aber wie gesagt, das ist nur ein Verdacht.

In jeder unserer Abbildungen 32 bis 34 sehen wir, dass das Partnerschafts-Vermögen, das eigentlich für eine Partnerschaft im Heute zur

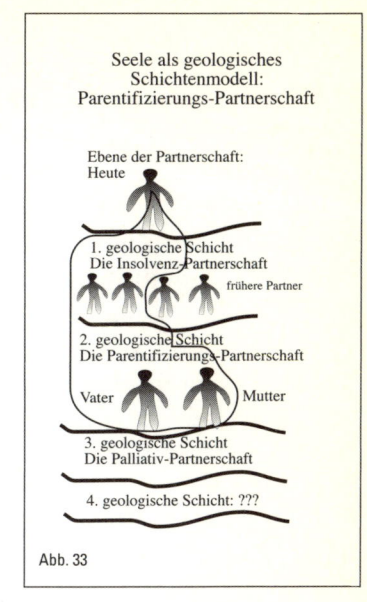

Abb. 33

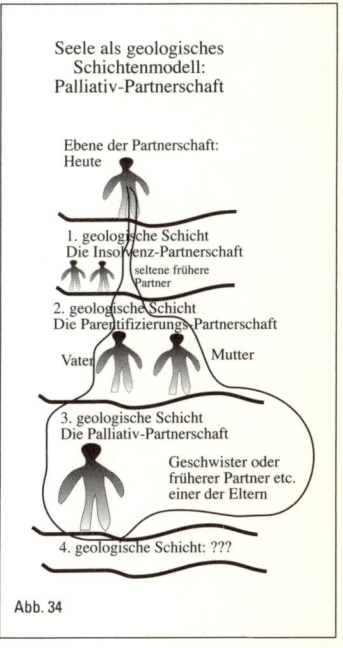

Abb. 34

209

Verfügung stehen sollte, mehr oder weniger von tieferen Schichten des Hintergrundes oder des Untergrundes absorbiert wird beziehungsweise dort noch so sehr eingelagert ist, dass für das Heute nur eingeschränkt (Abb. 32) oder kaum etwas (Abb. 34) übrig bleibt.

Folgerichtig muss ein Mensch, der sein Partnerschafts-Vermögen aus der jeweiligen Ebene der Tiefe in das Heute zurück- oder heraufbringen möchte, auf die betreffende Ebene hinabsteigen und dort jenen Menschen begegnen, an die es angelagert wurde. Ihnen muss er seine Referenz erweisen, sie muss er in den Blick des Ganzen seiner Seele zurückbringen. Ihren Platz muss er zu einem guten und geachteten Platz machen und gegebenenfalls muss er sogar ihren Platz, den er selbst eingenommen hat, wieder räumen. Er muss sie zu anerkannten und geehrten Mitgliedern seiner eigenen seelischen Familie zurückverwandeln, denn nur damit wird sein eigenes Partnerschafts-Vermögen – ganz wie von selbst – aus der Tiefe in die Höhe des Heute zurückgebracht.

Das ist deshalb ein schwerer Weg, weil ich von dieser Anlagerung ja auch etwas hatte. Manchmal sogar eine eigene Identität (»Ich bin du!«), die in Wahrheit eine fremde ist.

Eine Lösung kann hier nur gelingen, wenn die betreffende Person, an die ich zu nahe angelagert bin, vor meinen heutigen Augen (sei es in einer Familienaufstellung, sei es in einer Trance-Einzelsitzung) noch einmal aufscheint und ich ihr das Ihre zurückgebe: »Ich bin ich und du bist du!«

Kommen wir jetzt zum letzten und tiefsten Gefangensein des Partnerschafts-Vermögens.

Die Thanatos- Kapitel 4 Partnerschaft

Die alten Griechen stellten sich den Tod – wie so viele menschliche Eigenheiten – als die Personifizierung einer realen göttlichen Person vor und der Name dieser Gestalt lautete Thanatos. Thanatos war der ältere Zwillingsbruder von Hypnos, dem Gott des Schlafs.

Ein attisches Vasenbild zeigt das Zusammenspiel dieses Zwillingspaares bei der Grablegung eines Verstorbenen:

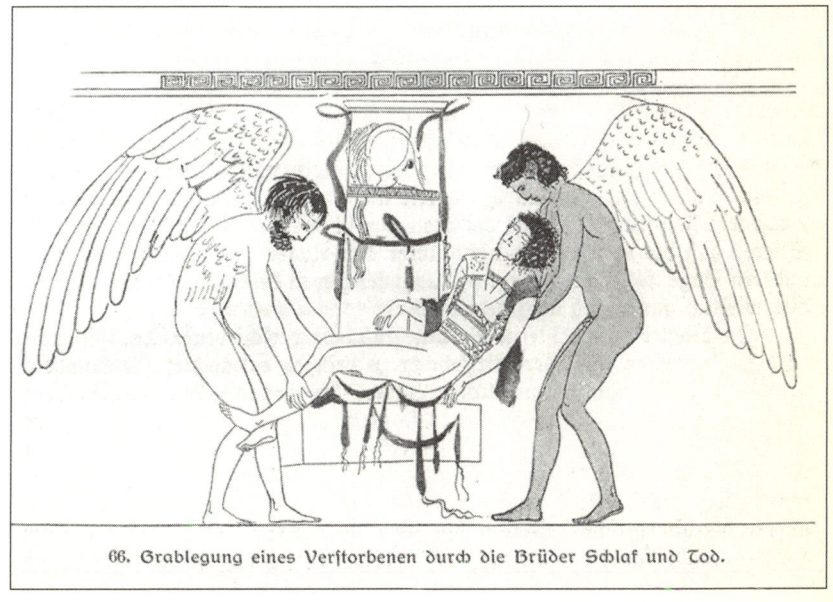

66. Grablegung eines Verstorbenen durch die Brüder Schlaf und Tod.

Hermann Göll: *Illustrierte Mythologie*, Verlag von Otto Spamer 1905, S. 135

Diese Abbildung trägt sehr genau in sich, worum es in unserem vierten Kapitel geht, wenn wir nur bereit sind, es nicht allzu wörtlich zu nehmen.

Der Mensch als möglicher Partner A befindet sich in der Obhut dieses Geschwisterpaares: Der Tod (dunkle Gestalt) hält ihn bei den Armen und der Schlaf trägt den Unterleib.

Und so zeigt dieses Bild fast buchstabengetreu ein Syndrom, das ich die Thanatos-Partnerschaft eines Menschen nennen möchte, wobei als einzige Abweichung zu dem attischen Bild zu berücksichtigen ist, dass es sich bei dem Liegenden nicht – noch nicht! – um einen Verstorbenen handelt, sondern um einen Menschen, der hier und heute *lebt* und der dennoch fest im Banne dieser beiden Seelengestalten sich befindet. – Im Banne beider Gestalten!

Würde jetzt ein äußerer Mensch (B) auf den Hingestreckten (A) zugehen mit dem Wunsch nach einer Partnerschaft und würde der Liegende um seinen Zustand wissen, so müsste er dem Partnersuchenden (B) fairerweise sagen: »Es tut mir Leid, aber ich bin bereits vergeben. Du siehst doch, ich bin in festen Händen!«

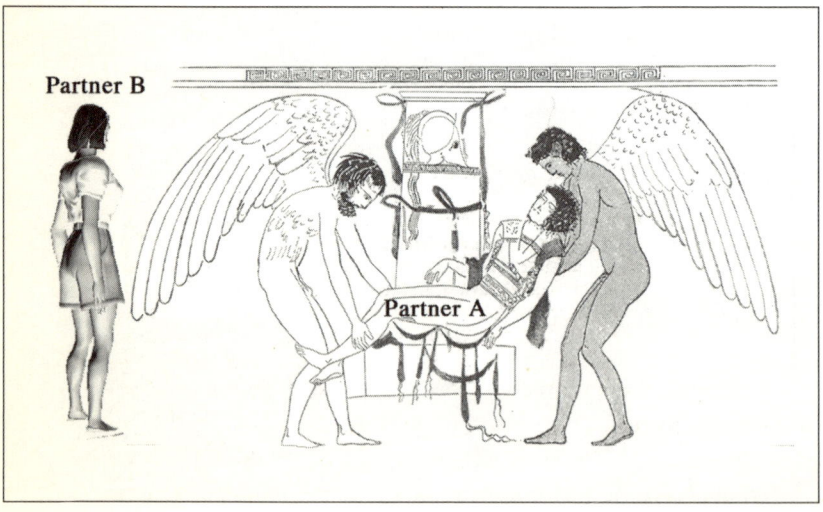

Da aber die beiden Menschen (A und B) die unsichtbaren Zwillinge nicht sehen können, schließlich sind es Götter, dazu noch »Söhne der Nacht«, und auch von ihrem Vorhandensein nichts ahnen, glauben A und B, dass der Weg für eine Partnerschaft durchaus frei sein könnte. Das aber ist er nicht!

Wir betreten hier nicht ein gänzlich neues Themengebiet, denn es unterscheidet sich nicht gravierend von den vorherigen. Wir wandeln entlang eines Kontinuums zu den vorherigen Kapiteln und den vorherigen Ebenen oder Schichten (siehe Seite 208 f.), nur geraten wir hier auf einen sehr tiefen und sehr gefährlichen geologischen Boden. Hier geht es für den Betreffenden tatsächlich um Leben und Tod, hier lauern Abgründe, hier wandelt man auf einem schmalen und abschüssigen Grat.

Um unser Schichtenmodell des letzten Kapitels fortzuführen: Auf der vierten Ebene der Thanatos-Partnerschaft gibt es eine Art »bodenloses Loch« und der Mensch auf dieser Ebene wandelt an den Rändern des Loches, gehalten von einem schmalen Geländer. Wenn dieses Geländer (durch äußere Ereignisse) wegfällt, droht die Gefahr, dass er ins Rutschen gerät. Manchmal ist die Partnerschaft mit einem anderen Menschen für einige Zeit ein derartiges »Geländer«; eine Hilfestellung dafür, dass man noch eine gewisse Zeit »bleiben« kann und darf. (Abb. 35)

Seele als geologisches Schichtenmodell: Thanatos-Partnerschaft

Ebene der Partnerschaft: Heute

1. geologische Schicht
Die Insolvenz-Partnerschaft

2. geologische Schicht
Die Parentifizierungs-Partnerschaft

3. geologische Schicht
Die Palliativ-Partnerschaft

4. geologische Schicht
Die Thanatos-Partnerschaft

Das Bodenlose

Abb. 35

Weil Missverständnisse so nahe liegen, hier noch einmal etwas Grundsätzliches:

Was in diesem Kapitel »Thanatos-Partnerschaft« genannt wird und in den vorherigen Kapiteln »Insolvenz-«, »Parentifizierungs-«

oder »Palliativ-Partnerschaft«, ist nicht die Form einer Partnerschaft zwischen zwei Menschen, sondern es ist die Form, die das Partnerschafts-Vermögen *eines Menschen* angenommen hat. Insofern trägt das Thanatos-Thema auch wenig Tödliches für die Partnerschaft in sich, so als wäre der andere Partner ebenfalls gefährdet, als würde man ihn mit ins Bodenlose ziehen. (Das ist nur sehr selten der Fall – auch wenn es vorkommt.)

Stößt der betreffende Mensch (A) mit einem der benannten Partnerschafts-Vermögen auf einen anderen Menschen als Partner, so läuft sein Thema in *seinem Inneren* ab, unabhängig davon, wie der jeweilige Partner B sich verhält. Das färbt natürlich die gesamte Partnerschaft entsprechend ein, weil Partner B hilflos vor diesem Phänomen steht und nicht weiß, wie er damit umgehen kann oder sich verhalten soll. Unabhängig also davon, wie das Partnerschafts-Vermögen von B gestaltet ist, versteht dieser nicht, was in der Tiefe des Partners A geschieht – mit allen Folgen, die das wieder haben mag.

Also noch einmal: Die Thanatos-Partnerschaft trägt (im Prinzip) nichts Tödliches für den Partner B oder die Partnerschaft in sich. Nichts Tödliches, aber meist etwas Trennendes. Und mitunter ist es dann so, dass B sich trennt und dass damit das letzte Geländer, das A noch Halt hat geben können, entfällt. Dann wird der Schritt ins Bodenlose für A manchmal unausweichlich. (Allerdings: In seltenen Fällen trifft man es an, dass B versucht, für A in den Tod zu gehen.)

Der Abgrund, der auf der einen Seite so gefährlich erscheint und vor dessen Konsequenzen dem Leser leicht schwindelig werden mag, die Unausweichlichkeit, die ja zu den Grundprinzipien des Lebens gehört (irgendwann müssen wir ja alle ins Bodenlose), hat jedoch für den Menschen, der die Thanatos-Partnerschaft in seinem Herzen trägt (ja, im Herzen!), eine tiefe Verlockung. Es geht ein Sog von diesem Abgrund aus.

Odysseus hat sich nur durch die Taue, mit denen er sich selbst an den Mast des Schiffes hat binden lassen, vor dem Verderben der Sirenen schützen können. Er wusste, dass er ohne dieses Hilfsmittel der Süße ihrer Verlockungen nicht hätte widerstehen können.

Und so gibt es auch im Menschen mit der Thanatos-Partnerschaft einen inneren Kampf, von dem er im Vordergrund gar nichts wissen muss: Es kämpfen in ihm die Kräfte, die ihn an den Rändern des Abgrunds »halten« möchten, gegen die Kräfte, die ihm aus dem Abgrund verlockend entgegenrufen: »Komm! Komm endlich zu mir!« So hört er es jedenfalls – in seinem Inneren.

Natürlich ahnt der Leser schon, dass hier nicht die Sirenen oder andere Furcht einflößende Wesen ihren Aufenthaltsort haben, sondern Menschen, die es einmal im Leben (selten) oder in der Herkunft von A tatsächlich gab und die heute selbst Tote sind. Es sind also *immer* frühere Angehörige von A, Menschen, die zu seinem Familiensystem gehörten und die ihn mit schlafwandlerischer – hypnotischer –Treue gleichsam in die Arme von Thanatos schieben.

Nein, auch das ist die falsche Ausdrucksweise: Dass die früheren Familienangehörigen A zum Tod hin drängen, sieht nur von außen – im Vordergrund – so aus. Hat man nämlich die Chance, genauer hinzuschauen, so bemerkt man, dass A selbst es ist, der glaubt, er könne an ihrem Schicksal etwas ändern, er könne gar ihr Schicksal zum Guten wenden, indem er »zum Toten geht«. Das vermeintliche Gezogenwerden (oder Geschobenwerden) entpuppt sich bei näherem Hinsehen als ein eigenständiges und *aktives Hingehen*, weil der betreffende Tote dem Lebenden so sehr fehlt. Es ist also im Wesentlichen ein Opfer, das A aus Liebe zum Toten bringt, weil er glaubt, er könne damit für den Toten etwas wenden oder er könne der Familie als Ganzes damit helfen.

Schauen wir uns ein Beispiel an:

Elvis Presley hatte einen Zwillingsbruder, Jesse Garon Presley, der bei der Geburt starb. Dieser war der Erstgeborene, Elvis der Zweitgeborene. Elvis' Biografen schreiben: »Eine halbe Stunde später kam das zweite Kind, Elvis Aaron. ›Elvis‹ war Vernons (Vernon ist der Vater, P.O.) zweiter Name und ist ein Anagramm auf ›lives‹ – ›lebt‹, ›Aaron‹ reimt sich auf den Namen des toten Zwillingsbruders. Zeit seines Lebens grübelte Elvis über das Mysterium – wie es ihm schien – seiner Geburt, seines Überlebens. (...) Der Tod hat Elvis immer fasziniert, Todessehnsucht war ein Teil seiner Persönlichkeit, so als empfände er wie Viola in (Shakespeares) ›Was ihr wollt‹: ›Was soll ich denn in Illyrien? / Da mein Bruder in Elysium ist?‹ In ›American Trology‹ singt er (Elvis): *Ruhig, mein Kindchen, weine nicht / Du weißt, dein Daddy muß bald sterben / Alle Plagen / Sind bald vergessen* ... Seine Lieblingshymnen wie ›I'm Gonna Walk Dem Golden Stairs‹, ›In My Father' House‹, ›Milky White Way‹, ›Known Only To Him‹, ›Swing Down Sweet Chariot‹ ... – fast alle Titel der LP ›His Hands In Mine‹ (1960) feiern die Erlösung durch den Tod.« (Alan und Maria Posener: *Elvis Presley*, Rowohlt, 1993, S. 14 f.)

Die Todessehnsucht war also da. Die Sirenen riefen nach Elvis und ihr Gesang drückte sich in seinen Liedern selbst immer wieder aus. Dass Elvis zeit seines Lebens mit seinem toten Bruder zusammenlebte, zeigt sich beispielsweise darin, dass in Memphis immer zwei Betten standen: das eine für Elvis, das andere für Jesse. Doch Elvis hatte zwei wichtige Geländer, die ihn (viele Jahre) davon abhielten, tatsächlich zu seinem Bruder zu gehen. Ein ganz starkes und ein weniger starkes. Das stärkste war seine Mutter.

Als sie 1958 (Elvis war 23 Jahre alt) starb, »... *brach mir das Herz* – diese abgedroschene Phrase beschreibt nur allzu genau Elvis' Zustand. Unter Tränen erzählte er den Journalisten: *Wir haben nur für sie gelebt. Sie war immer mein bestes Mädchen.* Als Gladys' Leichnam vom Bestattungsinstitut nach Graceland geliefert wurde, ließ Elvis den Sargdeckel abnehmen und warf sich auf die Tote, küßte und herzte sie, redete in Babysprache zu ihr, konnte von ihren Händen, ihren Füßen, ihrem Gesicht nicht lassen, bis man um seinen Geisteszustand und die Kunst des Leichenpräparierers zu fürchten begann und eine Glasplatte über den Sarg legte. Elvis blieb die Nacht über neben der Toten. Beim Gottesdienst am nächsten Nachmittag war er beinahe hysterisch, und als der Sarg schließlich in die Gruft am Forest Hill Cemetery geschoben wurde, rief

Elvis: *Auf Wiedersehen, Liebling, auf Wiedersehen. Ich liebe dich so sehr. Du weißt, wie sehr. Mein ganzes Leben lebte ich für dich! O Gott, alles, was ich besitze, ist weg.*« (a.a.O., S. 89)

Das zweite und viel brüchigere Geländer waren seine Ehe mit Priscilla Beaulieu und die in dieser Ehe entstandene Tochter Lisa Marie. 1967 heiraten Elvis und Priscilla, und 1972 verlässt ihn Priscilla wegen eines anderen Mannes. Sie nimmt auch das Kind mit. Die beiden haben bis dahin zwar zehn Jahre zusammengelebt, aber Elvis war pausenlos auf Tournee oder anderweitig beschäftigt, sodass sie sich nur sehr selten sahen: »Priscilla erzählte, daß sie und Elvis in den zehn Jahren ihres Zusammenlebens in Graceland ›nicht mehr als fünfzigmal‹ miteinander Geschlechtsverkehr hatten.« (a.a.O., S. 95) »Als Priscilla Elvis mit Lisa Marie verließ und zu ihrem Karatelehrer Mike Stone zog, versetzte sie seinem Selbstwertgefühl einen Schlag, von dem er sich nie ganz erholte. Seinen Schmerz zelebrierte er öffentlich mit seinen mitfühlenden Anhängern, etwa in dem Song ›You Gave Me A Montain‹, wo es heißt: *Sie nahm mir den Grund meines Lebens / Sie nahm mir mein kleines Kind.*« (a.a.O., S. 124)

Jetzt, da auch das letzte Geländer in sich zusammengebrochen ist, ist der Weg ins Bodenlose nur noch eine Frage der Zeit: »In den Jahren 1975 bis 1977 verschrieb ›Dr. Nick‹, wie er sich selbst nannte, allein für Elvis in Pillen- oder Ampullenform folgende Dosen: 5458mal Amphetamine, 9567mal Beruhigungsmittel sowie 3988mal Betäubungsmittel: Im Schnitt 20 pro Tag.« (a.a.O., S. 126) 1977 stirbt Elvis mit 42 Jahren. In seinem Obduktionsbericht werden »vierzehn verschiedene Betäubungs- und Beruhigungsmittel (aber keine illegalen Drogen) im Blut nachgewiesen, darunter Kodein (ein Opium-Alkaloid) in einer Konzentration, die dem Zehnfachen der therapeutischen Dosis entspricht«. (Ebd.)

Es ist dies die typische Geschichte eines Menschen mit einer Thanatos-Symptomatik. Alle Zutaten sind vorhanden: Es gibt einen sehr frühen Toten und es gibt Menschen (und damit ist nicht A gemeint), die unter diesem Schicksal leiden. Elvis' Mutter ist eine leidende Frau – wir wissen nicht, warum. Sein

Vater, bei dem Elvis vielleicht einen Halt hätte finden können, ist schwach und erfolglos. (Er begeht Unterschlagungen, muss für einige Zeit ins Gefängnis und fügt der Familie damit – nach den Maßstäben der damaligen Zeit – Schande zu. Dieser Vater hat seinen eigenen Vater, Jessie, so sehr verachtet und gehasst, dass er den tot geborenen Zwillingssohn nach seinem Vater Jesse benannt hat. Man hört förmlich den Vater zu seinem Vater sagen: »Da, das hast du jetzt davon!«)

Elvis steht zeit seines Lebens bei seiner Mutter und diese betrachtet ihn als die einzige Lichtgestalt ihres Lebens. Die Liebe der beiden füreinander übersteigt das normale Verhältnis einer Mutter zu ihrem Kind: »Meine Mutter – (...) – ich meine, jeder liebt seine Mutter, aber ich war ein Einzelkind, und als ich sie verlor, verlor ich nicht nur eine Mutter, sondern eine Freundin, eine Kameradin, einen Menschen, mit dem ich reden konnte. Ich konnte sie mitten in der Nacht wecken, wenn ich Sorgen oder Probleme hatte, sie stand auf und versuchte, mir zu helfen.« (a.a.O., S. 17)

Alle Männer in der Familie, sowohl aufseiten der Mutter als auch aufseiten des Vaters, wurden von ihren Frauen mehr oder weniger als Taugenichtse behandelt und gaben insofern dem einzigen männlichen Nachkommen kaum ein kraftspendendes Vorbild. Elvis war also der *Mutter und* dem *Vater* gegenüber in hohem Maße parentifiziert. Zusätzlich war er ab seinem 21. Lebensjahr der Ernährer der Familie, die – nur durch ihn – immer reicher wurde, und so waren Vater und Mutter einige Jahre Teil seines Hofstaates und zogen mit ihm von Auftritt zu Auftritt. Und Elvis kaufte ihnen Häuser und Autos und viele andere Dinge. Allein auf diese Weise wurde er ihnen gegenüber übergroß – und blieb doch (im Hintergrund) lebenslang ein Kind.

Als schließlich die wichtigen Kräfte, denen gegenüber er groß sein konnte und wollte, nicht mehr in seinem Leben vorhanden waren, die Mutter, Priscilla und sein Kind, wurde er wieder klein (er spielte tagelang mit Schießgewehren, wollte von Präsident Nixon unbedingt eine Plakette haben, die ihn als

Drogenfahnder auswies – und bekam sie auch) und hielt sich schließlich nur noch mit Medikamenten am Leben. Eines Tages jedoch wandte er sich von der Zukunft ab, drehte sich um und ging zurück in die Vergangenheit – jetzt vereinigte er sich wieder mit seinem Zwillingsbruder.

Der Leser könnte einwenden, dass Elvis' Zwillingsbruder ja von Anfang an einen sehr guten Platz im Herzen von Elvis hatte. Allein dadurch, dass er im Schlafzimmer immer dabei sein durfte, war er doch hoch geachtet und keinesfalls ausgegrenzt. Warum also dieser Drang, zu ihm zu gehen?

Nun, in der Tat, Jesse als Person war nicht ausgegrenzt, aber sein *Tod* war ausgegrenzt! Er fand *als Toter* keine Ruhe im Familiensystem und in Elvis' Seele. Nach einiger Zeit (sagen wir, nach einigen Jahren), während derer man *nicht* Abschied genommen hat, ist es fast so, als säße die Familie das ganze Jahr hindurch mit einer Leiche am Tisch. Jesse konnte nicht hinübergehen und eingehen in den Bodensatz des Bodenlosen, er wurde von Elvis 42 Jahre lang künstlich »am Leben« gehalten. Es ist dies ebenfalls eine Missachtung der Toten, wenn die Lebenden sie jahrelang durch ihr Leben mitzerren.

(Das Bild erinnert entfernt an Norman Bates in Hitchcocks Film »Psycho«, der seine tote Mutter als Mumie im Keller durch sein Leben hindurchschleppte und schließlich als Mörder im Wahnsinn auch noch ihre Identität annimmt.)

Was ist nun mit Elvis' Partnerschaften, denn schließlich sind Partnerschaften das Thema des vorliegenden Buches?

Elvis verhielt sich seinen Partnerinnen gegenüber (es gab ohnehin nur zwei ernsthafte) stets ritterlich und galant. Er stand den Frauen bei, war ihr Retter und edler Ritter. So sind Muttersöhne.

Priscilla nahm er zum Beispiel bereits – in allen Ehren – unter seine Fittiche, als sie 15 war, und sorgte dafür, dass sie in Graceland von seinem eigenen Vater (und weiteren Angestellten) betreut wurde. Nein, das war nicht das Polanski-Syndrom (die Frauen können gar nicht jung genug sein für die männliche Belustigung), sondern das Retter-Syndrom. Sie wohnte nämlich in Graceland – getrennt von ihm – in einem ganz anderen Gebäude. Einer aus seiner männlichen »Gang« schrieb:

»Priscilla war katholisch, und so schickte Elvis sie in die Schule zur Unbefleckten Empfängnis, die an der Park-, Ecke Lamar-Avenue stand. Die Jungs nannten sie ›Haus der Jungfrauen‹.« (Steve Dunleavy: *Elvis, wie er wirklich war*, A. Reiff 1979, S. 150)

Doch seine Partnerschaft und Ehe mit ihr war auch nicht anders:

»Sobald Priscilla sechzehn war und damit den Führerschein machen konnte, kaufte Elvis ihr zunächst einen Corvair und dann ein lavendelfarbenes Chevrolet-Sportcoupé. Sie lebte in einer Villa, sie hatte die beste Schulausbildung, alles, was man sich für Geld kaufen konnte – und das Sexsymbol aller Sexsymbole bemühte sich um sie. Was konnte sie sich mehr wünschen? Als die Jahre vergingen und sich Priscillas Persönlichkeit entwickelte, merkte sie, daß es im Leben noch mehr als Reichtum gab. Sie war, wie ihr klar wurde – bis 1972 – buchstäblich eine Gefangene im goldenen Käfig.

Elvis ließ Priscilla immer auf einem Podest stehen. ›Es war wie immer‹, sagte Sonny, ›er bekam, was er wollte, warf es in die Vorratskammer und wandte sich etwas anderem zu. Priscilla konnte alles haben, doch das, was sie am meisten wollte, war Elvis. In den letzten Jahren ihres Zusammlebens war sie fünfundachtzig Prozent ihrer Zeit allein. Sieben Wochen hintereinander konnte sie ihn manchmal nicht sehen. Dann verbrachten sie ein Wochenende zusammen, und schon war er wieder weg. (...) Alles, was sie wollte, war ein normales Leben. Doch gegen Ende ihrer Beziehung bestand Elvis' Leben aus Schlaf- und Betäubungsmitteln. Manchmal sahen wir ihn eine ganze Woche lang überhaupt nicht. Er blieb einfach in seinem Zimmer *(das mit dem zweiten Bett? P.O.)*, sah fern und genoß das eigene Hausprogramm. Sie wollte mit ihren Tagen etwas anfangen, herauskommen und das Leben genießen. Sie wollte nicht den ganzen Tag in einem Hotelzimmer zubringen oder im Schlafzimmer *(das mit dem zweiten Bett? P.O.)* von Graceland.‹« (Dunleavy, a.a.O., S. 150 f.)

Anders gesagt: Elvis war immer woanders. Es ist nicht verwunderlich, dass Frauen es bei einem Menschen mit einer Parentifizierungs- (seiner Mutter gegenüber) und einer Thanatos-Partnerschaft (seinem Bruder gegenüber) im Hintergrund nicht lange aushalten. Sie spüren, dass etwas Tiefes im Verborgenen lauert, und merken eines Tages, dass gar nicht sie gemeint sind.

Muttersöhne haben (wie wir schon aus der Seelenreise »Ich bin der Liebling der Frauen« wissen) die Tendenz, als Retter in einem Leben aufzutauchen und dann ritterlich die Rettung vor dem Bösen zu vollziehen. Doch wenn diese Heldentat vollbracht ist, tun sie das, was »Helden« immer tun: Sie ziehen weiter. Sie wollen eigentlich gar nichts von der Partnerin, außer sie (aus einer erdrückenden Situation) zu retten. Dann müssen sie weiterreiten. Wie Parzival!

Schauen wir uns die Thanatos-Thematik bei jemanden an, der nicht zusätzlich noch das Retter-Syndrom hat (der also im Wesentlichen bei seinem Vater steht).

Einem Pfarrersehepaar aus dem Dorf Groot-Zundert in Holland wird am 30. März 1852 sein erstes Kind geboren. Die Eltern haben sich auf dieses Kind sehr gefreut, die ganze Hoffnung der jungen Ehe liegt auf ihm. Als die Geburt zu Ende ist, ist das Kind tot. Die Eltern, gläubige Christen, taufen das Kind auf den Namen *Vincent Willem van Gogh*, lassen es unter der Nummer 29 im Geburtsregister des Dorfes registrieren und tragen es dann zu Grabe.

Drei Monate später wird die Pfarrersfrau Anna Cornelia van Gogh wieder schwanger. Diesmal sind beide Eltern sehr besorgt und sehr ängstlich – das gleiche Schicksal könnte sich wiederholen. Neun Monate später, zum selben Datum wie beim ersten Kind, am 30. März 1853, wird wieder ein Sohn geboren, der diesmal am Leben bleibt. Wieder wird das neue Kind auf den Namen *Vincent Willem van Gogh* getauft und wieder wird es unter der Nummer 29 ins Geburtsregister eingetragen!

Damit ist – im Wesentlichen – sein Schicksal besiegelt. Vincent ruht lebenslang in den Armen des Todesengels beziehungsweise seines namensgleich gestorbenen Bruders. Er übernimmt – für seine Eltern – den Platz des ersten Kindes und er lebt ein Leben, als wäre er bereits tot. Seine Partnerschaften sind hoffnungslos und führen nirgendwohin. Im Alter von 37 Jahren richtet er eine Schusswaffe gegen sein Herz und drückt ab. Zwei Tage später ist er tot. Und als wäre ein Toter noch nicht genug, folgt ihm sieben Monate später sein vier Jahre jüngerer Bruder Theo ebenfalls in den Tod. So viel zum Anfang und Ende der Lebensgeschichte eines der größten europäischen Maler.

Die Stadien dazwischen sind ebenfalls schnell erzählt:

Die ersten 21 Jahre hat er ein enges Verhältnis zur Familie, besonders zum Vater, den er sehr bewundert. Er wird Angestellter in einer Kunsthandlung und es geht ihm relativ gut. Danach sechs Jahre lang der Versuch, in die Fußstapfen des Vaters zu treten: Vincent wird tief gläubig und will Prediger werden. Das misslingt und ab 1882 beginnt er – auf Anraten seines Bruders Theo – zu malen. Er will jetzt Maler werden. Zu dieser Zeit so ziemlich die brotloseste Kunst.

Er wird von zwei Frauen zurückgewiesen. Die erste, in die er sich verliebt, ist schon vergeben (Ursula), die zweite, seine Cousine Kee Voss, trägt noch zu sehr an ihrem Witwenschmerz. Er lebt dann einige Monate mit einer ehemaligen Prostituierten auf engstem Raum zusammen (Sien, seine erste Frau überhaupt), die noch zwei Kinder und ihre eigene Mutter in das Elend mit hineinbringt.

Vincent verbringt die zweite Hälfte seines jungen Lebens in tiefer Armut, immer wieder unterbrochen durch Besuche im Elternhaus, die ihn jedes Mal wieder hochpäppeln. Er verdient kaum Geld, meist kann er sich noch nicht einmal Farben kaufen. Ohne die regelmäßigen Geldzuwendungen seines jüngeren Bruders Theo hätte er wohl leicht verhungern können (zumal ihm das Essen ohnehin nicht sonderlich wichtig war). Als sich ein einziges Mal eine Frau in ihn verliebt (Margo Begemann) und ihn heiraten will, sperrt sich ihre Familie gegen diese Verbindung und verbietet sie rigoros. Ihre Eltern wollen keinen mittellosen Sonderling in der Familie haben und auch ihr Selbstmordversuch kann die Eltern nicht umstimmen. In den letzten sechs Jahren wechselt sein Leben zwischen Stadien der Einsamkeit und Aufenthalten in Irrenanstalten. Freilich, in dieser Zeit malt er wie besessen.

Der Wahlspruch seines Lebens, mit dem er auch seine erste Predigt bestritten hat, lautet: »Trauern ist besser als Lachen, denn Trauern läutert das Herz«.

(Daten aus: Herbert Frank: *Van Gogh*, Rowohlt 1976)

Wir wissen nicht, was sonst noch in van Goghs Herkunftsfamilie geschehen ist, die biografischen Angaben über das Leben seiner Vorfahren sind spärlich. Aber für den Schluss, dass hier ein Thanatos-Syndrom vorliegt, reichen die Daten von Anfang und Ende.

Dass derartige Vorfälle – ein älteres Geschwister oder ein Zwillingsgeschwister stirbt sehr jung und das endet auch für den Überlebenden tödlich – gar nicht so selten vorkommen, zeigt sich auch in Bohumil Hrabals großartigem (und komischem) Monolog *Tanzstunden für Erwachsene und Fortgeschrittene* (Suhrkamp 1968, S. 36 f.):

»... zu Österreichs Zeiten durfte in der Rindssuppe der Safran nicht fehlen, dieses feine Gewürz aus Kleinasien, und mein Vetter erst, das war ein Fall! als geborener Zwilling wurde er auf den Namen Vincek getauft, während man den anderen Zwilling auf den Namen Ludvicek taufte, die beiden waren gerade ein Jahr alt, da badete ihre Mutter sie in der Wanne, lief schnell für eine Minute zur Nachbarin, und als sie nach einer halben Stunde zurückkam, war ein Zwilling ertrunken, aber weil sich die Zwillinge so glichen, wußte man nicht, welcher ertrunken war, Ludvicek oder Vincek? da warf man einen Sechser, Ludvicek war der Adler und Vincek die Zahl, also war Ludvicek ertrunken, Vincek jedoch, meinem Vetter, als er erwachsen war, wollte es nicht aus dem Kopf, er hatte keine Arbeit und Zeit genug, so fragte er sich immer wieder, wer denn eigentlich ertrunken sei? ob nicht vielleicht Ludvicek am Leben und er, Vincek, ertrunken sei? und er fing mit dem Trinken an, dann ging er zum Wasser, er badete viel im Fluß, später auch in Bädern, wahr-

scheinlich wollte er es genau wissen, weil er sich schließlich er-
tränkte, um sicher zu sein, daß er nicht schon damals in der Wanne
ertrunken war ...«

Nein, Vincek wollte nur zu seinem toten Bruder gehen!

Eine solcherart präzise Beschreibung (bis hin zur selben To-
desursache) kann sich keiner ausdenken, der Derartiges nicht
in seiner Lebensumgebung in dieser Form erlebt hat.

Es geht bei unseren bisherigen Beispielen um Identifikation,
um Treue oder um die eigenartige Form eines Rettungsver-
suches, bei der einer glaubt, indem er stirbt, würde er dem anderen etwas Gutes tun (ihn befreien, erlösen etc.).

Im Gegensatz zu unseren Beispielen aus den vorherigen
Kapiteln stellt sich dieser Zusammenhang freilich auf einer
tieferen seelischen Ebene um eine wichtige Nuance anders ge-
artet dar. Während bei den vorherigen Identifikationen (zum
Beispiel im Kapitel 3) die Menschen, die ausgegrenzt sind,
in meiner Seele aufrecht stehen (vgl. Abb. 26 auf Seite 171, in
der Karin mit der ebenfalls verstorbenen Elise identifiziert war
und ihr Lebensschicksal zu übernehmen trachtete), finden wir
bei Elvis oder van Gogh, also bei der Thanatos-Partnerschaft,

Abb. 36

eine Identifikation vor, die aus-
drücklich *mit dem Tod* der betreffenden Menschen zu tun hat.
Und *weil* diese Vorherigen tot
sind, folgt der Mensch, der identifiziert ist (aus Treue und Liebe
und manchmal auch, um den
Lebenden eine Entlastung zu
bringen), ihnen nicht nur in das
Schicksal hinein, sondern in den
Tod hinüber. Sie wollen auch
sterben!

Sehen wir es uns noch einmal
als Bild an (Abb. 36): Elvis
schaut auf seinen Zwillingsbru-

224

der Jesse. Dieser steht nicht, sondern *liegt* in der Seele von Elvis als Toter (auch wenn er in seinem Bett in Elvis' Schlafzimmer von Elvis noch nicht als Toter akzeptiert worden ist). In ähnlicher Weise sieht van Gogh auf seinen älteren namensgleichen Bruder als auf einen Liegenden herab.

Auch in der Technik des Familien-Stellens in der Gruppe geht der Therapeut heute oft dazu über (wenn in seinem Inneren dieses Bild aufscheint!), einen sehr früh Gestorbenen oder einen Verstorbenen mit einem sehr schweren Schicksal von Anfang an hinzulegen. Und dann wartet er ab, was der Heutige in dieser Situation unternimmt. Oft (nicht immer!) geht dann folgende Bewegung vom Stellvertreter aus: Er nähert sich dem Liegenden und nach einer Weile legt sich der Stellvertreter desjenigen, der aufgestellt hat, ganz langsam neben den Toten. So als wollte er damit sagen: »Das ist jetzt mein Platz. Hier gehöre ich hin.« (Abb. 37)

Abb. 37

Es ist dies eine ähnliche »Bewegung der Seele« (Hellinger) wie jene Position, in der der Aufstellende seinen Stellvertreter (oder den Stellvertreter für ein anderes Familienmitglied) mit dem Rücken zu allen anderen Personen und mit Blick auf die Tür oder auf die Wand des Raumes stellt. Ein Sinnbild für »Er will gehen!«.

In Einzelsitzungen finden wir an dieser Stelle eine Variante, die dasselbe aussagt: Hier trifft der Patient, der in Trance einen inneren Raum betritt – zum Beispiel den Raum des Vaters, der Mutter oder seiner Schwester –, die betreffende Person am Fenster des Raumes stehend und nach »draußen« schauend vor. Und sie lässt sich auch nicht vom Patienten, der gerade den Raum betreten hat, stören oder davon ablenken beziehungsweise davon abhalten. »Draußen« ist oft eine schöne Landschaft, eine Wiese, eine Bergeshöhe oder ein Waldesrand, und wenn man den Patienten fragt: »Wer steht denn da draußen, vielleicht etwas verdeckt, wohin dein Vater schaut?«, dann weiß der Patient, ohne nachdenken zu müssen: »Zu seinem Vater, der im Krieg gefallen ist, als mein Vater ein Jahr alt war. Zu dem will er so gern hin!« Und der Vater des Patienten hat vielleicht schon mit 30 Jahren einen Diabetes entwickelt und ist mit 49 Jahren gestorben.

Ich habe bei Familienaufstellungen schon mehrfach eine um Nuancen andere Variation beobachten können: Der Stellvertreter geht auf den am Boden Liegenden zu und nach einer Weile begibt er sich in die Hocke, er kniet sich also zu ihm hin und verharrt ein oder zwei Minuten neben dem Toten. Dann legt er sich aber doch neben ihn. In diesen Fällen war das Familienmitglied, das vom Stellvertreter dargestellt wurde, entweder zum Beispiel an Aids oder Krebs erkrankt (lebte aber noch) oder in zwei Fällen stark drogensüchtig und war ebenfalls noch am Leben.

In mir entstand in diesen Fällen das Bild, dass das Knien eine »Krankheit zum Tode« darstellt oder eine starke Drogenabhängigkeit signalisiert (wie bei Elvis), die – wenn eine Lösung nicht erfolgen kann – mit großer Wahrscheinlichkeit zu einem frühen Tod führt. Außerdem zeigt dieses Hocken bereits eine extreme Form der Schwäche, aus der man sich aus eigener Kraft kaum noch zu erheben vermag.

Es stellt sich jetzt die Frage: Warum führt im einen Fall die Nähe zu einem Toten zu einer lebenslangen Eigensinnigkeit und zum Teil auch Einsamkeit (Kapitel 3) und in einem anderen Fall zu einem Folgegeschehen in den Tod (Kapitel 4)?

Die Antwort ist bis heute nicht erforscht, es gibt nur Mutmaßungen. Meine Vermutung besteht darin, dass es einerseits die *Schwere des Schicksals* sein kann, die der Tod dieses einen Menschen bei den zurückgebliebenen Familienmitgliedern ausgelöst hat, und dass es andererseits auch die *Schwere der*

Schuld sein kann, die eines der Familienmitglieder auf sich geladen hat.

Wir wollen zwei Beispiele betrachten, in denen die Schwere der Schuld den Ausschlag darüber gibt, wie nahe ein Späterer zu den Toten gehen muss. Es sind beides Beispiele, die auch zeigen können, wie sehr die Ereignisse des Zweiten Weltkrieges noch heute ihre Spuren in der Seele der Menschen aufbewahrt haben.

Beginnen wir mit dem leichteren Beispiel:

Der 40-jährige Norbert kommt zu einigen Therapiesitzungen, um seine Ehesituation zu betrachten. Norbert führt ein Leben, das eher passiv ist. Er hält sich vollständig im Hintergrund auf (als wäre er im Schlaf – bei Hypnos), arbeitet als freier Mitarbeiter in einem spirituellen Zentrum und verdient damit relativ wenig Geld. Er ist seit zehn Jahren verheiratet, hat zwei Kinder und fügt sich vollständig den Wünschen seiner Ehefrau, die als Oberärztin der Haupternährer der Familie ist. Norbert macht auch in der Anamnese den Eindruck, als wäre er nur zu einem geringen Teil anwesend.

Seit sechs Jahren etwa ist seine Ehe auch dadurch gefährdet, dass es – nach der Geburt der Kinder – kaum noch zum Vollzug der Sexualität kommt und dass seine Frau sich alle möglichen Krankheiten einbildet, die ihn dazu zwingen, »Rücksicht zu nehmen«, obwohl mittlerweile beiden klar ist, dass sie eigentlich gesund ist. In den Therapiesitzungen steht jedoch relativ schnell nicht die Ehe, sondern Norberts Vater im Vordergrund seiner seelischen Aufmerksamkeit. Der Vater war im Leben von Norbert nie richtig präsent (obwohl er körperlich anwesend war), zumal dieser selbst seinen Vater im Alter von zwei Jahren verloren hatte.

Folgerichtig steht der Vater von Norbert in der Therapiesitzung (wie vorher schon beschrieben) in dem inneren Raum, den der Patient aufsucht, mit dem Rücken zur Tür und schaut aus dem Fenster – beachtet also Norbert gar nicht. Es stellt sich heraus, dass der Vater zu seinem Vater schaut, der »draußen« am Waldesrand sich befindet und zu dem er so gern hinmöchte. Erst als der Vater und der Großvater sich begegnen und der Schmerz des Vaters über den frühen Tod seines Vaters abgeklungen ist, kann der Vater Norbert ein erstes Mal als seinen Sohn wahrnehmen. Und der Sohn kann seinen Vater ein erstes Mal in seinem Schicksal achten.

Diese Sitzung ist sehr hilfreich, sie führt dazu, dass Sohn und Vater endlich ein wenig zueinander gefunden haben. Aber sowohl für den Therapeuten als auch für den Patienten ist sichtbar, dass noch etwas Wichtiges fehlt. In der Anamnese ist zur Sprache gekommen, dass der Vater im Zweiten Weltkrieg als Polizist an einer Erschießung von verurteilten Gefangenen in einem Gefängnishof teilgenommen hat. Zwar hat der Vater nicht zum Erschießungskommando gehört (das haben Soldaten getan), aber er war als Polizist dazu auserwählt, den nicht tödlich Getroffenen den »Gnadenschuss« zu geben. Von zehn Verurteilten waren das drei. (Der Sohn wusste das nicht vom Vater selbst, sondern von der Mutter. Ihr hatte der Vater einmal in großer seelischer Not davon erzählt, dass der Anblick dieser drei tödlich verwundeten Opfer, die bei Bewusstsein waren und ihn anschauten, während er ihnen in den Kopf schießen musste, ihn lebenslang nicht mehr losgelassen habe.)

In der Therapiesitzung zu diesen Menschen (ich übergehe die Dynamik der Sitzung) gelang es Norbert, das Schwere, das der Vater durch diese Handlung auf seine Seele geladen hatte, und das Schicksal der Opfer bei den Opfern und beim Vater zu lassen. Nachdem Norbert lange genug die Opfer angeschaut hatte und bei ihnen blieb, bekam er von diesen selbst die Ermutigung und Aufmunterung, es ginge ihnen gut, er habe damit nichts zu tun und er solle zurück in sein eigenes Leben gehen. Zwischen ihnen (den Opfern) und dem Vater, der ihnen den Gnadenschuss gegeben hatte (und der auch schon etliche Jahre tot war), gebe es schon längst Frieden, es gebe hier für Norbert nichts mehr zu tun und er solle endlich aufhören zu trauern. Erst nach diesem Einverständnis der Opfer konnte Norbert eine Befreiung in seiner Seele erleben. Nicht ganz unerheblich ist in diesem Zusammenhang, dass Norbert vor 20 Jahren Theologie studiert hatte und bis zu seiner Therapie ein sehr gefragter Trauerredner auf Beerdigungen war. Man kann sich im Nachhinein vorstellen, für wen er da so viele Trauerreden abhielt.

Norberts Partnerschaften (er war mehrfach verheiratet) waren alle sehr kurz und auch seine jetzige Ehe war eher durch eine Art Helfer-Syndrom gekennzeichnet (ohne auf die Einzelheiten einzugehen) und als »Ehe« kaum zu bezeichnen.

So weit unser erstes Beispiel. Zwar hat die Bindung an die drei Erschossenen in diesem Fall nicht zu einem Thanatos-Syndrom geführt, sondern nur zu einem Palliativ-Geschehen mit Auswirkungen auf die Partnerschaften, weil das Schuld-Geschehen (vielleicht?) nicht die erforderliche Schwere hatte, aber es hat gereicht, Norbert sehr weit in den Hintergrund der Welt zu entrücken. Für die Lebenden war er nur noch in sehr geringem Maße erreichbar.

In unserem nächsten Beispiel ist das nicht so glimpflich abgelaufen:

Der 55-jährige Roland stellt seine Familie auf. Zu ihr gehören: Roland, die Mutter von Roland, sein Vater (der mit einer anderen Frau verheiratet gewesen war und mit dem Rolands Mutter nur eine sehr kurze Beziehung hatte), der Stiefvater (mit dem die Mutter bis zu ihrem Tod verheiratet war und der Roland bei der Eheschließung mit der Mutter adoptiert hatte) und der Bruder Rolands, Clemens (aus der Ehe der Mutter mit dem Stiefvater). Clemens starb im Alter von 42 Jahren, nachdem er eine 15-jährige Drogenkarriere (mit etlichen Gefängnisaufenthalten) hinter sich hatte, an Aids (wahrscheinlich durch eine infizierte Heroin-Spritzen-Nadel).

Folgendes Bild ergibt sich aus der Aufstellung (Abb. 38). Als alle Familienmitglieder gestellt sind, zeigt sich ganz deutlich, dass der gestorbene Bruder sich zu seinem Vater stellt (dem Stiefvater von Roland) und dass beide in die Richtung zur Tür, also nach »draußen« schauen. Als der Therapeut nachfragt,

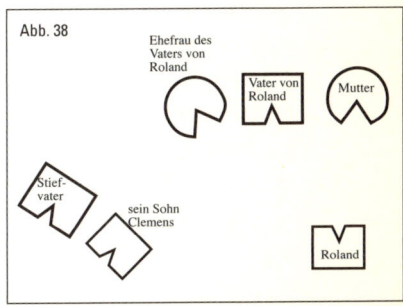

Abb. 38

Ehefrau des Vaters von Roland

Vater von Roland

Mutter

Stiefvater

sein Sohn Clemens

Roland

wo denn die beiden hinschauen beziehungsweise hinwollen, kann Roland keine Antwort geben. Es gibt, soviel er weiß, keine Familienmitglieder mit einem schweren Schicksal in der Sippe des Stiefvaters, zu denen es die beiden hinziehen könnte. Erst nach längerem Nachfragen erinnert sich Roland, dass der Stiefvater im Zweiten Weltkrieg als Angehöriger der Gestapo in Jugoslawien Partisanen gejagt hat und dass dort gefangene Partisanen an Ort und Stelle erschossen oder aufgehängt wurden. Er selbst hatte seinen Stiefvater bei einer Gelegenheit mit großem Ernst und mit starker Berührtheit sagen hören: »Ach, mein Junge, wenn du wüsstest, was dort in Jugoslawien alles geschehen ist ...«

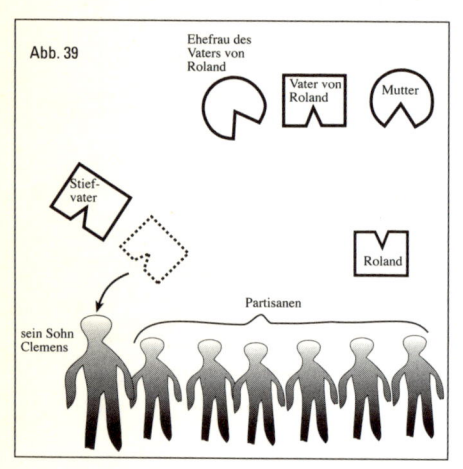

Abb. 39

Ehefrau des Vaters von Roland

Vater von Roland

Mutter

Stiefvater

Roland

sein Sohn Clemens

Partisanen

Während der Therapeut dies alles noch erfragt, bemerkt der Stellvertreter des Bruders Clemens, dass es ihn zu Boden zieht. Seine Beine werden immer schwächer. Der Therapeut wählt schnell sechs Männer aus und lässt diese sich hinlegen: »Ihr seid die Stellvertreter für die ermordeten Partisanen.« Sofort geht Clemens zu den »Partisanen« und legt sich erleichtert neben sie. Dort bleibt er liegen. Als der Therapeut ihn fragt, wie es ihm gehe, sagt Clemens: »Gut. Hier ist mein Platz. Hier gehöre ich hin!«

Jetzt sieht Roland, der seine Familie aufgestellt hat, dass er seinen Bruder nicht an die Krankheit Aids verloren hat, sondern dass Clemens – in letzter Konsequenz – noch ein Opfer des Zweiten Weltkrieges geworden ist, ein Krieg, der in der Seele der Deutschen auch heute, über 50 Jahre später, noch kein Ende gefunden hat.

Wir sehen, das Thanatos-Syndrom hat nicht zufällig diesen Namen. Nicht nur im übertragenen Sinne, sondern auch ganz real zieht es manche Menschen hin zu einer der tiefsten und

230

engsten Partnerschaften überhaupt: zur Partnerschaft mit einem Toten und damit zur Partnerschaft mit dem Tod selbst.

Manchmal gibt es eine Zwischenstufe auf dem Weg dorthin, eine Art Übergangsphase. Sie ist charakterisiert durch das, was weiter oben schon mit dem »Hocken« während einer Familienaufstellung bezeichnet worden ist: Die Schwere des Todes eines Vorherigen hat die »Schwerkraft« und also den Zug nach unten schon deutlich erhöht und der Betreffende, der diesem Zug ausgesetzt ist, kann sich nicht mehr aufrecht auf seinen Beinen halten. Es zieht ihn schon deutlich ins Bodenlose hinab. Aber noch sind die Kräfte, die ihn am Leben halten wollen, etwa ebenso stark. Und so befindet er sich (im übertragenen Sinne!) in einer knienden, hockenden oder sitzenden Position neben dem ursprünglichen (liegenden) Toten. Er kann schon nicht mehr mitten im Leben »stehen« und schon gar nicht seinen Mann (seine Frau) stehen.

Im Außen sichtbar wird diese Übergangsphase oft an folgenden Symptomen oder Betätigungen:

- Der Betreffende hat einen deutlichen Bezug zu intensiv meditativen Gruppierungen, spricht oft von der »Erleuchtung«, zu der hin er sich bewegen möchte.
- Der Betreffende übt gern Extremsportarten aus, die – wie der Name bereits sagt – die Menschen in eine extreme Nähe zum Tod führen können (Freeclimbing, Drachenfliegen, Bungeejumping etc.).
- Der Betreffende hat eine starke Affinität zu allen härteren Süchten. Alkohol-, Tabletten- und Drogenmissbrauch sind hier die wichtigsten Hinweise. (Auch wenn es auf der Packung steht: Das Rauchen gehört nicht dazu.)
- Auffallend häufige oder besonders schwere Selbstmordversuche oder eine gehäufte Unfallneigung.
- Manche Krankheiten, die in langsamer Weise (und in jungen Jahren) zum Tode führen können (besonders häufig Aids oder Krebs).

Die meisten dieser Betätigungen haben noch eine zusätzliche Komponente (an der man die Übergangsphase erkennen kann): Die Nähe zu ihnen, zum Beispiel zum Drogenkonsum, und die Folgekosten (Beschaffungsdelikte) verhindern eine Partnerschaft zu den lebenden Menschen so nachhaltig, dass ich nicht zögere, auch die jeweiligen Abhängigkeiten als »Partnerschaften« zu beschreiben.

Das will erklärt sein.

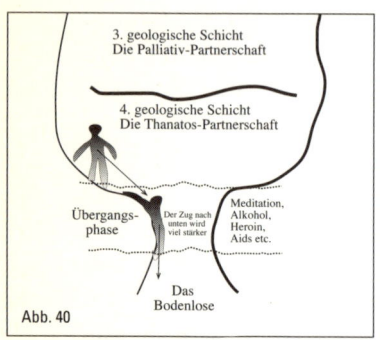

3. geologische Schicht
Die Palliativ-Partnerschaft

4. geologische Schicht
Die Thanatos-Partnerschaft

Übergangsphase

Der Zug nach unten wird viel stärker

Meditation, Alkohol, Heroin, Aids etc.

Das Bodenlose

Abb. 40

Der Mensch, der erstens diesen Zug ins Bodenlose hat und der sich zweitens in der Übergangsphase befindet (nicht mehr stehend und noch nicht liegend – also tot – ist), bindet sich in dieser Phase an »Übergangsobjekte« und geht eine eigene Art der »Partnerschaft« zu ihnen ein. Diese neue »Partnerschaft« (mit der Meditation, der Erleuchtung, dem Alkohol, den Drogen, der Krankheit, Aids usw.) ist für eine gewisse – mehr oder weniger lange – Zeit gleichsam eine Art Vehikel, die Partnerschaft zu den Menschen aufzugeben und zu beenden. (Abb. 40)

Schauen wir auf ein Beispiel, das diesen Sachverhalt erläutern kann. Eine Frau erzählt über ihren erwachsenen (heroinabhängigen) Sohn folgende Geschichte:

Seit er das Gift nimmt, hat sich für ihn alles verändert. Er betrachtet die Menschen nicht mehr als Menschen, sondern nur noch als Hilfsmittel, um an seinen Stoff zu kommen. Seine Ehefrau hat sich von ihm getrennt. Er hat ihren Schmuck (den sie von ihren Eltern hatte) gestohlen und wahrscheinlich verkauft. Hat sogar den Computer seines Sohnes versetzt (hat aber dem Sohn erzählt, er habe ihn zur Reparatur gebracht und diese würde und würde nicht fertig), hat sich von allen Freunden Geld geliehen, sodass diese ihn nicht mehr besuchen kommen.

Auch bei ihnen (also seinen Eltern) hat er Ferngläser, Kameras und die für das Alter zurückgelegten Silbermünzen in unbeobachteten Augenblicken entwendet, sodass er bei ihnen Hausverbot hat, und jetzt sei er auch noch wegen Unterschlagungen von seinem Arbeitgeber entlassen worden. Das Schlimmste von allem sei, dass er jede dieser Handlungen mit aggressiver Empörung leugnet. Und dann sagte die Frau: Das Teufelszeug, das er sich spritzt, ist ihm heute tausendmal wichtiger als wir alle zusammen.

Es sind dies Erfahrungen, die Angehörige von Drogenabhängigen immer wieder schmerzhaft erfahren und bestätigen können.

In meiner nächsten Umgebung konnte ich beobachten, wie zwei junge Männer mit dem Geld ihrer jeweiligen Eltern eine Computergrafik-Firma gründeten, sodass sie sich selbstständig machen konnten. Nach einem Jahr hatte einer von beiden heimlich über 8 000 Mark entnommen, um mit diesem Geld seinen Crackkonsum zu finanzieren. Die Firma, die Freundschaft der beiden Partner und seine Beziehung zum Elternhaus waren damit ruiniert. Es existierte nur noch die »Partnerschaft« mit der Droge. Freilich hatte dieser junge Mann auch einen Onkel (den Bruder seiner Mutter), der unter sehr mysteriösen Umständen zwei Jahre vor seiner Geburt gestorben war.

Diese »Partnerschaft« zum Crack, zum Heroin, zur Meditation usw. ersetzt gleichsam alle äußeren Partnerschaften zu Menschen mit einer Intensität, die die Angehörigen, Ehepartner und mitunter sogar die eigenen Kinder fassungslos macht und die nicht verstanden werden kann – und es ist nur die Vorstufe, der Übergang zur Partnerschaft mit den Toten (meist mit *einem* Toten).

Auffallend ist noch folgendes Geschehen: Ich sprach mit Roland (siehe Seite 229 f.) einige Zeit nach seiner Aufstellung über die Partnerschaften seines Bruders Clemens. Clemens hatte bis zu seinem 25. Lebensjahr gar keine Partner, war aber seit dem 18. Lebensjahr drogenabhängig. Er heiratete dann relativ rasch eine Frau, die ebenfalls aus dem Drogenmilieu stammte. Nach anfänglichen Versuchen, clean zu bleiben, begingen die beiden zusammen kriminelle Delikte (Autoaufbrüche, Apothekeneinbrüche etc.) und saßen deshalb auch oft längere oder kürzere Zeit im Gefängnis. Als Clemens' Frau dann – der Drogen wegen – sich prostituierte und fremde Männer mit in die gemeinsame Wohnung brachte und Clemens die Diagnose Aids bekam, bat er Roland, zu ihm in eine andere Stadt ziehen zu dürfen. Roland willigte ein und Clemens konnte fortan von den Drogen vollständig lassen.

Er ließ sich von seiner Frau (die weiterhin Drogen nahm) scheiden, heiratete wenig später eine andere Frau und lebte bis zu seinem Tod noch ca. zehn Jahre vollständig drogenfrei. Und Roland hatte das Gefühl, dass die Diagnose »HIV-positiv« (die zur damaligen Zeit ein definitives Todesurteil war) eine große Ruhe über seinen Bruder gebracht hatte und er sich ab diesem Moment auch nicht mehr riskant betätigen oder sonst wie in Gefahr bringen musste. So als hätte er sein Ziel, zu den Toten gehen zu wollen und zu müssen, jetzt erreicht und als könne er hinfort (immerhin noch zehn Jahre) in Ruhe auf die Vollstreckung des Urteils warten. Er musste dafür nichts mehr tun. Er konnte jetzt den Virus für sich arbeiten lassen.

Ob dieses Geschehen signifikant ist, kann ich nicht beurteilen (dazu fehlen mir andere Beispiele), mit Bezug auf seine Partnerschaften jedoch gilt das vorher Gesagte: Es sind keine Partnerschaften möglich, und wenn es doch einmal zu einer solchen kommt, dann sind es eher Zweckbündnisse (so wie bei van Gogh mit der ehemaligen Prostituierten), die dazu dienen, die gemeinsame Not zu lindern. Man steht dabei nicht Seite an Seite und schaut interessiert in die Welt, sondern mit dem Rücken zur Wand und versucht kurzfristig zu überleben.

Ich werde das Thema der Thanatos-Partnerschaft jetzt nicht weiter ausdehnen, es spielt im Hinblick auf die alltäglichen Partnerschaften keine sehr gravierende Rolle. Der Prozentsatz der Menschen, die dieses Thema in ihrer Seele tragen, dürfte vergleichsweise gering sein. In der therapeutischen Praxis kommen diese Fälle deshalb nicht so häufig vor, weil Menschen mit dem Thanatos-Syndrom ihren Weg in der Regel – bis zum Ende – allein gehen. Nur die Angehörigen (Eltern, Geschwister, Partner), die verzweifelt in die Beratung kommen, werfen überhaupt ein Licht auf dieses tief greifende Syndrom.

Auch eine Seelenreise zu diesem Kapitel sucht der Leser vergebens. Ein formalisierter Abstieg auf diese (sehr) tiefe Ebene des Seelenlebens verbietet sich aus vielerlei Gründen. Noch der geringste ist der, dass die möglichen antreibenden und ziehenden Kräfte so vielfältig sind, dass sie sich nicht mit dem feststehenden Setting *einer* Seelenreise greifen ließen. Und so habe ich darauf verzichtet.

Eine letzte Variante dieses Themas sei doch noch angedeutet. Bisher haben wir nur von den aus der Familie stammenden Toten gesprochen, die gleichsam aus der Vergangenheit der Familie zu den Heutigen heraufgezogen wurden. Wie ist es aber, wenn die Heutigen selbst sich am Tod eines Menschen schuldig gemacht haben? Welche Auswirkungen hat das auf die Partnerschaften?

Das Wenige, das wir darüber wissen, hat folgende Konturen: Ein Mensch, der einen anderen Menschen (sei es als absichtliches, sei es als unbeabsichtigtes Geschehen) tötet, geht mit diesem Menschen eine so tief greifende Bindung, eine so tief greifende Partnerschaft ein, dass diese Bindung nicht mehr zu lösen ist.

In dem Moment, in dem der Akt der Tötung erfolgt, gehört das Opfer – im Inneren des Täters – zu seiner Familie. Es ist dies in der Seele – also im Hintergrund – die tiefste Bindung, die ein erwachsener Mensch in seinem Leben überhaupt eingehen kann. Und sie überstrahlt und überdeckt alle vorherigen und alle späteren Beziehungen. Oft bei weitem!

Diese Bindung an einen Toten jedoch entfernt den Täter – in seinem Hintergrund – von den Lebenden. Entfernt ihn von den lebenden Partnern, von den eigenen Kindern, von den Eltern. Ob er das will oder nicht, ob er das weiß oder nicht, er lebt jetzt zusammen mit dem Toten *in dessen Reich*. Natürlich kann man im Vordergrund genügend Lärm machen, kann viele Dinge unternehmen (Pläne schmieden, in die Kirche gehen, Tabletten nehmen, Alkohol trinken etc.), damit man die Verbindung zum Hintergrund nicht spüren muss, aber da ist sie dennoch. Und natürlich hat diese Bindung Abstufungen, je nachdem, wie die Schwere der Tat war und wie sich der Täter seinen Opfern stellt. Ein Täter, der im Straßenverkehr die Vorfahrt nicht beachtet hat und einen anderen Autofahrer zu Tode gefahren hat, ist anders an den Toten gebunden als einer, der im Zorn (oder mit Vorsatz) einen anderen erschlagen hat. Aber generell gilt: Jede Handlung (oder Unterlassung), die den Tod eines Menschen zur Folge hat, erzeugt diese tief greifende Bindung.

Für die schwerste Form, den aktiv durchgeführten Mord, gilt folgende Erfahrung:

»Zwischen Täter und Opfer besteht eine unauflösliche Verbindung, wenn der Täter ein Mörder war und das Opfer von ihm ermordet wurde. Dann muss der Täter seine eigene Familie verlassen und zum toten Opfer gehen. Er muss sich neben das Opfer legen, wie einer, der den Tod verdient hat, der seinem Tod als der seiner Tat gemäßen Sühne zustimmt und bereit ist, ihn auf sich zu nehmen. Das heißt, der Mörder muss, selbst wenn er noch lebt, sich verhalten wie einer, der seine Zugehörigkeit zu den Lebenden und zu seiner Familie verspielt hat und der lebt, als gehöre er bereits zu den Toten. Dann findet er Frieden. Dem steht entgegen, dass der Täter sich vor den Toten fürchtet, vor allem, dass er fürchtet, ihnen ins Auge zu sehen und sich von ihnen als ihr Mörder anblicken zu lassen. Erst wenn er sich den Toten so stellt, kann er sich vor ihnen verneigen und kann sich sehen als einer, der ihrem Schicksal nicht mehr entrinnen kann und sich deshalb, als sei er ein Opfer wie sie, neben sie legen und ihnen im Tod gleich werden muss. Doch auch die Opfer haben keinen Frieden, bis der Mörder tot neben ihnen liegt, bis sie ihn, als einen von ihnen, sich zu ihnen legen lassen, bis sie sich ihm als einem der ihren zuwenden, ihm einen Platz neben und bei sich geben und bis so, im gemeinsamen Tod, die durch die Tat Entzweiten zum Frieden finden, der das Vergangene aufhebt und sie in der Totenruhe vereint.« (Bert Hellinger: *Wo Ohnmacht Frieden stiftet*, Carl-Auer-Systeme 2000, S. 19)

Mord wird also – in der Seele – durch den vollständigen Ausschluss aus dem Reich der Lebenden geahndet. Schaut der Mörder seine Opfer nicht an (was die Regel ist) und versucht er bei den Lebenden zu bleiben, so geschieht es oft, dass er (von außen betrachtet) im Reich der Lebenden bleiben und dort – scheinbar – harmlos unter ihnen leben darf – als wäre er einer von ihnen.

Mitunter scheint es ja für Mord keine Sühne zu geben: Der Täter kommt mit einem guten Anwalt gut oder gänzlich unerkannt davon. Das aber sieht nur von außen so aus. Der Täter unterliegt in jedem Fall dem Thanatos-Syndrom, auch wenn er die Konsequenzen für seine Tat (und die Sühne) jetzt weiterreicht an die nächste oder die übernächste Generation. Derartige Täter werden oft sehr alt. Jedoch: Ein Sohn, eine Tochter oder ein Enkelkind übernehmen dann das Sühne-Geschehen für ihn.

Die Toten aber bleiben in seiner Seele unversöhnt. Sie leben jetzt dort. Sie bleiben, bis sein Tod auch sie erlöst. Und für die Kinder und Kindeskinder der Täter gilt:

»Für die Nachkommen der Mörder heißt das, dass sie die Mörder aus ihrer Familie und aus ihrem Herzen entlassen und mit ihrer Schuld zu den Toten gehen und sich zu ihnen legen lassen. Deswegen darf von den Tätern in der Familie nichts zurückbleiben, zum Beispiel ein Foto oder ein Gegenstand, der an sie noch erinnert. Und auch kein Erbe. Sonst übernimmt ein anderer aus der Familie, ein unschuldiger Nachkomme, was dem Mörder nicht zugemutet wird. Dann geht er (der Nachkomme) zu den Toten, legt sich neben sie und will zu ihnen gehören. Doch er findet dort keine Aufnahme, weil er nicht der

Richtige ist und er so auch kein Recht hat, bei ihnen zu liegen.«
(Hellinger, a.a.O. S. 19)

Da die Deutschen die Nachkommen von zwei Kriegsgenerationen sind und immer wieder Fragen zu diesem Thema auftauchen, sei hier meine Einschätzung dazu festgehalten: Der Kampf unserer Väter im Ersten oder Zweiten Weltkrieg auf den Kriegsschlachtfeldern (gleichsam Mann mit Gewehr gegen Mann mit Gewehr) zählt im Sinne der Seele nicht als Mord, sondern als eine schicksalhafte Verstrickung, in die die Angehörigen der Völker hineingezogen worden sind. Die Toten dieser Kriege sind – mit Ausnahmen – nicht ermordet worden, sondern im Kampf gefallen. Sie lasten zwar auf der Seele der Beteiligten (besonders die in der Nähe Gefallenen, seien es Freunde oder Feinde gewesen), aber es ist nur selten die Dynamik des Ausschlusses aus dem Reich der Lebenden, die hier wirksam wird. (Oft finden wir ja 50 Jahre später an Gedenktagen auch eine Ehrung *aller* Gefallenen durch die gemeinsame Anwesenheit der Angehörigen *aller* beteiligten Völker.)

Damit ist unsere Rundreise durch die Formen, die das Thema der Partnerschaft im *Hintergrund* der Seele annehmen kann, beendet. Ich habe in vier Kapiteln vier Ebenen der Seele in Bildern dargestellt und mit einem plakativen Namen versehen. Der Leser hat jetzt die Möglichkeit zu erspüren, in welche dieser inneren Hallen ein Besuch sich für ihn lohnt. Die jeweiligen Seelenreisen können ihm dabei erste Impulse geben. (Ob das im Einzelfall ausreicht, kann man nicht theoretisch vorwegnehmen. Die Kugel wird angestoßen und was sie auf ihrem Weg alles berührt, gehört ohnehin zu den großen Mysterien des seelischen Lebens.) Die therapeutischen Erfahrungen der letzten Jahre – nicht zuletzt am eigenen Leibe – haben mir gezeigt, dass eine Wiedergutmachung auf jeder der beschriebenen Ebenen möglich ist und dass dabei das Schiff der Partnerschaft nicht nur in einen ruhigeren Hafen, sondern insgesamt in ein neues Fahrwasser gelangen kann.

Dieses Buch ist ein Arbeitsergebnis von

Symbolon

Praxis für Therapie

(Ingrid Zinnel – Dr. Peter Orban – Heidemarie Orban)

Innerhalb dieses Arbeitszusammenhanges entstanden
andere Bücher, so zum Beispiel

von Dr. Peter Orban
Die Reise des Helden (Kösel 1983, vergriffen)
Astrologie als Therapie (Hugendubel 1986)
Pluto (Rowohlt 1989, vergriffen)
Verborgene Wirklichkeit (Hugendubel 1990, vergriffen)
Seele (Hugendubel 1989, Buch und Kassetten)
Drehbuch Partnerschaft (Rowohlt 1996, vergriffen)
Zeit im Horoskop (Rowohlt 1997, vergriffen)
Die Kraft, die aus der Herkunft stammt (Kösel 1997, Buch und CDs)
Saturn und die Macht des Schicksals (Hugendubel 2000)

von Dr. Peter Orban und Ingrid Zinnel
Der Tanz der Schatten (Hugendubel 1986, Buch und Kassetten)
Drehbuch des Lebens (Rowohlt 1990)
Symbolon (Hugendubel 1993, Buch und Kartenspiel)
Symbolon – Das Horoskop-Mandala im Kreis der Bilder (Urania 1996, Legeset)
Die innere Tafelrunde (Urania 2000)

von Ingrid Zinnel
Das Composite-Horoskop (Hugendubel 1998)
Liebe braucht Zeit (Hugendubel 2001)

von Heidemarie Orban und Dr. Peter Orban
Das Symbolon der Partnerschaft (2001, Buch und Kartenspiel, nur bei symbolon)

Für weitere Informationen, zum Beispiel
*Therapeutische Einzelsitzungen, Horoskopberatungen, Seelenreisen
auf Kassetten, Astrologische und Therapeutische Ausbildungen und Seminare*
kann ein Jahresprogramm angefordert werden bei
symbolon, Eduard-Rüppell-Straße 3, 60320 Frankfurt, Tel. 069 / 560 14 72,
Fax 56 04 39 31
oder Sie besuchen unserer Website: www.symbolon.de
(auch alle vergriffenen Bücher können noch über diese Adresse
bezogen werden)